Tanztherapie mit Kindern und Jugendlichen

Teresa Fritsch

Tanztherapie mit Kindern und Jugendlichen

Kreative Methoden, Interventionen und angewandte Praxis

Springer

Teresa Fritsch
Zentrum für Ausdruckstanz und Tanztherapie
Graz, Österreich

ISBN 978-3-662-71835-3 ISBN 978-3-662-71836-0 (eBook)
https://doi.org/10.1007/978-3-662-71836-0

Die Deutsche Nationalbibliothek verzeichnet diese Publikation in der Deutschen Nationalbibliografie; detaillierte bibliografische Daten sind im Internet über https://portal.dnb.de abrufbar.

Planung/Lektorat: Julia Schnitter
Springer ist ein Imprint der eingetragenen Gesellschaft Springer-Verlag GmbH, DE und ist ein Teil von Springer Nature.
Die Anschrift der Gesellschaft ist: Heidelberger Platz 3, 14197 Berlin, Germany

Dieses Buch widme ich meiner Urgroßmutter Lea,
die mit Pioniergeist und tänzerischem Mut
zu Beginn des 20. Jahrhunderts
den Grundstein für unsere familiäre
Tanzgeschichte gelegt hat.
Ihr Vermächtnis lebt in jeder Bewegung, in jedem
Gedanken,
in jeder Zeile dieses Buches weiter –
als leise, aber kraftvolle Inspiration.

Geleitwort von Dr.^{in} Tanja Lenz

Psychische Störungen bei Kindern und Jugendlichen nehmen drastisch zu. Lehrerinnen, Kinderpädagoginnen, Psychotherapeutinnen und Medien berichten davon. Speziell auf den Zusammenhang von psychischen Belastungen und zu intensivem Gebrauch von Social Media wird warnend hingewiesen. Weitere Ursachen liegen in diversen gesellschaftlichen Krisen und technologischen Transformationsprozessen. Die negativen Folgen kommen bei Kindern und Jugendlichen unter anderem in Ängsten, Depressionen, Impulskontroll- und Essstörungen zum Ausdruck.

Familien bemühen sich, adäquate Beratung und Hilfe zu finden. Fragen wie: „Welche ist die richtige Methode, die meinem Kind helfen kann?", beschäftigen Eltern und stellen sie vor wichtige Entscheidungen. Therapieplätze für junge Menschen sind gefragter denn je.

Oft können Kinder und Jugendliche, speziell mit Bindungs- und Traumafolgestörungen, die Ursachen ihrer Problematik und ihres seelischen Ungleichgewichts weder thematisieren noch verbalisieren. Nonverbale Zugänge und Therapiemethoden, die nicht nur den sprachlichen, sondern auch den körperlichen Ausdruck einbeziehen, sind von großem Wert und gewinnen zunehmend an Aufmerksamkeit. Der positive Einfluss von Bewegung auf die psychische Befindlichkeit ist in der medizinischen Forschung unumstritten.

Bereits der renommierte Arzt und Begründer der Analytischen Psychologie, Carl Gustav Jung (1875–1961), sprach sich dafür aus, im therapeutischen Prozess nicht nur über die Sprache, sondern auch über die Hände und den Körper schöpferisches Potenzial anzuregen. Bewegte symbolische Ausdrucksformen – tänzerische Elemente, Malen und Gestalten im Sand – geben seelischen Verletzungen eine Sprache und können Heilung aktivieren.

Hier setzt das theoretisch fundierte und praxisorientierte Buch von Teresa Fritsch an: Sie legt ihren Fokus darauf, Kinder und Jugendliche in kritischen Lebensphasen durch Tanztherapie mit ihrem eigenen Körperbewusstsein in Kontakt zu bringen, um Selbstwirksamkeit, Resilienz und verbesserte soziale Kompetenzen zu erlangen.

Die Autorin eröffnet ihren Leserinnen einen interessanten Zugang, wie durch den Einsatz von Tanztherapie im Körper gespeicherte traumatische Erfahrungen verarbeitet und integriert werden können, um einer neuen inneren und äußeren Wirklichkeit Platz zu schaffen. Eine gelungene Bindungs- und Übertragungsbeziehung zwischen Tanztherapeutin und Kindern oder Jugendlichen beurteilt die Autorin als wesentliches Element eines Therapieerfolges.

Mit anschaulichen Beispielen aus der Praxis richtet sich Teresa Fritsch an Leserinnen, die einen Einblick in die positive Wirkung der Tanztherapie gewinnen wollen. Das Buch empfiehlt sich besonders zur Professionalisierung von Tanztherapeutinnen und Tanzpädagoginnen, aber auch für Eltern sowie für alle, die Kinder und Jugendliche in ihrem psychischen Wohlbefinden und in ihrer Selbstwahrnehmung stärken möchten.

Dr.[in] Tanja Lenz, Psychotherapeutin, Lehranalytikerin nach Carl Gustav Jung und Sandspieltherapeutin in Graz, Professorin für Child Development.

Vorwort

[„Reden ist Silber, Tanzen ist Gold!"
(Zentrum für Ausdruckstanz und Tanztherapie)]

Kinder und Jugendliche sind heutzutage erheblichen Belastungen ausgesetzt, die sich stark auf ihre seelische Gesundheit auswirken. Kriege, Umweltkatastrophen, die Corona-Pandemie, soziale Unsicherheiten, hoher Druck, gesellschaftliche Veränderungen und Zukunftsängste tragen dazu bei, dass immer mehr junge Menschen psychische Probleme entwickeln. Zusätzliche Auslöser sind zu geringe körperliche Aktivität sowie die übermäßige Nutzung von digitalen Medien. Der Therapiebedarf wächst zunehmend und zeigt die Wichtigkeit einer kompetenten und einfühlsamen Unterstützung der jungen Menschen auf. Gerade Kinder und Jugendliche können jedoch durch herkömmliche therapeutische Ansätze oft nur schwer erreicht werden.

Als eine kreative, körperbasierte Therapieform bietet die Tanztherapie vielfältige Möglichkeiten, Kinder und Jugendliche emotional, sozial, kognitiv und motorisch zu fördern. Durch Bewegung und nonverbale Ausdrucksmöglichkeiten können junge Menschen in Kontakt mit ihrer Geschichte und ihren Emotionen treten, diese verarbeiten und neue Wege im Umgang mit Herausforderungen entwickeln. So fällt es vielen Kindern und Jugendlichen leichter, Vertrauen in sich und andere zu entwickeln und sich auszudrücken. Sie lernen, sich über den Körper mitzuteilen und stärken ihre Selbstwahrnehmung und Selbstakzeptanz. Diese tiefgreifenden Veränderungen haben nicht nur eine unmittelbare Wirkung auf ihr Wohlbefinden, sondern helfen ihnen auch langfristig, soziale Kompetenzen zu entwickeln und konfliktbehaftete Prozesse besser zu meistern.

Dieses Fachbuch richtet sich an alle, die tanztherapeutisch mit Kindern und Jugendlichen arbeiten oder dies zukünftig tun möchten – und legt dabei einen besonderen Schwerpunkt auf praxisnahe, anwendungsorientierte Inhalte. Relevante theoretische Grundlagen werden sorgfältig eingebettet und mit aktuellen wissenschaftlichen Erkenntnissen verknüpft, doch der zentrale Teil dieses Buches besteht aus konkreten Beispielen, kreativen Methoden, Interventionen und Anwendungsfeldern, die sich gezielt an verschiedene Zielgruppen richten – etwa Kinder und Jugendliche mit ADHS, Autismus-Spektrum-Störungen, Depressionen, Essstörungen oder traumatischen Erfahrungen.

Es werden praxiserprobte Ansätze vorgestellt, wie Tanztherapie gezielt in unterschiedlichen Kontexten – von der Einzeltherapie bis zur Arbeit in Kliniken oder Kinderdörfern – eingesetzt werden kann. Dabei liegt der Fokus stets auf der Übersetzbarkeit in die therapeutische Praxis: Welche Methode passt zu welchem Setting? Wie kann ich sie konkret umsetzen? Welche Variationen sind je nach Zielgruppe sinnvoll? Mit diesem Buch möchte ich so nicht nur informieren, sondern insbesondere inspirieren und zum Ausprobieren einladen.

Tanztherapie Stories: Wenn Worte tanzen

Ein besonderes Element dieses Buches sind die Tanztherapie-Stories, die in ausgewählten Kapiteln eingebettet sind. Diese erzählerisch gestalteten Praxisbeispiele im Storytelling-Stil geben der Fachliteratur eine emotionale, greifbare Dimension. Sie machen die Wirkung der Tanztherapie erlebbar – jenseits von Fachbegriffen und Konzepten – und bieten einen Einblick in mögliche Therapieverläufe, inspiriert von realen Erfahrungen aus meiner Praxis und aus dem Austausch mit Kolleginnen.

Im Zentrum der Geschichten steht die fiktive Tanztherapeutin Lisa, die stellvertretend für uns Tanztherapeutinnen handelt und mit verschiedenen jungen Klientinnen arbeitet. Die Geschichten sind bewusst mit fiktiven Elementen verwoben, um den Schutz der realen Personen zu wahren. Namen, Hintergründe und Details wurden verändert – doch die Essenz ist authentisch.

Die Stories holen die Lesenden nicht nur fachlich, sondern auch emotional ab, lassen sie in die Welt der jungen Klientinnen eintauchen – und laden dazu ein, die fachlichen Inhalte aus einer neuen Perspektive zu betrachten: mit mehr Nähe, mehr Gefühl und einem stärkeren Bezug zur lebendigen Praxis.

Eine kleine Entscheidung mit großer Wirkung

Bevor wir gemeinsam in das Thema eintauchen, möchte ich einen wichtigen Tanzschritt klären: die *Sprache dieses Buches*. Die tanztherapeutische Welt ist – das wird niemanden überraschen – aktuell noch vermehrt weiblich geprägt. Aus diesem Grund habe ich mich dazu entschieden, in diesem Buch die weibliche Form zu verwenden. Gleichzeitig möchte ich betonen, dass diese Wahl keinesfalls ausschließend gemeint ist.

Liebe männliche und diverse Kollegen, ich weiß, dass Sie ebenso einen wichtigen Beitrag zu unserem Berufsfeld leisten. Gleichzeitig bin ich davon überzeugt, dass gerade Sie, die dieses Buch in die Hand nehmen, reflektiert und aufgeschlossen genug sind, sich durch die weibliche Sprachform nicht abgelehnt zu fühlen. Vielmehr hoffe ich, dass Sie die Einladung annehmen, sich ebenso angesprochen und wertgeschätzt zu fühlen.

Schließlich tanzen wir alle gemeinsam auf dem Parkett der menschlichen Entwicklung, unabhängig vom grammatikalischen Geschlecht. In diesem Sinne: Lassen Sie uns beginnen – mit Leichtigkeit. Offenheit und Neugier.

Graz
Juni 2025

Teresa Fritsch

Danksagung Die Entstehung dieses Buches war eine bewegte Reise – geprägt von fachlichem Austausch, persönlichen Herausforderungen, Momenten des Innehaltens und des Weitermachens. Mein tief empfundener Dank gilt all jenen, die mich auf diesem Weg begleitet und unterstützt haben – sei es durch fachliche Impulse, beratende Gespräche, aufmerksames Zuhören oder psychischen Rückhalt.

Ein besonderer Dank geht an Tanja Lenz, deren Blick aus einer anderen therapeutischen Perspektive mich fachlich bereichert hat. Ihr Geleitwort bildet einen wertvollen Einstieg und spiegelt auch die Offenheit wider, mit der sie sich eingebracht hat. Ebenso danke ich von Herzen meiner Mutter Veronika Fritsch, die mich mit ihrer umfassenden tanztherapeutischen Expertise und ihrem Gespür auf allen Ebenen unterstützt hat – inhaltlich, organisatorisch und menschlich. Ihr Beitrag war in vielerlei Hinsicht tragend.

Mit großem Stolz möchte ich auch meiner Tochter Leonie und ihrer Freundin Liselotte danken, die mich mit tänzerischem Einsatz bei der Bildgestaltung des Buches unterstützt haben. Die Fotos mit den Beiden stellen exemplarisch Therapiesituationen dar und veranschaulichen unterschiedliche Settings und Interventionen. Ihr kreativer Einsatz und ihre spürbare Freude auf den Bildern tragen wesentlich dazu bei, das Buch noch lebendiger zu machen.

Dieses Buch ist so nicht nur das Ergebnis fachlicher Auseinandersetzung, sondern auch Ausdruck eines geteilten Weges. Danke, dass ich ihn mit euch gehen durfte.

Interessenkonflikte Der/die Autor*in hat keine für den Inhalt dieses Manuskripts relevanten Interessenkonflikte.

Inhaltsverzeichnis

Über die Autorin

Teresa Fritsch (Mag., M.A.) ist Tanz- und Ausdruckstherapeutin (BTA), Choreographin und Dozentin mit Wurzeln im kreativen Tanztheater. Ihre berufliche Leidenschaft gilt der Verbindung von künstlerischer Bewegung, therapeutischen Methoden und persönlicher Entwicklung. Sie studierte Verhaltensbiologie und Öffentlichkeitsarbeit und vertiefte ihr Fachwissen durch umfassende Aus- und Weiterbildungen in systemischem Coaching, Erlebnispädagogik, gewaltfreier Kommunikation, tiergestützter Therapie und weiteren bewegungsorientierten Methoden.

Ihr künstlerischer Hintergrund prägt ihre therapeutische Arbeit maßgeblich. Sie integriert kreative Ausdrucksformen in ihre Arbeit mit Kindern, Jugendlichen und Erwachsenen und schafft dabei Räume, in denen Entwicklung, Selbsterfahrung und Heilung durch Bewegung möglich werden. Ein besonderer Schwerpunkt liegt dabei auf der Begleitung junger Menschen.

Teresa Fritsch ist Teil des Leitungsteams am Zentrum für Ausdruckstanz und Tanztherapie in Graz und lehrt im Rahmen der Aus- und Weiterbildungen in Tanz- und Ausdruckspädagogik und Tanz- und Ausdruckstherapie. Neben ihrer therapeutischen Praxis hat sie bereits mehrere Bühnenprojekte mit Kindern und Jugendlichen konzipiert und umgesetzt – Ausdruck ihres kreativen Engagements, das auch ihre therapeutische Arbeit nachhaltig bereichert.

Grundlagen der Tanztherapie mit Kindern und Jugendlichen

1

Wirkmechanismen, Zielgruppen und Entwicklungslinien der Tanztherapie

1.1 Nutzen der Tanztherapie für Kinder und Jugendliche

Die Tanztherapie, auch als Tanz- und Ausdruckstherapie oder Tanz- und Bewegungstherapie (Dance/Movement Therapy, DMT) bekannt, ist eine ganzheitlich-künstlerische Therapieform, die Bewegung als Kerninstrument nutzt, um emotionale, kognitive, soziale und körperliche Integration zu fördern. Insbesondere bei Kindern und Jugendlichen stellt sie eine effektive Methode dar, da sie die natürliche Freude an Bewegung und Kreativität aufgreift und therapeutisch nutzt. Emotionen und innere Zustände spiegeln sich in der Körpersprache und den Bewegungen wider.

In den letzten Jahren ist ein signifikanter Anstieg von psychischen und psychosozialen Belastungen bei Kindern und Jugendlichen zu verzeichnen. Diagnosen wie Aufmerksamkeitsdefizit-/Hyperaktivitätsstörung (ADHS), Autismus-Spektrum-Störung (ASS), Depression, Suizidalität sowie emotionale Dysregulation, Konzentrationsstörungen, Impulskontrollstörungen und Schulverweigerung nehmen stetig zu. Diese Entwicklung ist auf eine Vielzahl gesellschaftlicher, familiärer und individueller Faktoren zurückzuführen (Salmela-Aro et al., 2008). Ein zentraler Faktor, der zur Zunahme psychischer Probleme beiträgt, ist der Bewegungsmangel.

> **Mangelnde Bewegung.** Kinder und Jugendliche leben heutzutage deutlich weniger körperliche Aktivitäten aus, was nicht nur ihre physische Gesundheit, sondern auch ihre psychische und emotionale Stabilität beeinträchtigt.

Junge Menschen verbringen zunehmend Zeit in sitzenden Tätigkeiten und beim Konsum digitaler Medien. Laut der Weltgesundheitsorganisation (WHO) erreichen nur 9 % der 11-

T. Fritsch, *Tanztherapie mit Kindern und Jugendlichen*,
https://doi.org/10.1007/978-3-662-71836-0_1

bis 17-Jährigen weltweit die empfohlene Menge an körperlicher Aktivität von mindestens 60 min pro Tag (WHO, 2020). Der Mangel an körperlicher Aktivität kann zu innerer Unruhe, geringerer Frustrationstoleranz und emotionalen Spannungen führen, die Kinder und Jugendliche oft nicht verbal äußern können. Zudem wird Bewegung als eine wichtige Ressource für Stressbewältigung und die Förderung von Resilienz betrachtet. Dazu kommt, dass junge Menschen heute auch verstärkt psychosozialen Belastungen ausgesetzt sind. Der steigende Druck in der Schule, hohe Leistungsanforderungen und soziale Probleme wie Mobbing oder Isolation verstärken das Risiko für psychische Erkrankungen (Salmela-Aro et al., 2008).

Der Bedarf an kindgerechten, kreativen Therapieangeboten steigt also rapide an. In einer körperzentrierten Therapie wie der Tanztherapie können Emotionen wie Angst, Wut oder Freude in einem geschützten Rahmen durch Bewegung verarbeitet und ausgedrückt werden. Der Körper wird dabei als Medium genutzt, um emotionale Zustände zu regulieren und kreative Lösungen für innere Konflikte zu finden (Karkou & Sanderson, 2006).

Wenn die Worte fehlen. Unser Körper drückt in der Bewegung viel aus, was mit Worten gar nicht vermittelt werden könnte, da sich ein großer Teil der Prozesse und Themen unbewusst abspielt. Der Körper sagt also oft viel mehr als Worte – und ist damit für die therapeutische Begleitung ein wichtiges Werkzeug zur Analyse, Entwicklung und Reflexion.

Angesichts des steigenden Bedarfs nach therapeutischen Angeboten, die auf die Bedürfnisse von Kindern und Jugendlichen zugeschnitten sind, ist Tanztherapie eine effektive Methode, die einen wichtigen Beitrag zur emotionalen und psychischen Gesundheit dieser Altersgruppe leisten kann (Payne, 2017). Durch die bewusste Nutzung und Analyse von Bewegungen können emotionale Prozesse ausgelöst, erforscht und positiv beeinflusst werden. Grundlegende Theorien stammen aus der Psychologie, Psychotherapie und den Neurowissenschaften und umfassen Elemente aus der Entwicklungspsychologie, der Bindungstheorie und der nonverbalen Kommunikation (Levy, 1992). Die Therapeutin fungiert dabei als unterstützende und empathische Begleitperson. Sie beobachtet die Bewegungen der Klientinnen, erkennt Muster und reagiert darauf, um Prozesse anzustoßen oder zu vertiefen. Dabei passt sie die Interventionen an das Tempo und die Bereitschaft der Kinder und Jugendlichen an, um eine Überforderung zu vermeiden (Payne, 2017).

Darüber hinaus stützt sich die Tanztherapie auch auf Erkenntnisse aus der Neurowissenschaft und der Bewegungswissenschaft, insbesondere auf das Konzept der Laban-Bewegungsanalyse und das Kestenberg Movement Profile (KMP). Diese bieten eine systematische Methode zur Beobachtung und Analyse von Bewegungsqualitäten und -mustern, die wertvolle Hinweise auf die innere Gefühls- und Gedankenwelt der jungen Klientinnen liefern (Bartenieff & Lewis, 1980).

1.2 Positive Auswirkungen der Tanztherapie

Tanztherapie hat sich als eine wirkungsvolle Methode zur Förderung des körperlichen, emotionalen und sozialen Wohlbefindens erwiesen, die tiefgreifende Entwicklungsprozesse bei Kindern und Jugendlichen anstoßen kann. Die Kombination aus kreativtherapeutischen Interventionen und wissenschaftlich fundierten Theorien macht sie zu einem vielseitigen Instrument zur Förderung der Persönlichkeitsentwicklung und hat das Potenzial, tiefgreifende Veränderungen im Leben junger Menschen zu bewirken (Payne, 2017).

Neurobiologisch gesehen spielt die Tanztherapie mit der natürlichen Verbindung zwischen Bewegung, Affektregulation und Hirnaktivität. Die Aktivierung des sensomotorischen Kortex, des Kleinhirns sowie des limbischen Systems – insbesondere der Amygdala und des präfrontalen Kortex – fördert die Selbstregulation (Koch et al., 2019). Über den Einfluss von Bewegung auf das autonome Nervensystem kann eine Beruhigung des Sympathikus und eine Aktivierung des parasympathischen Systems erreicht werden, was zu einer nachhaltigen emotionalen Entspannung beiträgt (Porges, 2011). Tanztherapie kann somit helfen, dysregulierte Stresssysteme zu stabilisieren und ein kohärenteres Selbstgefühl aufzubauen.

Die nonverbale, kreative und körperlich erfahrbare Dimension der Tanztherapie spricht zudem Entwicklungsebenen an, die vorwiegend implizit – also körperlich, emotional, vorsprachlich – organisiert sind. Gerade bei jungen Menschen, die über Sprache schwer Zugang zu ihren Gefühlen finden, bietet dies ein wichtiges therapeutisches Potenzial (Meekums, 2002).

Tanztherapie aktiviert somit mehrere *zentrale Systeme*, die für Emotionsregulation und soziale Interaktion verantwortlich sind:

- *Sensorisch-motorische Integration*: Durch das bewusste Erleben des Körpers im Raum werden sensomotorische Bahnungen angeregt. Dies stärkt die Körperwahrnehmung (Propriozeption, Interozeption) und verbessert die Selbstregulation auf physiologischer Ebene (Koch et al., 2019).
- *Limbisches System*: Besonders die Amygdala – als „emotionales Zentrum" des Gehirns – wird durch rhythmische und expressive Bewegungen beeinflusst. In Verbindung mit dem präfrontalen Kortex, der für Impulskontrolle und emotionale Steuerung zuständig ist, entsteht ein Training der emotionalen Regulation auf neuronaler Ebene. Tanztherapie wirkt hier als Brücke zwischen emotionaler Aktivierung und kognitiver Kontrolle (Koch et al., 2019).
- *Polyvagales System*: Nach der *Polyvagal-Theorie* von Porges (2011) beeinflusst Tanztherapie über Rhythmus, Atemregulation und soziale Resonanz das autonome Nervensystem. Durch sichere, rhythmische Bewegungsangebote kann der ventrale Vagus aktiviert werden – jener Teil des parasympathischen Nervensystems, der für soziale Verbundenheit, emotionale Sicherheit und Selbstregulation zuständig ist. Diese

neurophysiologische Sicherheit bildet die Grundlage für kooperatives Verhalten und emotionale Offenheit.

- *Spiegelneuronen und soziale Resonanz*: Gemeinsame Bewegung im therapeutischen Setting fördert die Aktivierung von Spiegelneuronen, die eine Rolle beim sozialen Lernen, der Empathie und dem Erkennen emotionaler Zustände anderer spielen. Gerade Kinder und Jugendliche mit oppositionellem Verhalten profitieren davon, emotionale Resonanz in der Bewegung zu erleben – oft zum ersten Mal in einem akzeptierenden, wertfreien Rahmen (Meekums, 2002).

1.2.1 Förderung der emotionalen Ausdrucksfähigkeit und Impulskontrolle

Tanztherapie bietet eine sichere und kreative Umgebung, in der Kinder und Jugendliche ihre Emotionen ausdrücken können, ohne sich verbal äußern zu müssen. Gerade Menschen, die Gefühle und Erfahrungen schwer benennen können, profitieren davon, dass ihre Bedürfnisse durch Bewegung sichtbar gemacht werden. Die Tanztherapeutin interpretiert dabei nicht nur die Bewegungen, sondern auch den emotionalen Ausdruck und die Haltung der Klientinnen. Diese Beobachtungen fließen in gezielte Interventionen ein, die individuell auf das Tempo und die Bereitschaft der Kinder und Jugendlichen abgestimmt sind (Chaiklin & Wengrower, 2016). So unterstützt die Tanztherapie dabei, Gefühle besser zu verstehen und auch komplexe Emotionen wie Angst, Wut oder Trauer zu verarbeiten.

In der Praxis können Interventionen verschiedene Formen annehmen, wie etwa die Spiegelung von Bewegungen (Mirroring), um Vertrauen und Empathie aufzubauen, oder die Einführung neuer Bewegungsmuster, um festgefahrene Verhaltensweisen zu lösen und Flexibilität zu fördern. Auch die Bindungstheorie spielt hierbei eine wichtige Rolle, da sie verdeutlicht, wie durch eine sichere therapeutische Beziehung die emotionale Regulation und Bindungsfähigkeit der Klientinnen unterstützt werden kann. Die Therapeutin schafft durch ihre Präsenz und ihre einfühlsame Begleitung einen sicheren Raum, in dem Kinder und Jugendliche sich öffnen und neue Erfahrungen machen können (Siegel, 2020).

Kinder und Jugendliche mit Impulskontrollproblemen, wie sie häufig bei ADHS oder emotionalen Dysregulationsstörungen auftreten, profitieren besonders von der Tanztherapie. Bewegungsbasierte Interventionen fördern die Selbstregulation, indem sie eine Verbindung zwischen Körperwahrnehmung und emotionalem Zustand herstellen. Übungen wie das rhythmische Nachahmen von Bewegungen oder strukturierte Tanzsequenzen schulen die Fähigkeit, Kontrolle über die eigenen Handlungen zu gewinnen und Impulse besser zu steuern (Lakes & Hoyt, 2004). Durch die bewusste Steuerung von Bewegungen in einem geschützten Rahmen lernen die Klientinnen, sich in emotional belastenden Situationen zurückzunehmen, alternative Handlungsstrategien zu entwickeln und ihre Aufmerksamkeit auf den Moment zu richten.

1.2.2 Förderung von Selbstwertgefühl und Selbstvertrauen

Ein gesundes Selbstwertgefühl ist eine der zentralen Grundlagen für die positive psychosoziale Entwicklung von Kindern und Jugendlichen. Es beeinflusst, wie sie Herausforderungen begegnen, Beziehungen gestalten und mit sich selbst in Kontakt treten. Die Erfahrung, sich auszudrücken und gehört und gesehen zu werden, stärkt das Selbstwertgefühl auf körperlicher, emotionaler und sozialer Ebene. Kinder und Jugendliche mit einem positiven Selbstwertgefühl fühlen sich kompetent, angenommen und sicher in ihrem sozialen Umfeld. Ein niedriger Selbstwert hingegen wird oft mit emotionalen Problemen, sozialem Rückzug oder aggressivem Verhalten assoziiert.

Die Tanztherapie greift dabei auf die direkte Verbindung zwischen Bewegung, Körperwahrnehmung und Emotion zurück und bietet zahlreiche Ansätze, um das Selbstwertgefühl zu stärken, u. a. positives Körpererleben, Selbstwirksamkeit, Stärkung durch Gruppenerfahrungen (Abb. 1.1). Eine Vielzahl von Studien und klinischen Beobachtungen belegt die positiven Auswirkungen der Tanztherapie auf das Selbstwertgefühl. So beschreibt etwa Loman (1998) in ihrer Arbeit mit traumatisierten Jugendlichen eindrücklich, wie der kreative Ausdruck durch Tanz zur Stärkung des Selbstbewusstseins und der Selbstakzeptanz beiträgt. Loman hebt hervor, dass die expressive Bewegung ein symbolischer Weg ist, um traumatische Erfahrungen zu transformieren. Sie betont, dass die Jugendlichen durch die Wiedereroberung ihrer Körpergrenzen und das kreative Neugestalten von Bewegungsmustern nicht nur ein stärkeres Selbstbewusstsein, sondern auch ein Gefühl von Kontrolle und Eigenmacht entwickeln. Der Körper, der im Trauma oft zum Ort der Ohnmacht wurde, wird in der Tanztherapie zum Ausdrucksort von Selbstbestimmung (Loman, 1998).

1.2.3 Entwicklung eines positiven Körperbilds

In einer Gesellschaft, in der Kinder und Jugendliche zunehmend durch unrealistische Schönheitsideale und normierende Körperbilder beeinflusst werden – verstärkt durch soziale Medien, Werbung und Filterkulturen – kommt der Tanztherapie eine bedeutsame Rolle in der Förderung eines gesunden, positiven Körperbildes zu. Tanztherapie stellt den Körper nicht als Objekt zur Bewertung, sondern als Medium des Selbstausdrucks, der Kreativität und des inneren Erlebens in den Mittelpunkt.

Durch das bewusste Spüren und Erleben von Bewegung, das spielerische Experimentieren mit Körpersprache und das nonverbale Ausdruckspotenzial des eigenen Körpers lernen junge Menschen, sich selbst neu zu begegnen. Der Körper wird nicht länger primär in Bezug auf sein äußeres Erscheinungsbild wahrgenommen, sondern in seiner Lebendigkeit, Wirksamkeit und Einzigartigkeit. Die Bewegung wird dabei zu einem Weg der Selbstwahrnehmung, der Selbstannahme und letztlich der Selbstliebe.

Abb. 1.1 Aktivierung von Lebensfreude: Durch die Tanztherapie werden Kinder und Jugendliche körperlich, emotional und sozial gefördert, was sich u. a. positiv auf ihren Selbstwert und ihre Lebensfreude auswirkt. Die abgebildete Szene wurden von Kindern nachgestellt und zeigt keine echten Klientinnen oder deren Diagnosen

Die Tanztherapie fördert so nicht nur die emotionale Bindung zum eigenen Körper, sondern kann auch helfen, internalisierte negative Selbstbilder oder körperbezogene Schamgefühle zu transformieren. Wie Payne (2017) betont, stärkt die körperorientierte Selbsterfahrung das Selbstbewusstsein und kann die Zufriedenheit mit dem eigenen Körper signifikant erhöhen.

Auch der Bewegungsmangel, der viele Lebenswelten von Kindern und Jugendlichen heute prägt – etwa durch lange Sitzphasen in Schule und Freizeit, die Nutzung digitaler Medien oder eingeschränkte Bewegungsräume im Alltag – führt häufig zu einer Entfremdung vom eigenen Körper. Hier schafft Tanztherapie einen Raum, in dem Bewegung wieder mit *Freude, Neugier und Ausdruck* verbunden wird.

Das Erleben des Körpers in Bewegung fördert nicht nur das Körperbewusstsein, sondern wirkt sich auch positiv auf das emotionale Gleichgewicht und das psychosoziale Wohlbefinden aus. Der spielerische Zugang über Tanz ermöglicht eine ganzheitliche Integration von körperlichen, emotionalen und sozialen Erfahrungen – jenseits von Leistung oder Bewertung.

Zudem bietet die Gruppe als sozialer Resonanzraum die Möglichkeit, sich im Vergleich zu anderen nicht nur zu messen, sondern anerkennend zu spiegeln. Vielfalt, Unterschiedlichkeit und individuelle Ausdrucksformen werden in der Tanztherapie nicht normiert, sondern als wertvoll erlebt. Dies stärkt insbesondere bei jungen Menschen die Fähigkeit, sich in ihrem Körper sicher, authentisch und zugehörig zu fühlen.

1.2.4 Stärkung der Resilienz

Kinder und Jugendliche durchlaufen einen kontinuierlichen Entwicklungsprozess, der mit zahlreichen Übergängen, Herausforderungen und Anpassungsleistungen verbunden ist. Familiäre Konflikte, traumatische Erfahrungen, schulischer Leistungsdruck, soziale Isolation oder emotionale Vernachlässigung können diesen Prozess erheblich belasten und psychische Risiken erhöhen. In solchen Zeiten wird besonders deutlich, wie essenziell Resilienz – also die Fähigkeit, mit Belastungen konstruktiv umzugehen – für die Stabilisierung der psychischen Gesundheit ist (Reivich & Shatté, 2002).

Resilienz bezeichnet jene psychische Widerstandskraft, die es jungen Menschen ermöglicht, trotz widriger Lebensumstände handlungsfähig, emotional reguliert und sozial eingebunden zu bleiben. Sie ist kein statisches Persönlichkeitsmerkmal, sondern ein dynamischer Entwicklungsprozess, der im Zusammenspiel zwischen individuellen Ressourcen (z. B. Selbstwirksamkeit, Emotionsregulation, Problemlösefähigkeit) und schützenden Umweltfaktoren (z. B. stabile Beziehungen, unterstützende Strukturen, Zugehörigkeit) entsteht (Luthar et al., 2000).

Die Tanztherapie bietet als ganzheitlich orientierte Methode vielfältige Ansätze zur gezielten *Förderung dieser Schutzfaktoren*:

- *Körperliches Erleben als Ressource*: Über den Körper wird eine direkte Verbindung zu emotionalen Zuständen und inneren Spannungen geschaffen. Durch Bewegung lernen Kinder und Jugendliche, ihre Empfindungen wahrzunehmen, auszudrücken und in regulierte Bahnen zu lenken – eine zentrale Fähigkeit zur Emotions- und Stressregulation.
- *Stärkung von Selbstwirksamkeit und Ich-Kohärenz*: Indem junge Menschen erleben, dass sie durch ihren tänzerischen Ausdruck Wirkung erzeugen können, wird ihr Gefühl von Kontrolle und Gestaltungsmöglichkeiten gestärkt – ein Kernelement resilienten Verhaltens.
- *Förderung von Beziehungsfähigkeit und Zugehörigkeit*: Tanztherapie – insbesondere in Gruppen – fördert soziale Resonanz, Empathie, Kontakt und Beziehungsaufbau. Der gemeinsame kreative Prozess vermittelt ein Gefühl von Sicherheit, Wertschätzung und eingebetteter Gemeinschaft, was laut Masten (2015) ein entscheidender Resilienzfaktor ist.
- *Narrative und symbolische Integration*: Über nonverbale Ausdrucksformen können komplexe oder schwer sprachlich fassbare Erlebnisse externalisiert, symbolisiert und im therapeutischen Raum gehalten werden. Dieser Prozess unterstützt nicht nur die psychische Verarbeitung, sondern wirkt auch stabilisierend und strukturierend.

Resilienzförderung. In der Tanztherapie beschäftigen wir uns nicht primär mit aktuellen und vergangenen Belastungen, sondern arbeiten vor allem auch an der Stärkung innerer Kompetenzen, Ressourcen, dem Wiederfinden von Handlungsspielräumen und dem Erleben von Sinnhaftigkeit trotz widriger Umstände.

Die Bewegung eröffnet hierbei Erfahrungsräume, in denen nicht das Problem, sondern die Ressource im Vordergrund steht – der Ausdruck dessen, was trägt, bewegt und stärkt.

1.2.5 Entwicklung von Problemlösestrategien und Flexibilität

Ein weiterer zentraler Wirkfaktor der Tanztherapie liegt im *kreativen Ausdruck*. Kinder und Jugendliche sind in ihrer Entwicklung auf Möglichkeiten angewiesen, ihre inneren Prozesse zu externalisieren, zu gestalten und zu transformieren. Tanztherapie eröffnet durch improvisierte Bewegungen und choreografische Elemente einen Raum, in dem Fantasie, Individualität und emotionale Wahrnehmung verbunden werden können.

Durch das Erkunden neuer Bewegungsformen und das Spiel mit Raum, Rhythmus, Dynamik und Form erleben junge Menschen sich selbst als aktive Gestalterinnen. Die bewusste Auseinandersetzung mit Bewegung als Ausdrucksmittel fördert dabei nicht nur das emotionale Verstehen, sondern auch die Entwicklung kreativer Problemlösungsstrategien.

Im therapeutischen Prozess begegnen Kinder und Jugendliche metaphorisch ihren inneren und äußeren Herausforderungen: Ein Bewegungsmuster kann ein Gefühl von Enge oder Blockade symbolisieren – und durch Improvisation kreativ verwandelt werden. Die Erfahrung, dass es mehr als einen Weg gibt, mit Schwierigkeiten umzugehen oder sich selbst auszudrücken, erweitert ihre kognitive und emotionale Flexibilität und trägt zur Stärkung der psychischen Anpassungsfähigkeit bei.

Karkou und Sanderson (2006) betonen in diesem Zusammenhang, dass die kreative Komponente der Tanztherapie wesentlich zur konstruktiven Konfliktbearbeitung und zur Förderung von Divergenzdenken beiträgt – also der Fähigkeit, vielfältige Lösungsmöglichkeiten zu entwickeln und innere Widersprüche auszuhalten, ohne sich in rigiden Mustern zu verlieren. Diese Qualitäten gelten als zentrale Bausteine psychischer Resilienz und gesunder Persönlichkeitsentwicklung.

Zudem fördert das Zusammenspiel aus Struktur (z. B. vorgegebene Bewegungsabfolgen) und Freiheit (z. B. Improvisation) die Fähigkeit, zwischen Sicherheit und Offenheit zu balancieren – eine Kompetenz, die insbesondere in komplexen sozialen oder emotionalen Situationen von hoher Bedeutung ist.

In der Tanztherapie kann so spielerisch und körpernah eine Form von Lösungsorientierung und kreativer Selbstgestaltung eingeübt werden, die Kindern und Jugendlichen nicht nur in der Therapie, sondern auch im Alltag zur Verfügung steht. Die entstehende

Selbstwirksamkeit – das Gefühl, Einfluss auf das eigene Erleben und Verhalten zu haben – ist dabei ein zentrales Bindeglied zwischen Ausdruck, Entwicklung und psychischer Stabilität.

1.2.6 Stärkung der sozialen Kompetenzen

Tanztherapeutische Gruppensettings bieten einen besonders wirkungsvollen Rahmen zur Förderung sozialer Kompetenzen. Durch das gemeinsame kreative Erleben, das Teilen von Bewegung und das Miteinander im nonverbalen Ausdruck entsteht ein Raum, in dem soziale Interaktion auf körperlich-sinnlicher Ebene erfahrbar wird. Diese unmittelbare Form des Kontakts kann für Kinder und Jugendliche eine niedrigschwellige und authentische Möglichkeit der Begegnung bieten.

In Partner- und Gruppenübungen werden wechselseitige Abstimmung, Rücksichtnahme und Vertrauen gefördert. Das gemeinsame Erarbeiten von Bewegungsabfolgen oder Improvisationen erfordert ein feinfühliges Einlassen auf das Gegenüber: Kinder und Jugendliche lernen, nonverbale Signale wahrzunehmen, angemessen darauf zu reagieren und sich in die Perspektive anderer einzufühlen. Diese Fähigkeiten bilden die Grundlage von Empathie, Kooperationsfähigkeit und Konfliktlösungskompetenz.

Insbesondere die Synchronisierung von Bewegungen in der Gruppe kann eine tiefgehende Wirkung auf das soziale Miteinander entfalten: Die Erfahrung, sich im gleichen Rhythmus zu bewegen, gemeinsam zu atmen, zu pausieren oder Impulse weiterzugeben, fördert ein Gefühl von Verbundenheit und Zugehörigkeit. In der Tanztherapie spricht man in diesem Zusammenhang auch von "affektiver Resonanz", also der Fähigkeit, sich auf die emotionale Stimmung anderer einzuschwingen – eine Basiskompetenz für soziale Integration (Chaiklin & Wengrower, 2016).

Darüber hinaus erleben viele Kinder und Jugendliche im Gruppensetting soziale Anerkennung – etwa, wenn ihre Ideen aufgenommen werden, sie positives Feedback für ihren Ausdruck erhalten oder sie spüren, dass sie andere emotional berühren können (Abb. 1.2). Dies trägt nicht nur zur Stärkung ihres Selbstbewusstseins bei, sondern auch zur Entwicklung eines positiven sozialen Selbstkonzepts.

Chaiklin und Wengrower (2016) betonen in ihrer Arbeit zur Tanztherapie in Gruppen, dass gerade die Kombination aus Individualität und Gruppenprozess eine besondere therapeutische Dynamik ermöglicht: Während die eigene Ausdruckskraft gestärkt wird, entsteht gleichzeitig soziale Verantwortung und gegenseitige Unterstützung – ein Prozess, der junge Menschen in ihrer sozialen Reifung und Beziehungsfähigkeit fördert.

Abb. 1.2 **Sozialer Kontakt**: In der Tanztherapie können soziale Kompetenzen körperlich erprobt, reflektiert und internalisiert werden – mit nachhaltiger Wirkung auf das Verhalten und Erleben im Alltag. Die abgebildete Szene wurden von Kindern nachgestellt und zeigt keine echten Klientinnen oder deren Diagnosen

1.2.7 Stressreduktion und Förderung von Entspannung

Der Alltag vieler Kinder und Jugendlicher ist zunehmend von vielfältigen Stressoren geprägt: schulischer Leistungsdruck, überhöhte Erwartungen, soziale Unsicherheiten, familiäre Spannungen oder Reizüberflutung durch digitale Medien. Diese Belastungen können zu innerer Unruhe, Schlafstörungen, Reizbarkeit, Konzentrationsproblemen oder psychosomatischen Beschwerden führen. Tanztherapie bietet in diesem Kontext einen körperorientierten und ressourcenstärkenden Zugang, um Stress wirksam zu begegnen und emotionale Selbstregulation zu fördern.

Bewegung, Rhythmus und kreative Ausdrucksformen ermöglichen es Kindern und Jugendlichen, aufgestaute Spannungen nonverbal zu entladen und sich mit ihren inneren Zuständen auseinanderzusetzen. Der Wechsel von Aktivierung (z. B. durch expressive Bewegung) und Beruhigung (z. B. durch langsame, fließende Sequenzen oder bewusste Atemführung) fördert die Fähigkeit, zwischen Anspannung und Entspannung zu unterscheiden – ein zentrales Element gesunder Emotionsregulation.

Die Integration von Musik, rhythmischen Bewegungen und bewusstem Atmen aktiviert nachweislich das parasympathische Nervensystem, das für Ruhe, Regeneration und Erholung zuständig ist. Dabei wird die Ausschüttung von Stresshormonen wie Cortisol reduziert, während gleichzeitig Oxytocin – ein Hormon, das mit Vertrauen, Sicherheit und sozialer Bindung assoziiert ist – gefördert werden kann (Berrol, 2006). Auf diese

Weise entsteht ein neurophysiologischer Gegenpol zu Stresszuständen, der langfristig zur Senkung des allgemeinen Erregungsniveaus beiträgt.

Zudem wirkt die tanztherapeutische Arbeit mit Imaginationsprozessen, inneren Bildern und achtsamer Körperwahrnehmung regulierend auf das zentrale Nervensystem und hilft dabei, ein inneres Gefühl von Sicherheit und Selbstberuhigung zu entwickeln. Für viele Kinder und Jugendliche, die wenig Zugang zu ihren Gefühlen oder Körpersignalen haben, ist dies ein bedeutsamer Schritt hin zu mehr Selbstkompetenz und Wohlbefinden.

Die Wirksamkeit von Tanz- und Bewegungstherapie im Kontext von Stressreduktion ist inzwischen auch empirisch gut belegt. So zeigt eine Metaanalyse von Koch et al. (2019), dass kreative Bewegungstherapien signifikant zur Reduktion von Stresssymptomen, zur Förderung emotionaler Stabilität und zur Steigerung von Selbstwirksamkeit beitragen. Besonders bei Jugendlichen in belastenden Lebenssituationen – etwa nach traumatischen Erfahrungen, in psychosozial belasteten Familien oder bei schulischen Schwierigkeiten – konnten deutliche Verbesserungen der psychischen Widerstandskraft festgestellt werden.

Regelmäßig in den Alltag integrierte tanztherapeutische Interventionen stärken somit nicht nur die aktuelle Stressbewältigung, sondern auch die längerfristige Stressresistenz – eine essenzielle Ressource für die psychische Gesundheit von Kindern und Jugendlichen in einer zunehmend komplexen Welt.

1.2.8 Unterstützung bei der Traumabewältigung

Auch für Kinder und Jugendliche mit traumatischen Erfahrungen stellt Tanztherapie eine wirkungsvolle, nicht-invasive Form der Therapie dar. Traumata hinterlassen oft Spuren auf mehreren Ebenen: psychisch, emotional und insbesondere auch körperlich. In der somatischen Traumaforschung gilt mittlerweile als gesichert, dass belastende oder überwältigende Erfahrungen nicht nur im Gedächtnis gespeichert werden, sondern sich auch in muskulären Spannungen, eingeschränkter Atmung, dysregulierten Bewegungsmustern und sensorischen Empfindungen niederschlagen (van der Kolk, 2014).

Tanztherapie bietet eine Methode, diesen impliziten Erinnerungen über den Körper sanft zu begegnen, ohne dass eine direkte Konfrontation auf verbaler Ebene notwendig ist. Der therapeutische Raum ermöglicht sicheres Explorieren, dosiertes Wiedererleben und gezielte Regulation, wodurch eine Neuverarbeitung auf körperlich-emotionaler Ebene stattfinden kann. Dabei steht nicht die narrative Aufarbeitung im Vordergrund, sondern das Wiedererlangen von Kontrolle über den eigenen Körper, das Erleben von Sicherheit und Selbstwirksamkeit – zentrale Komponenten der Traumaintegration.

Die Bewegungsanalyse nach Laban sowie die Beobachtung individueller Bewegungsschemata hilft dabei, traumabedingte Muster zu erkennen, die oft unbewusst entstanden sind – etwa Schutzhaltungen, Bewegungsvermeidung oder rigide Kontrollmechanismen. In der tanztherapeutischen Arbeit können diese Muster durch kreative, rhythmische und achtsame Bewegungsimpulse sanft aufgelöst und transformiert werden. Das Ziel ist dabei

Abb. 1.3 **Körperliche Exploration**: Durch Bewegung und symbolisches Handeln können ungesagte Erlebnisse verkörpert und externalisiert werden – ein wichtiger Schritt in der Traumverarbeitung. Die abgebildete Szene wurden von Kindern nachgestellt und zeigt keine echten Klientinnen oder deren Diagnosen

nicht die Reinszenierung des Traumas, sondern das Erleben von Selbststeuerung, Schutz und innerer Kohärenz im Hier und Jetzt (Schedlich & Sander, 2010).

Die nonverbale Ausdrucksform bietet besonders für traumatisierte Kinder und Jugendliche einen Zugang zu inneren Themen, die schwer sprachlich zu fassen oder bewusst zugänglich sind (Abb. 1.3). Über Bewegungsmetaphern und symbolisches Handeln kann das, was „sprachlos" macht, verkörpert und externalisiert werden – ein entscheidender Schritt in der Verarbeitung von Trauma (Koch et al., 2019).

1.3 Zielgruppen der Tanztherapie

Die Tanztherapie bietet einen ganzheitlichen Ansatz, der auf die spezifischen Bedürfnisse verschiedener Zielgruppen von Kindern und Jugendlichen zugeschnitten werden kann. Durch die Verbindung von körperlicher Bewegung, emotionalem Ausdruck und sozialer Interaktion fördert sie positive Entwicklungen in der Behandlung unterschiedlicher psychischer und emotionaler Herausforderungen und Diagnosen.

Im vorliegenden Buch steht die Auseinandersetzung mit den *wichtigsten Zielgruppen* der Tanztherapie im Kinder- und Jugendbereich im Mittelpunkt. Es werden zentrale Diagnosen und Entwicklungsbesonderheiten dargestellt, die in der Praxis besonders häufig auftreten und für die tanztherapeutische Interventionen spezifische Wirkpotenziale entfalten können. Diese Störungsbilder werden in weiteren Kapiteln dieses Buchs näher beschrieben, wobei sowohl diagnostische Kernmerkmale als auch entwicklungspsychologische Aspekte berücksichtigt werden. Besonderes Augenmerk liegt dabei auf der Frage, wie Tanztherapie gezielt auf die jeweiligen Bedürfnisse der Zielgruppen eingehen kann, welche Wirkmechanismen dabei im Vordergrund stehen und wie die Bewegungsarbeit zur Stärkung von Ressourcen, Selbstregulation, Affektausdruck und Körpererleben beitragen kann.

So werden ab Kap. 3 die vorgestellten Zielgruppen praxisnah und anwendungsorientiert vertieft und es folgen konkrete, erprobte und zielgruppenspezifische tanztherapeutischen Methoden und Interventionen, die sich in der praktischen Arbeit bewährt haben.

1.3.1 Aufmerksamkeitsdefizit-/Hyperaktivitätsstörung (ADHS)

Kinder und Jugendliche mit ADHS haben meist massive Schwierigkeiten, sich zu konzentrieren, ihre Impulse zu kontrollieren und übermäßige Energie abzubauen. Tanztherapie kann wesentlich dabei unterstützen, ihre Körperwahrnehmung zu verbessern, Bewegungen zu koordinieren und ihre Hyperaktivität auf konstruktive Weise auszuleben. Die strukturierte, aber kreative Umgebung der Tanztherapie fördert zudem die Konzentration und stärkt die Impulskontrolle.

Die rhythmischen und kreativen Elemente der Tanztherapie bieten eine Möglichkeit, überschüssige Energie in geordnete Bahnen zu lenken und gleichzeitig die Selbstregulation zu fördern. Studien von Verret et al. (2012) zeigen, dass körperliche Aktivitäten wie Tanz die Konzentration und das Verhalten von (jungen) Menschen mit ADHS positiv beeinflussen. Darüber hinaus unterstützt die Tanztherapie den Aufbau von Selbstvertrauen und sozialen Fähigkeiten in einem nicht bewertenden Rahmen.

1.3.2 Autismus-Spektrum-Störung (ASS)

Kinder und Jugendliche im Autismus-Spektrum stehen häufig vor Herausforderungen in den Bereichen soziale Interaktion, Kommunikation, emotionaler Ausdruck und sensorische Verarbeitung. Die Tanztherapie eröffnet ihnen einen geschützten Raum, in dem sie sich auf nonverbale Weise mitteilen, emotionale Erfahrungen spielerisch verarbeiten und soziale Fähigkeiten aufbauen können.

Durch die Verbindung von Struktur und Flexibilität bietet die Tanztherapie einen klaren Rahmen, der Sicherheit schafft, aber gleichzeitig Raum für individuelles Erleben lässt. Dies erleichtert es vielen Kindern und Jugendlichen mit ASS, sich zu öffnen, neue Erfahrungen zu machen und ihr Selbstvertrauen zu entwickeln.

Wie Koch et al. (2019) zeigen, kann Tanztherapie gezielt die emotionale Resonanzfähigkeit und die soziale Interaktion fördern. Insbesondere rhythmische Bewegungen und

Übungen zur Körperwahrnehmung unterstützen dabei, sensorische Überempfindlichkeiten zu regulieren und ein besseres Gespür für den eigenen Körper zu entwickeln. Gleichzeitig wird spielerisch an grundlegenden sozialen Fähigkeiten wie Blickkontakt, Kooperation, Empathie und Lebensfreude gearbeitet – auf eine Weise, die individuell angepasst und frei von Leistungsdruck ist.

1.3.3 Angststörungen

Angststörungen gehören zu den häufigsten psychischen Belastungen im Kindes- und Jugendalter. Tanztherapie kann hier einen wertvollen Beitrag leisten, indem sie Entspannungsprozesse anregt und die Körperwahrnehmung stärkt. Durch die bewusste Bewegung lernen junge Menschen, ihre Angstzustände besser zu regulieren und einen Zugang zu ihren emotionalen Reaktionen zu finden.

Wie eine Studie von Pylvänäinen et al. (2015) zeigt, unterstützt Tanztherapie gezielt die emotionale Regulation und stärkt das Selbstbewusstsein – zwei zentrale Faktoren im Umgang mit Ängsten. Darüber hinaus werden kreative Wege eröffnet, um belastende Situationen zu verarbeiten und neue Problemlösungsstrategien zu entwickeln.

Viele Kinder und Jugendliche mit Angststörungen ziehen sich sozial zurück und haben Schwierigkeiten, ihre Gefühle in Worte zu fassen. Tanztherapie schafft einen geschützten Raum, in dem sie ihre Ängste über den Körper ausdrücken können – ohne auf Sprache angewiesen zu sein. Dadurch wird ihnen eine alternative Form der Selbstmitteilung eröffnet, die ihre innere Welt sichtbar und zugleich bearbeitbar macht.

1.3.4 Depression und emotionale Auffälligkeiten

Depressive Symptome bei Kindern und Jugendlichen äußern sich oft in Antriebslosigkeit, sozialem Rückzug und einem verminderten Selbstwertgefühl. Tanztherapie bietet einen dynamischen Zugang, der sowohl die körperliche Aktivität als auch den kreativen Ausdruck einbezieht. Tanztherapie kann depressive Symptome signifikant reduzieren, insbesondere durch die Förderung von sozialer Interaktion und kreativer Selbstwirksamkeit. Die Verbindung zwischen Bewegung und Emotion ermöglicht es den Betroffenen, wieder in Kontakt mit positiven Gefühlen zu treten und neue Perspektiven auf sich selbst zu entwickeln (Koch et al., 2019).

Auch emotionale Auffälligkeiten wie starke Stimmungsschwankungen, emotionale Überforderung oder geringe Frustrationstoleranz können durch Tanztherapie reguliert werden. Der körperliche Ausdruck bietet eine sichere Möglichkeit, intensive Emotionen zu kanalisieren und auszuleben. Laut Levy (1992) fördert Tanztherapie die emotionale Selbstregulation und stärkt die Fähigkeit, Gefühle zu benennen und zu verarbeiten. Dies unterstützt Kinder und Jugendliche dabei, ihre Emotionen als Teil ihrer Persönlichkeit anzunehmen.

1.3.5 Posttraumatische Belastungsstörung (PTBS)

Traumatische Erfahrungen führen bei Klientinnen oft zu starker innerer Anspannung (Hyperarousal), Dissoziation oder emotionaler Abgestumpftheit (van der Kolk, 2015). Tanztherapie setzt genau an diesen Punkten an, indem sie Körper und Psyche gleichermaßen einbezieht. Da traumatische Erlebnisse oft im Körper „gespeichert" sind, bietet Tanz einen behutsamen Weg, diesen Erfahrungen über Bewegung zu begegnen und sie achtsam zu integrieren. Durch körperliche Aktivität können angestaute Spannungen gelöst und die Verbindung zum eigenen Körper wieder gestärkt werden. Kreative Bewegung eröffnet zudem einen geschützten Raum, in dem traumatische Inhalte ausgedrückt werden können – ohne sie sprachlich benennen zu müssen (van der Kolk, 2015). Gerade für Kinder ist diese nonverbale Ausdrucksmöglichkeit oft ein wertvoller Zugang zur Verarbeitung.

In einem stabilen und sicheren therapeutischen Setting können die Kinder und Jugendliche Vertrauen zurückgewinnen und Resilienz entwickeln. Tanztherapie unterstützt sie dabei, ihren Körper wieder als sicheren Ort zu erleben, Kontrolle zurückzuerlangen und inneren Stress abzubauen (Grönholm et al., 2018). Die Verbindung von Bewegung, emotionaler Regulation und kreativer Ausdruckskraft macht Tanztherapie zu einem wirkungsvollen Ansatz in der Traumabearbeitung.

1.3.6 Aggressives und oppositionelles Verhalten

Kinder und Jugendliche, die durch aggressives oder oppositionelles Verhalten auffallen, stellen oft eine besondere Herausforderung im pädagogischen und therapeutischen Kontext dar. Meist verbergen sich hinter diesen Verhaltensweisen Bedürfnisse, tiefere emotionale Verletzungen, Unsicherheiten oder Schwierigkeiten in der Emotionsregulation. Die Tanztherapie bietet hier einen besonders wertvollen Ansatz, da sie den direkten Zugang zu körperlich gespeicherten Spannungen, Affekten und Impulsen ermöglicht.

In der Bewegung erfahren die jungen Menschen eine Möglichkeit, ihre innere Unruhe, Wut oder Frustration in einer sozial akzeptierten Form auszudrücken und zu transformieren. Durch gezielte Interventionen können destruktive Impulse in kreative Ausdrucksformen überführt werden. Dabei wird nicht nur die Selbstwahrnehmung geschult, sondern auch die Fähigkeit, mit sich selbst und anderen in Beziehung zu treten.

Der geschützte therapeutische Raum erlaubt es, Grenzen auszutesten, ohne dabei reale soziale Konsequenzen zu erfahren. Tanztherapeutische Strukturen bieten Orientierung und Sicherheit – wichtige Voraussetzungen, um aggressives Verhalten abzubauen und neue Handlungsoptionen zu erlernen. Gleichzeitig wird die soziale Dimension gestärkt: Kooperation, gegenseitige Rücksichtnahme und Empathie können über gemeinsame Bewegungserfahrungen direkt erfahrbar und im eigenen Verhalten integriert werden.

1.3.7 Essstörungen

Essstörungen wie Anorexia nervosa, Bulimia nervosa oder Binge-Eating-Störung zählen zu den schwerwiegenden psychischen Erkrankungen, die meist bereits im Kindes- oder Jugendalter beginnen. Sie sind gekennzeichnet durch ein gestörtes Körperbild, erhebliche Schwierigkeiten in der Emotionsregulation, ein vermindertes Selbstwertgefühl sowie ein stark ausgeprägtes Bedürfnis nach Kontrolle (Zipfel et al., 2015). In der therapeutischen Arbeit ist ein integrativer Behandlungsansatz notwendig, der nicht nur kognitive und emotionale, sondern auch körperliche Ebenen einbezieht.

Tanztherapie bietet in diesem Kontext einen geschützten Erfahrungsraum, in dem junge Menschen lernen können, ihren Körper neu und positiv zu erleben – losgelöst von Leistungsdruck, Perfektionsstreben oder Selbstkritik. Über kreative Bewegung wird ein Zugang zu inneren Bildern, Gefühlen und persönlichen Themen geschaffen, der die Auseinandersetzung mit den tieferliegenden Ursachen der Erkrankung ermöglicht.

Die Kombination mit anderen künstlerischen Ausdrucksformen wie Malen, Schreiben oder Arbeiten mit Ton kann die therapeutische Wirkung vertiefen – insbesondere, wenn diese Gestaltungen anschließend über Bewegung in den Körper integriert werden. Dadurch entstehen neue, heilsame Körpererfahrungen, die das Selbstbild stärken und die emotionale Ausdrucksfähigkeit fördern (Levy, 1992). Empirische Studien zeigen zudem, dass Tanztherapie zur Reduktion depressiver Symptome, emotionaler Anspannung und psychosomatischer Beschwerden beitragen kann – alles häufige Begleiterscheinungen bei Essstörungen (Koch et al., 2019).

1.4 Ursprünge der Tanztherapie und die Entwicklung aus dem Ausdruckstanz

Die Tanztherapie hat ihre Wurzeln in der Kunst und der Psychologie, insbesondere im Ausdruckstanz, der zu Beginn des 20. Jahrhunderts in Europa und den USA eine neue Perspektive auf Tanz und Bewegung einführte. Diese Bewegung war eine Reaktion auf die starren und formalisierten Tanzformen des klassischen Balletts und setzte auf Freiheit und Authentizität der Bewegung, um tiefe Emotionen und innere Erlebnisse auszudrücken. Pionierinnen wie Isadora Duncan, Mary Wigman und Rudolf von Laban betonten die Individualität und die Ausdruckskraft des Körpers (Chaiklin & Wengrower, 2016). Im Gegensatz zu den strengen, vorgefertigten Bewegungen des klassischen Tanzes zielt der Ausdruckstanz darauf ab, innere Emotionen und Geschichten durch improvisierte und freie Bewegungen auszudrücken. Damit wurde der Grundstein für die Methoden und Techniken gelegt, die heute in der Tanztherapie verwendet werden (Chaiklin & Wengrower, 2016).

1.4.1 Historische Entwicklung und Verankerung im therapeutischen Feld

In den 1940er und 1950er Jahren begann in den USA der Übergang vom künstlerischen Ausdruckstanz hin zur Nutzung von Tanz als therapeutisches Mittel. Eine der Schlüsselfiguren dieser Entwicklung war Marian Chace, eine Tänzerin und Lehrerin, die erkannte, dass Tanz nicht nur eine Form der Kunst, sondern auch ein mächtiges Werkzeug für emotionalen Ausdruck und Heilung sein kann (Levy, 1992). Chace und andere Pionierinnen wie Trudi Schoop und Mary Whitehouse begannen, Tanz in psychotherapeutischen Kontexten einzusetzen, um Menschen mit verschiedenen psychischen und emotionalen Problemen zu unterstützen (Chaiklin & Wengrower, 2016). Chace betonte die Bedeutung der Körperbewegung als Ausdrucksform und stellte fest, dass Bewegungen die Fähigkeit haben, nonverbale Kommunikation zu fördern, innere Spannungen zu lösen und emotionale Prozesse zu unterstützen. In den 1960er und 1970er Jahren gewann die Tanztherapie zunehmend an Akzeptanz. Verschiedene Strömungen der Psychologie, darunter die humanistische Psychologie und die Körperpsychotherapie, trugen zur Integration von Tanz und Bewegung in psychotherapeutischen Ansätzen bei. Zu dieser Zeit wurden auch die ersten Berufsverbände gegründet, um die Ausbildung und Praxis der Tanztherapie zu standardisieren (Willke, 2014).

1966 erfolgte die Gründung der *American Dance Therapy Association (ADTA)*, die die Tanztherapie als unabhängige therapeutische Disziplin etablierte. Die ADTA wurde ins Leben gerufen, um die Tanztherapie als eigenständigen Beruf zu fördern und Standards für die Ausbildung und Praxis zu etablieren. Diese Organisation spielte eine Schlüsselrolle in der Verbreitung und Anerkennung der Tanztherapie in den USA und weltweit (Sandel et al., 1993).

In Europa fanden ähnliche Entwicklungen statt, wobei die Tanztherapie hier oft in Verbindung mit Bewegungspädagogik und Ausdruckstanz betrachtet wurde. Mary Wigman, eine zentrale Figur des Ausdruckstanzes in Deutschland, betonte die emotionale und spirituelle Dimension des Tanzes (Chaiklin & Wengrower, 2016). Ihr Tanzstil war oft von ekstatischen, rhythmischen Bewegungen geprägt und stellte die Ausdruckskraft des Körpers in den Vordergrund. Wigmans Arbeit inspirierte viele spätere Tanztherapeutinnen, insbesondere in Europa, wo sie als Wegbereiterin für eine tiefere Verbindung zwischen Kunst und Therapie galt. Die Schweizer Tänzerin und Choreografin Trudi Schoop brachte den Ausdruckstanz in die Psychiatrie und entwickelte innovative Ansätze zur Behandlung von Menschen mit schweren psychischen Erkrankungen. Schoops Arbeit war wegweisend für die Entwicklung der Tanztherapie als therapeutische Praxis in Europa und den

USA (Levy, 1992). Rudolf Laban entwickelte eine umfassende Theorie der Bewegung, die sowohl die Analyse als auch die kreative Gestaltung von Bewegungen umfasst. Seine Bewegungsanalyse (Laban Movement Analysis, LBA) liefert eine systematische Methode zur Beobachtung, Beschreibung und Interpretation von Bewegungen (Chaiklin & Wengrower, 2016).

Laban betonte, dass jede Bewegung einen emotionalen und psychologischen Hintergrund hat, was die Grundlage für die Verbindung von Tanz und Therapie darstellt. Bewegungsanalysen wie die LBA sowie das Kestenberg Movement Profile (KMP) bieten nach wie vor wichtige diagnostische und therapeutische Werkzeuge, um Bewegungsmuster zu erkennen und gezielt daran zu arbeiten (Levy, 1992). Psychologische Konzepte, insbesondere aus der humanistischen und psychodynamischen Therapie, fließen in die Methodik ein und ermöglichen einen tiefgehenden Zugang zu den emotionalen und sozialen Bedürfnissen der Klientinnen (Koch et al., 2019).

In Deutschland und Großbritannien wurden in den 1970er Jahren erste Ausbildungsprogramme für Tanztherapie ins Leben gerufen, die stark von Laban und Wigman beeinflusst waren. Die *European Association for Dance Movement Therapy (EADMT)*, gegründet 2010, fördert heute den Austausch und die Entwicklung der Tanztherapie in Europa (EADMT, 2021).

Die Tanztherapie hat sich seither weltweit etabliert, sowohl in Einzel- als auch in Gruppensettings. Sie wird von ausgebildeten Tanztherapeutinnen in verschiedenen Kontexten angewendet, darunter in Kliniken, Therapiezentren, Rehabilitationseinrichtungen, sozialpsychiatrischen Einrichtungen oder Kinderdörfern, Wohnheimen und Schulen. Die moderne Tanztherapie kombiniert verschiedene Elemente aus Tanz, Psychologie, Kreativtherapie und Bewegungsanalyse und ist an unterschiedliche Zielgruppen und Bedürfnisse anpassbar. Die zunehmende Zahl an wissenschaftlichen Studien zu den positiven Effekten der Tanztherapie hat zu einer breiteren Akzeptanz und Verankerung im therapeutischen Feld beigetragen (Koch et al., 2019).

1.4.2 Abgrenzung zu anderen kreativen Therapieformen

Jede kreative Therapieform verwendet unterschiedliche künstlerische und körperliche Ausdrucksformen, um Heilungsprozesse zu unterstützen.

Die *Musiktherapie* basiert auf auditiven Wahrnehmungen. Diese Therapieform setzt Klänge, Musik und Rhythmus ein, um psychische Reaktionen hervorzurufen und arbeitet häufig mit Instrumenten, Gesang und Zuhören um durch auditive Reize emotionale Resonanz und Ausdruck zu fördern (Bunt & Stige, 2014). Beide Therapieformen nutzen nonverbale Kommunikation, jedoch ermöglicht die Tanztherapie durch die Einbeziehung des gesamten Körpers eine intensivere Auseinandersetzung mit Körperwahrnehmung und -bewusstsein (Koch et al., 2019).

In der *Kunst- und Maltherapie* steht das Produzieren eines greifbaren, visuellen Objekts im Vordergrund. Dabei wird bildende Kunst, wie Zeichnen, Malen oder Skulpturieren, als Mittel verwendet, um Gefühle und innere Zustände zu verarbeiten und auszudrücken (Malchiodi, 2011). Obwohl auch in der Tanztherapie mit gemalten, gezeichneten oder geformten Objekten gearbeitet wird (intermediale Tanztherapie, siehe Kap. 7), liegt der Fokus dort auf der Bewegungsübertragung des Kunstwerkes, während in der Kunsttherapie der kreative Prozess und die anschließende Reflexion über die entstandenen Werke zentrale Bestandteile sind (Levy, 1992).

Yogatherapie kombiniert die körperlichen, mentalen und spirituellen Praktiken des Yoga, um spezifische gesundheitliche Ziele zu erreichen. Sie nutzt kontrollierte Atmung, körperliche Übungen (Asanas) und Meditation, um das körperliche und psychische Wohlbefinden zu fördern. Dabei ist Yogatherapie stark strukturiert und fokussiert sich auf festgelegte Posen und Atemtechniken, um eine Balance zwischen Körper und Geist zu schaffen (Telles et al., 2012). Tanztherapie ist spontaner und dynamischer, mit weniger festen Regeln, und legt großen Wert auf freien, kreativen Ausdruck Koch et al., 2019).

Die *Dramatherapie oder Theatertherapie* schließlich integriert Rollenspiele, szenische Darstellung und theatrale Techniken, um Menschen dabei zu helfen, ihre Gefühle zu erforschen und neue Sichtweisen zu entwickeln. Sie nutzt Geschichten, Improvisation und das Nachspielen von Rollen, um therapeutische Einsichten zu gewinnen (Emunah, 2019). Dabei ist sie stärker text- und handlungsbasiert und kann Sprache als wesentlichen Bestandteil nutzen, während die Tanztherapie körperorientierter ist und primär auf nonverbaler Kommunikation beruht.

Alle kreativen Therapieformen teilen das Ziel, über zumeist nonverbale und kreative Kanäle psychische Gesundheit und Wohlbefinden zu fördern. Sie nutzen künstlerische Mittel, um emotionale Prozesse anzuregen und Heilung zu unterstützen (Malchiodi, 2011). Tanztherapie hebt sich insbesondere durch die zentrale Rolle des gesamten Körpers in Bewegung ab. Im Gegensatz zu visuell oder auditiv orientierten Therapieformen ist sie stark auf den kinästhetischen und propriozeptiven Sinn ausgerichtet. Jede dieser Therapieformen hat ihren eigenen Platz im therapeutischen Spektrum und wird basierend auf den individuellen Bedürfnissen und Präferenzen der Patientinnen und Klientinnen eingesetzt (Koch et al., 2019).

1.5 Wie unterscheiden sich Tanztherapie und Tanzpädagogik?

Tanzpädagogik und Tanztherapie basieren beide auf der grundlegenden Annahme, dass Bewegung und Tanz eine transformative Wirkung auf Körper, Geist und Seele haben können. Dennoch unterscheiden sich die beiden Ansätze fundamental in ihrer Zielsetzung, Methodik und der Rolle der anleitenden Person. Während die Tanzpädagogik auf das

Erlernen von Tanztechniken und die Entwicklung tänzerischer Fähigkeiten abzielt, konzentriert sich die Tanztherapie auf Selbsterfahrung und das Erleben von inneren Prozessen, um psychische und körperliche Gesundheit zu fördern (Willke, 2014).

Das Ziel der *Tanzpädagogik* ist primär das Erlernen von Bewegungen, Tanzstilen und tänzerischen Techniken. Der Fokus liegt auf der Förderung von Körperbewusstsein, Bewegungskoordination und kreativem Ausdruck im Rahmen einer strukturierten Unterrichtsform. Tanzpädagogik kann sowohl künstlerisch-ästhetisch als auch körperlich-funktional orientiert sein und wird in unterschiedlichen Kontexten wie Tanzstudios, Schulen oder Kulturprojekten. Eine Qualifikation in Tanzpädagogik legt den Fokus auf künstlerische und didaktische Kompetenzen. Regelmäßige Weiterbildungen können die Methodenvielfalt erweitern, doch psychosoziales Wissen ist keine Grundvoraussetzung.

Die *Tanztherapie* hingegen verfolgt keine ästhetischen oder leistungsbezogenen Ziele. Sie ist darauf ausgerichtet, innere Erlebnisse und emotionale Prozesse durch Bewegung und Tanz zugänglich zu machen. Der Fokus liegt auf dem Erleben, dem Ausdruck von Gefühlen und der Integration von körperlichen, emotionalen und kognitiven Prozessen. Tanztherapie ist weniger ergebnis- als prozessorientiert und legt besonderen Wert auf die Beziehung zwischen Klientin und Therapeutin (Levy, 1992).

Literatur

Bartenieff, I., & Lewis, D. (1980). *Body Movement: Coping with the Environment*. Gordon and Breach Science Publishers.

Berrol, C. F. (2006). Neuroscience Meets Dance/Movement Therapy: Mirror Neurons, the Therapeutic Process, and Empathy. *The Arts in Psychotherapy, 33*(4), 302–315.

Bunt, L., & Stige, B. (2014). *Music Therapy: An Art Beyond Words*. Routledge.

Chaiklin, S. & Wengrower, H. (2016). *The Art and Science of Dance/Movement Therapy: Life is Dance*. Routledge.

Emunah, R. (2019). *Acting for Real: Drama Therapy Process, Technique, and Performance* (2nd ed.). Routledge.

Grönholm, P. C., Nye, E., & Michelson, D. (2018). Stigma related to targeted school-based mental health interventions: A systematic review of qualitative evidence. *Journal of Affective Disorders, 240,* 17–26.

Karkou, V., & Sanderson, P. (2006). *Arts Therapies: A Research-Based Map of the Field*. Churchill Livingstone.

Koch, S. C., Riege, R. F., Tisborn, K., Biondo, J., Martin, L., & BeeLBAnn, A. (2019). Effects of dance movement therapy and dance on psychological outcomes: A meta-analysis update. *The Arts in Psychotherapy, 10,* 1806.

Lakes, K. D., & Hoyt, W. T. (2004). Promoting Self-Regulation through School-Based Martial Arts Training. *Journal of Applied Developmental Psychology, 25*(3), 283–302.

Levy, F. J. (1992). *Dance Movement Therapy: A Healing* Art (Revised edition). Reston: American Alliance for Health, Physical Education, Recreation and Dance.

Loman, S. (1998). Employing a Developmental Model of Movement Patterns in Dance/Movement Therapy with Young Children and Their Families. *American Journal of Dance Therapy, 20,* 101–115

Luthar, S. S., Cicchetti, D., & Becker, B. (2000). The construct of resilience: A critical evaluation and guidelines for future work. *Child Development, 71*(3), 543–562.
Malchiodi, C. A. (2011). *Handbook of Art Therapy* (2. Aufl.). Guilford Publications.
Masten, A. S. (2015). *Ordinary Magic: Resilience in Development* (Reprint edition). Guilford Publications.
Meekums, B. (2002). *Dance Movement Therapy: A Creative Psychotherapeutic Approach.* SAGE Publications.
Payne, H. (2017). *Essential.* Routledge.
Porges, S. W. (2011). *The Polyvagal Theory: Neurophysiological Foundations of Emotions, Attachment, Communication, and Self-Regulation.* W. W. Norton & Company
Pylvänäinen, P., Muotka, J., & Lappalainen, R. (2015). A dance movement therapy group for depressed adult patients in a psychiatric outpatient clinic: Effects of the treatment. *Frontiers in Psychology, 6,* 980.
Reivich, K., & Shatté, A. (2002). *The resilience factor: 7 essential skills for overcoming life's inevitable obstacles.* Broadway Books.
Salmela-Aro, K., Kiuru, N., Pietikäinen, M., & Jokela, J. (2008). Does School Matter? The Role of School Context in Adolescents' School Burnout. *European Psychologist, 13*(1), 12–23.
Sandel, S., Chaiklin, S., & Lohn, A. (1993). Foundations of Dance/Movement Therapy: The Life and Work of Marian Chace. *American Dance Therapy Association, 16,* 127–131.
Schedlich, C., & Sander, E. (2010). Stabilisierung in der traumaadaptierten Tanz- und Ausdruckstherapie (TATT). In M. Fischer & C. Riedesser (Hrsg.), *Psychodynamische Psycho- und Traumatherapie* (S. 169–178). VS Verlag.
Siegel, D. J. (2020). *The Developing Mind: How Relationships and the Brain Interact to Shape Who We Are* (3rd ed.). Taylor and Francis.
Telles, S., Singh, N., & Balkrishna, A. (2012). Managing mental health disorders resulting from trauma through yoga: A review. *Depression Research and Treatment, 2012,* 401513.
van der Kolk, B. A. (2015). *The Body Keeps the Score: Brain, Mind, and Body in the Healing of Trauma.* Penguin LLC US.
Verret, C., Guay, M.-C., Berthiaume, C., Gardiner, P., & Béliveau, L. (2012). A physical activity program improves behavior and cognitive functions in children with ADHD. *Journal of Attention Disorders, 16*(1), 71–80.
Willke, E. (2014). *Tanztherapie – Theorie und Praxis: Ein Handbuch.* Reichert Verlag.
World Health Organization (WHO). (2020). *Global Recommendations on Physical Activity for Health.* WHO.
European Association for Dance Movement Therapy (EADMT). (2021). Website: www.eadmt.com.
Zipfel, S., Giel, K. E., Bulik, C. M., Hay, P., & Schmidt, U. (2015). Anorexia nervosa: Aetiology, assessment, and treatment. *The Lancet Psychiatry, 2*(12), 1099–1111.

Theoretische Fundamente für die tanztherapeutische Arbeit

2

Was der Körper erzählt: Entwicklungspsychologische und körperorientierte Grundlagen

2.1 Dahinter blicken: Fachwissen über Psychodynamik

Als Tanztherapeutin ist es von zentraler Bedeutung, sich nicht nur mit den körperlichen Ausdrucksformen von Kindern und Jugendlichen auseinanderzusetzen, sondern auch ein tiefgehendes Verständnis für ihre psychische Entwicklung und emotionalen Prozesse zu haben. Jedes Verhalten, das ein Kind oder eine Jugendliche zeigt, ist Ausdruck der bisherigen Erfahrungen, inneren Konflikte und gelernten Muster im Umgang mit der Umwelt. Kinder und Jugendliche tragen in ihrem Verhalten die Prägungen ihrer Lebensgeschichte – die Art, wie sie mit Nähe und Distanz umgehen, wie sie auf Stress oder Unsicherheit reagieren und welche Strategien sie im Laufe ihres jungen Lebens entwickelt haben, um mit Herausforderungen umzugehen.

Ihr Verhalten spiegelt die *innerpsychischen Muster* wider, die sie in ihrem sozialen Umfeld entwickelt haben – durch Eltern, Lehrpersonen oder andere wichtige Bezugspersonen. Dieses Verhalten kann u. a. folgende Aspekte offenbaren (Fonagy et. al., 2002):

- Emotionale Zustände: Angst, Überforderung, Wut, Unsicherheit.
- Verborgene Bedürfnisse: Nähe, Sicherheit, Kontrolle, Zugehörigkeit.
- Innere Konflikte: Loyalitätskonflikte, Schuldgefühle, Identitätsfragen.

Auch Widerstand, Provokation oder Aggression sind dabei nicht bloße Verhaltensweisen, sondern Schutzmechanismen, die auf tiefere, ungesagte Themen hinweisen.

T. Fritsch, *Tanztherapie mit Kindern und Jugendlichen*,
https://doi.org/10.1007/978-3-662-71836-0_2

Was Verhalten uns sagt. Bewegungen, Haltungen und körperliche Reaktionen offenbaren emotionale Zustände, verborgene Bedürfnisse und innere Konflikte.

Durch ihr Verhalten teilen sie uns mit, welche Dynamiken sie in ihrem bisherigen Leben erlebt haben und welche Rolle sie in ihrem sozialen Umfeld eingenommen haben. Anstatt diese als problematisch zu bewerten, gilt es, sie als Schlüssel zum inneren Erleben der Kinder und Jugendlichen zu verstehen (Brisch, 2021).

In der Tanztherapie wird deutlich, dass sich viele dieser inneren Prozesse nicht nur in Worten, sondern vor allem über den Körper manifestieren. *Körperhaltung, Bewegungsdynamik, Spannungsmuster oder Blockaden* können Hinweise darauf geben, welche Emotionen unter der Oberfläche verborgen liegen. Der Körper erzählt seine eigene Geschichte – eine Geschichte, die oft viel früher beginnt als das bewusste Erinnern. Er speichert Erlebnisse, Emotionen und Erfahrungen, und häufig äußert er sich über Bewegung und Ausdruck lange bevor Kinder oder Jugendliche ihre Gefühle in Worte fassen können (Bender & Diederichs, 2022).

Trennung von Verhalten und Person. In der Therapie verstehen wir das gezeigte Verhalten nicht als Ausdruck der „Persönlichkeit“, sondern als Reaktion auf erlebte Umstände und innere Zustände. Aus diesem Grund ist es so wichtig, das Verhalten von der Person zu trennen.

Gerade in der Tanztherapie, wo Körperausdruck und Bewegung im Fokus stehen, kann dieser Zugang helfen, nonverbale Botschaften ernst zu nehmen und zu entschlüsseln. Zusätzlich geht es um *Verständnis statt Bewertung* (das Verhalten ist nicht „falsch“, sondern ein Ausdruck innerer Realität), Sicherheit und Beziehung (Kinder brauchen sichere Bindungen, um alternative Verhaltensmuster zu entwickeln) und Raum für Ausdruck (Ausdrucksformen werden nicht zensiert, sondern wertfrei begleitet) (Bender & Diederichs, 2022).

Die zentralen Fragen für die Tanztherapeutin lauten daher: Welche Ressourcen kann sie bereitstellen, damit Kinder und Jugendliche einen sicheren Raum finden, in dem sie sich ohne Bewertung ausdrücken können? Wie können Bewegung und Tanz dabei unterstützen, Bedürfnisse auszudrücken, Spannungen abzubauen, Emotionen zu regulieren und Selbstwirksamkeit und neue Ausdrucksmöglichkeiten zu entwickeln?

Nur wenn wir hinter das äußere Verhalten blicken, können wir erkennen, welche Unterstützung junge Klientinnen tatsächlich benötigen.

2.2 Bindungstheorie nach Bowlby und Ainsworth

Die Qualität der frühen Bindungserfahrungen eines Kindes spielt eine entscheidende Rolle für dessen emotionale und soziale Entwicklung. In der Entwicklungspsychologie werden verschiedene *Bindungstypen* identifiziert, die das Verhalten und die Interaktionsmuster von Kindern und Jugendlichen prägen (Ainsworth et al., 1978).

John Bowlby entwickelte die Bindungstheorie und postulierte, dass sichere Bindungen die Basis für eine gesunde psychische Entwicklung bilden (Bowlby, 1980). Mary Ainsworth erweiterte diese Theorie mit der sogenannten „Fremde-Situation"-Methode und identifizierte vier Hauptbindungsstile (Ainsworth et al., 1978):

- Sichere Bindung
- Unsicher-vermeidende Bindung
- Unsicher-ambivalente Bindung
- Unsicher-desorganisierte Bindung.

In der Tanztherapie ist es wichtig, die individuellen Bindungserfahrungen der Kinder zu berücksichtigen.

Sicher gebundene Kinder profitieren etwa von freien Improvisationen und Gruppentänzen, die ihre Kreativität und sozialen Fähigkeiten fördern (Bender & Diederichs, 2022). Unsicher-vermeidende Kinder benötigen eine behutsame Annäherung. Übungen, die die Körperwahrnehmung fördern und schrittweise Interaktion ermöglichen, können hilfreich sein (Brisch, 2021).

Unsicher-ambivalente Kinder profitieren von klar strukturierten Aktivitäten, die Sicherheit bieten, kombiniert mit Übungen zur Förderung des Selbstvertrauens (Grossmann & Grossmann, 2015). Unsicher-desorganisierte Kinder hingegen benötigen ein hohes Maß an Sicherheit und Vorhersehbarkeit. Rituale und wiederkehrende Bewegungsabläufe können dabei stabilisierend wirken (Brisch, 2021).

Jede Klientin ist einzigartig, und was bei einer Klientin funktioniert, kann bei einer anderen kontraproduktiv sein. Daher ist es für Tanztherapeutinnen unerlässlich, sich kontinuierlich weiterzubilden, eigene Erfahrungen zu reflektieren und sensibel auf die individuellen Bedürfnisse der Kinder einzugehen.

Das Verständnis der verschiedenen Bindungstypen und ihrer Auswirkungen ist für die effektive Gestaltung tanztherapeutischer Interventionen in jedem Fall von großer Bedeutung (Grossmann & Grossmann, 2015). Durch eine einfühlsame und kompetente Herangehensweise können Therapeutinnen dazu beitragen, die emotionale und soziale Entwicklung von Kindern und Jugendlichen positiv zu beeinflussen.

2.2.1 Sichere Bindung

Kinder mit sicherer Bindung vertrauen darauf, dass ihre Bezugspersonen verfügbar und unterstützend sind. Sie fühlen sich sicher genug, um ihre Umgebung zu erkunden, kehren jedoch bei Bedarf zur Bezugsperson zurück. Eine sichere Bindung führt zu höherem Selbstwertgefühl, besserer Stressbewältigung und gesunden sozialen Beziehungen (Grossmann & Grossmann, 2015).

In der therapeutischen Arbeit zeigen diese Kinder meist Neugier und sind in der Lage, sich von Bezugspersonen zu lösen. Sie sind leicht zu beruhigen und zeigen ein ausgewogenes Verhältnis zwischen Exploration und Bindung (Ainsworth et al., 1978).

2.2.2 Unsicher-vermeidende Bindung

Diese Kinder zeigen wenig Emotionen gegenüber ihren Bezugspersonen und neigen dazu, Distanz zu wahren. Sie haben gelernt, ihre Bedürfnisse zu unterdrücken, da ihre Bezugspersonen möglicherweise nicht zuverlässig auf sie reagieren. Eine unsicher-vermeidende Bindung kann später zu Schwierigkeiten in der Emotionsregulation und zu Problemen in zwischenmenschlichen Beziehungen führen (Brisch, 2021). Kommen diese Kinder in die Therapie, wirken sie meist unabhängig, suchen wenig Nähe und zeigen kaum Emotionen gegenüber der Bezugsperson. Auch gegenüber der Therapeutin vermeiden sie oft den Blickkontakt und beschäftigen sich lieber allein (Brisch, 2021).

2.2.3 Unsicher-ambivalente Bindung

Kinder mit unsicher-ambivalentem Bindungsstil sind oft ängstlich und unsicher. Sie suchen einerseits Nähe, zeigen aber auch widersprüchliches Verhalten, da sie die Verlässlichkeit ihrer Bezugspersonen infrage stellen (Ainsworth et al., 1978). Diese Kinder können übermäßig abhängig von anderen werden und haben oft Schwierigkeiten, Vertrauen zu entwickeln (Bowlby, 1980). Das zeigt sich auch im therapeutischen Setting: Sie sind oft anhänglich und schwer zu beruhigen. Dazu zeigen sie widersprüchliches Verhalten – z. B. suchen sie einerseits Nähe zur Therapeutin und lehnen diese andererseits rapide ab (Ainsworth et al., 1978).

2.2.4 Unsicher-desorganisierte Bindung

Unsicher-desorganisiert gebundene Kinder zeigen kein klares Bindungsverhalten und reagieren oft verwirrt oder ängstlich, insbesondere in Stresssituationen. Dieser Stil ist häufig bei Kindern zu beobachten, die traumatische Erfahrungen gemacht haben. Es zeigt sich in weiterer Folge ein höheres Risiko für Verhaltensprobleme und psychische Störungen (Brisch, 2021). Das unvorhergesehene Verhalten zeigt sich auch in der Therapie. Die Kinder wirken oft ängstlich und verwirrt, sowohl in Gegenwart der Bezugsperson als auch der Therapeutin (Grossmann & Grossmann, 2015).

2.3 Laban-Bewegungsanalyse (LBA)

Bewegungsanalysen ermöglichen ein tiefes Verständnis der körperlichen und emotionalen Dynamik von Kindern und Jugendlichen und helfen, Interventionen gezielt anzupassen. Sie sind unumgänglich in der Tanztherapie und immens wertvolle Tools für ein besseres Verständnis der Dynamik und psychischen und physischen Entwicklung von Klientinnen.

Rudolf Laban (1879–1958) war ein Visionär in der Bewegungskunst und Begründer der Laban-Bewegungsanalyse (LBA), einem umfassenden System zur Beschreibung, Analyse und Interpretation menschlicher Bewegung, welches später durch Irmgard Bartenieff weitergeführt wurde (Bartenieff & Lewis, 1980).

Laban legte damit den Grundstein für die systematische Betrachtung von Bewegung als Ausdrucksmittel innerer Zustände (Koch & Bender, 2007). So ist die LBA eine strukturierte Methode, um Bewegungen nicht nur hinsichtlich ihrer äußeren Form, sondern auch in Bezug auf ihren Ausdrucks- und Bedeutungsgehalt zu untersuchen. Die Integration von Laban in die Tanztherapie schafft damit eine Brücke zwischen körperlichem Ausdruck und psychischen Prozessen, wodurch der Körper zu einem zentralen Medium der Heilung wird (Bartenieff & Lewis, 1980).

Die LBA unterteilt Bewegung in *vier Kategorien* (Laban, 1988):

1. *Körper (Body)*
   Welche Körperteile sind involviert? Untersuchung der Bewegungsmöglichkeiten einzelner Körperteile und deren Zusammenspiel. Sie umfasst Aspekte wie Bewegungsinitiation, Sequenzierung und Körperorganisation (Bartenieff & Lewis, 1980).
2. *Raum (Space)*
   Wie wird der Raum in der Bewegung genutzt? Erforschung von Richtungen, Ebenen und Wegen im Raum. Laban entwickelte Konzepte wie die Kinesphäre und Raumharmonie, um die räumliche Dimension von Bewegung zu analysieren (Laba, 1988).
3. *Antrieb (Effort)*
   Diese Kategorie bezieht sich auf die qualitative Dimension der Bewegung und umfasst vier Faktoren: Raum (direkt/indirekt), Kraft (stark/leicht), Zeit (plötzlich/allmählich) und Fluss (gebunden/frei). Diese Faktoren spiegeln die innere Motivation und Dynamik der Bewegung wider (Bartenieff & Lewis, 1980).
4. *Form (Shape)*

Was wird bewegt? Die Form bezieht sich auf die Veränderung der Körperform während der Bewegung und wie der Körper auf sich selbst und die Umgebung reagiert. Dies beinhaltet Konzepte wie Formfluss, gerichtete Bewegung und das "Carving" des Raums (Bartenieff & Lewis, 1980).

Diese Komponenten ermöglichen eine differenzierte Betrachtung von Bewegungsmustern und deren zugrunde liegender emotionaler Bedeutung (Bartenieff & Lewis, 1980). Durch das Experimentieren mit diesen Bewegungsaspekten können Klientinnen ihre Bewegungsvielfalt erweitern und neue Ausdrucksmöglichkeiten entdecken. Die strukturierte Herangehensweise von LBA bietet dabei Sicherheit und Orientierung, während sie gleichzeitig Raum für individuelle Kreativität und Gestaltung lässt.

Die Anwendung der LBA in der Tanztherapie unterstützt die psychomotorische Entwicklung und fördert die emotionale Ausdrucksfähigkeit. Durch die Analyse der Bewegungsmuster von Kindern und Jugendlichen lassen sich Rückschlüsse auf ihre emotionalen Zustände und kognitiven Prozesse ziehen (Kestenberg Amighi, 1999). Insbesondere in der Arbeit mit traumatisierten oder emotional belasteten Kindern ermöglicht die LBA, blockierte Ausdrucksmöglichkeiten zu erkennen und zu erweitern (Payne, 2006).

2.3.1 Die Antriebe

Ein zentraler Bestandteil der LBA sind die *Antriebe (Effort Factors),* die die energetische Qualität der Bewegung beschreiben (Laban & Ullmann, 2011).

Wenn sich ein Kind oder eine Jugendliche bewegt, ist nicht nur der Wechsel des Ortes oder die Veränderung der Körperform sichtbar, sondern auch ihre innere Einstellung zur Bewegung. Bewegung ist niemals gleichförmig, sondern sie zeigt sich in unterschiedlichen Intensitäten, von schnellen Momenten über plötzliche Veränderungen bis hin zu ruhigen, sanften Bewegungen. Diese Vielfalt entsteht durch die Art und Weise, wie die Bewegende auf ihre inneren Impulse, Wünsche, Absichten, Stimmungen und Triebe reagiert. Diese inneren Zustände manifestieren sich in der Bewegung als sogenannte Antriebe (Kestenberg Amighi, 1999).

Ein Antrieb wird definiert als eine Bewegung, die mit einer inneren Beteiligung an der Aufmerksamkeit im Raum, der Absicht des Krafteinsatzes und dem Gespür für den richtigen Zeitpunkt verbunden ist. Wenn keine solche innere Beteiligung vorhanden ist – wie bei mechanischen oder routinierten Bewegungen – spricht man nicht von einem Antrieb (Kestenberg Amighi, 1999).

► **Laban unterschied vier Antriebsfaktoren (Laban, 1988):**
Fluss (flow): Die Kontrolle und Kontinuität einer Bewegung (gebunden versus frei).

Raum (space): Die Richtung und Orientierung einer Bewegung im Raum (direkt versus indirekt).

Kraft (weight): Die Intensität und Energie, mit der eine Bewegung ausgeführt wird (stark versus leicht).

Zeit (time): Das Timing und die Geschwindigkeit einer Bewegung (plötzlich versus allmählich).

Dabei wird auch auf die unterschiedliche Präferenz und Anwendung von *ankämpfenden* (stark, direkt, plötzlich, gebunden) und *nachgebenden* Antrieben (leicht, indirekt, allmählich, frei) geachtet. Diese Bewegungsmuster können Hinweise auf emotionale Regulationsstrategien und Beziehungsmuster geben (Kestenberg Amighi, 1999).

Die Arbeit mit Antriebsqualitäten ist in der therapeutischen Arbeit von großer Bedeutung, da sie nicht nur das Ausdrucksverhalten beschreibt, sondern auch konkrete Handlungsmöglichkeiten von Kindern und Jugendlichen aufzeigt. Antriebe machen sichtbar, *wie* jemand handelt, *wie viel* Energie er aufbringt und *mit welcher Absicht*. Genau hier liegt ihr therapeutisches Potenzial: Durch die gezielte Arbeit mit Antrieben kann der Handlungsspielraum erweitert, neue Ausdrucksformen können ausprobiert und individuelle Entwicklungsprozesse unterstützt werden. So kann Bewegung nicht nur Ausdruck, sondern auch Weg zur Veränderung sein.

Die Arbeit mit der LBA kann auch gezielt eingesetzt werden, um *kreative Prozesse* anzuregen und junge Klientinnen dabei zu unterstützen, ihre Ausdrucksmöglichkeiten zu erweitern (Bartenieff & Lewis, 1980), etwa durch:

- *Symbolarbeit*: Die Verwendung von Symbolen, wie beispielsweise dem „Baum", ermöglicht es den Klientinnen, abstrakte Bewegungsprinzipien greifbar zu machen. Das Wachstum eines Baumes kann etwa die Expansion der eigenen Kinesphäre veranschaulichen.
- *Bewegungsgestaltung*: Durch die bewusste Variation von Raumwegen, Dynamiken und Bewegungsformen werden Kinder und Jugendliche angeregt, eigene Bewegungssequenzen zu kreieren und ihre kreativen Fähigkeiten zu entfalten.
- *Interaktion und Beziehung*: Das Arbeiten mit Bewegungsqualitäten fördert das Bewusstsein für zwischenmenschliche Dynamiken und unterstützt die Entwicklung sozialer Kompetenzen.

Kinder und Jugendliche neigen dazu, in vertrauten Bewegungsmustern *Sicherheit* zu suchen. Diese Vertrautheit bietet Halt, kann jedoch auch zu Stagnation führen. *Widerstand* gegenüber neuen Bewegungsqualitäten tritt häufig auf, wenn Angst vor Veränderung besteht oder neue Bewegungen sowohl körperlich als auch emotional als anstrengend erlebt werden (Willke, 2014). Die gezielte Förderung ungewohnter Bewegungsqualitäten eröffnet den Klientinnen die Möglichkeit, neue Ressourcen zu entdecken und ihre Ausdrucksmöglichkeiten zu erweitern. Dieser Prozess führt zu einer Akzeptanz von Veränderungen und einer Offenheit für die Weiterentwicklung ihrer körperlichen und emotionalen Fähigkeiten. Der Prozess der Bewegungsexploration kann sowohl auf emotionaler als auch auf physischer Ebene tiefgreifende Veränderungen bewirken (Bräuninger, 2014).

Das Erkunden ungenutzter Bewegungsmöglichkeiten kann darüber hinaus die Selbstwahrnehmung und Selbstwirksamkeit stärken. Durch die bewusste Gestaltung von Bewegungen erleben Kinder und Jugendlichen, dass sie Einfluss auf ihren Ausdruck und ihre innere Welt haben. Dies stärkt die Selbstwirksamkeit (Newlove & Dalby, 2003).

2.3.2 Körperteilanwendung

Neben den Antrieben spielt in der Tanztherapie mit Kindern und Jugendlichen auch die *Körperteilanwendung* nach Laban eine zentrale Rolle. Sie beschreibt, wie sich verschiedene Körperbereiche in Beziehung zueinander bewegen und welche psychischen und kommunikativen Bedeutungen daraus abgeleitet werden können. Besonders relevant ist dabei die Art der Koordination zwischen den Körperteilen, denn über sie werden innere Haltungen, Beziehungsmuster und Ausdrucksformen sichtbar (Fritsch, 2010). Dies ist in der praktischen Arbeit besonders spannend, weil die Körperteilanwendung auf vielen Ebenen Entwicklung, Ausdruck und Beziehung fördert – und das auf eine spielerische, kreative und nonverbale Weise.

Hier sind einige *zentrale Gründe*, warum dieses Konzept in der Arbeit mit Kindern und Jugendlichen so wirkungsvoll ist:

- *Körperliche Selbstwahrnehmung stärken*: Kinder und Jugendliche lernen über Bewegung. Wenn sie verschiedene Körperteile gezielt einsetzen – mal isoliert, mal ganzheitlich – erfahren sie ihren Körper bewusster und differenzierter. Das stärkt ihre Körperwahrnehmung und ihr Körperbild, was eine wichtige Grundlage für Selbstbewusstsein und emotionale Stabilität ist.
- *Emotionen durch Bewegung ausdrücken*: Junge Menschen verfügen oft (noch) nicht über den Wortschatz oder die kognitive Reife, um ihre Gefühle zu benennen – aber sie können sie bewegen. Über zentrale, weiche, fließende Bewegungen können sie etwa Rückzug, Ruhe oder Geborgenheit ausdrücken. Periphere, schnelle oder asymmetrische Bewegungen hingegen können Aufregung, Freude oder innere Konflikte widerspiegeln. Die Körperteilanwendung bietet hier eine Sprache für das, was noch nicht gesprochen werden kann.
- *Handlungs- und Ausdrucksrepertoire erweitern*: Durch die bewusste Arbeit mit verschiedenen Bewegungsqualitäten (z. B. zentral vs. peripher, isoliert vs. ganzheitlich)

lernen Kinder und Jugendliche, ihre Ausdrucksmöglichkeiten zu erweitern. Sie erfahren, dass es viele Arten gibt, mit der Welt in Kontakt zu treten – mal vorsichtig tastend, mal kraftvoll oder verspielt. Das gibt ihnen mehr Handlungsspielraum im Alltag und hilft besonders Klientinnen, die sich in bestimmten Mustern „festgefahren" haben.

- *Förderung der Koordination und Integration*: Gerade in der kindlichen Entwicklung ist die Koordination der Körperhälften (z. B. symmetrisch vs. asymmetrisch) oder das Zusammenspiel von Körperteilen (simultan vs. sukzessiv) ein zentraler Entwicklungsschritt. Die Körperteilanwendung fördert diese Fähigkeiten auf kreative Weise und unterstützt somit auch die sensomotorische Integration und die Reifung des Nervensystems.
- *Beziehungsfähigkeit und soziales Lernen*: Die verschiedenen Qualitäten der Bewegung können auch als „Kontaktformen" verstanden werden. Zentral gerichtete Bewegungen wirken eher nach innen, während periphere, raumgreifende Bewegungen in Beziehung zum Außen treten. Kinder und Jugendliche lernen also durch Bewegung auch etwas über Nähe und Distanz, über Kontaktaufnahme, Grenzen und Spiel mit anderen – wichtige soziale Kompetenzen.
- *Diagnostisches und therapeutisches Werkzeug*: Für Therapeutinnen bietet die Beobachtung der Körperteilanwendung wichtige Hinweise auf emotionale Themen, Entwicklungsstand oder mögliche Blockaden. Zeigt ein Kind z. B. ausschließlich periphere Bewegungen ohne Körperzentrierung, könnte das auf eine Schwierigkeit mit innerer Sammlung oder Selbstkontakt hinweisen. Diese Beobachtungen helfen dabei, gezielt therapeutisch zu arbeiten.

Die Körperteilanwendung nach Laban ist damit ein wunderbares Instrument, um Kindern und Jugendlichen in der Tanztherapie mehr Bewusstsein, Ausdruck, Verbindung und Entwicklung zu ermöglichen – ohne Zwang, mit viel Bewegung, Kreativität und Freude.

Bei der Körperteilanwendung wird unterschieden zwischen (Fritsch, 2010):

1. *Zentral und Peripher*: Bei zentralen Bewegungen entsteht der Impuls aus der Körpermitte – aus Brustkorb, Bauch oder Becken – und strömt von innen nach außen. Diese Bewegungen spiegeln einen nach innen gerichteten Fokus wider. Kontaktaufnahme steht hierbei nicht im Vordergrund. Raum wird eher indirekt angesprochen. Dagegen entstehen periphere Bewegungen aus den Extremitäten – Armen und Beinen – und sind im Alltag allgegenwärtig, z. B. in der Gestik. Sie wirken oft direkter, spielerischer und beziehen sich stärker auf den äußeren Raum.
2. *Dominat und Rezessiv*: Ein weiteres Unterscheidungskriterium ist die Dominanz von Bewegungselementen. Eine Bewegung wird als dominant wahrgenommen, wenn sie deutlich hervorsticht (etwa durch Kraft oder Präsenz). Rezessive Elemente hingegen treten zurück, wirken unscheinbar oder zurückhaltend. Dieses Spannungsfeld bietet Interpretationsspielraum über das Verhältnis von Ausdruckskraft und Zurückhaltung in der individuellen Körpersprache.

3. *Symmetrisch und Asymmetrisch*: Auch die Symmetrie der Bewegung liefert wichtige Hinweise. Symmetrische Bewegungen – also solche, bei denen beide Körperhälften spiegelbildlich agieren – vermitteln Struktur, Gleichgewicht und Harmonie. Sie wirken ritualisiert, kontrolliert und haben oft eine sakrale Qualität. Solche Bewegungen kommen im Alltag eher selten vor. Im Gegensatz dazu wirken asymmetrische Bewegungen spannungsvoller, lebendiger und individueller. Sie spiegeln die Fähigkeit zur Koordination zwischen links und rechts wider und eröffnen einen größeren Raum für Kreativität und Ausdruck (Abb. 2.1).
4. *Isoliert und ganzheitlich*: Die Dimension zwischen isolierter und ganzheitlicher Bewegung beschreibt den Grad der Körperbeteiligung. Isolierte Bewegungen beschränken sich auf wenige Körperteile, sind meist präzise, ökonomisch und kontrolliert. Sie setzen ein hohes Maß an Körperbewusstsein voraus. Ganzheitliche Bewegungen hingegen involvieren den gesamten Körper, wirken intensiv, sinnlich und mitunter auch emotional entgrenzt. Sie erfordern ein hohes Maß an Loslassen und Körperdurchlässigkeit.
5. *Simultan und Sukzessiv*: Abschließend ist auch die zeitliche Organisation von Bewegungselementen wichtig: Simultane Bewegungen, bei denen sich mehrere Körperteile gleichzeitig bewegen, entstehen oft automatisch, wie etwa beim Sprechen mit begleitender Gestik. Sie sind typisch für Kleinkinder, aber auch im alltäglichen Bewegungsverhalten Erwachsener verbreitet. Sukzessive Bewegungen, bei denen sich Körperteile nacheinander bewegen, sind komplexer und verlangen mehr Kontrolle und Koordination – sie finden sich etwa im Tanz oder bei bewusst gestalteten Bewegungsabläufen.

Abb. 2.1 Körpersprache im Zusammenspiel: Die Anwendung der Körperteile und deren Beziehung zueinander (z. B. symmetrische Bewegung wie am Bild) liefert in der Bewegungsanalyse spannende Hinweise für die tanztherapeutische Arbeit. Die abgebildete Szene wurden von Kindern nachgestellt und zeigt keine echten Klientinnen oder deren Diagnosen

2.3.3 Kreative Gestaltungsarbeit

Die Integration der Laban-Bewegungsstudien in die tanztherapeutische Arbeit mit Kindern und Jugendlichen bietet ein reichhaltiges Fundament für kreative Prozesse. Kreativität und Gestaltung sind für die Entwicklung von jungen Menschen von enormer Bedeutung. Sie fördern nicht nur die motorischen Fähigkeiten, sondern auch kognitive Prozesse, emotionale Ausdrucksfähigkeit und soziale Kompetenzen (Lobo & Winsler, 2006).

Vielfalt und Ausdruck. In der Arbeit mit Kindern und Jugendlichen erweist sich die Laban Bewegungsanalyse deshalb als besonders wertvoll, da sie strukturelle Klarheit mit kreativer Freiheit verbindet. Dies fördert die Bewegungsvielfalt und den individuellen Ausdruck.

Die gezielte Arbeit mit Raum, Kraft, Fluss und Zeit oder etwa der Körperteilanwendung bietet dabei viel Spielraum für kreative Gestaltung und eröffnet individuelle Ausdrucksformen. Während analytische Bewegungsarbeit vielleicht auf eine trockene, methodische Herangehensweise schließen ließe, zeigt sich in der Praxis, dass vielmehr kreative Prozesse initiiert werden und die Freude am Experimentieren gefördert werden können.

So trägt die Integration der Laban Bewegungsstudien auch zur Erweiterung des Bewegungsrepertoires bei: Kinder und Jugendliche werden ermutigt, neue Bewegungsqualitäten zu entdecken und ihr körpersprachliches Ausdrucksspektrum zu differenzieren. Im Rahmen von *Improvisation und Exploration* entstehen Erfahrungsräume, in denen junge Klientinnen mit verschiedenen Antrieben und Qualitäten experimentieren können – eine Einladung zur Selbstwirksamkeit und zur spielerischen Auseinandersetzung mit dem eigenen Bewegungsausdruck.

Darüber hinaus unterstützt die LBA *künstlerisch-gestalterische Prozesse*, indem sie eine strukturierte Grundlage für kreative Aufgaben bietet. Dies fördert nicht nur die ästhetische Bildung, sondern stärkt auch das Vertrauen in die eigene Gestaltungskraft (Kestenberg Amighi, 1999).

In der therapeutischen Praxis zeigt sich somit, dass die Bewegungsanalyse nach Laban nicht nur ein Analysewerkzeug ist, sondern zugleich eine Brücke zur kreativen, expressiven und persönlichkeitsstärkenden Arbeit mit jungen Menschen bildet.

Der Baum als Symbol: Ein anschauliches Beispiel für die Anwendung der LBA in der kreativen Tanztherapie ist die Arbeit mit dem Symbol des „Baumes". Dieses Bild dient als Metapher und Ausgangspunkt für die Exploration verschiedener Bewegungsaspekte (Abb. 2.2).

- Kinesphäre und Raum: Die Vorstellung, ein Baum zu sein, der seine Äste in verschiedene Richtungen ausstreckt, ermöglicht es den Klientinnen, ihre persönliche Bewegungsreichweite (Kinesphäre) und den umgebenden Raum bewusst zu erkunden.

Abb. 2.2 Der Baum als Symbol: Beispiel für die Zeichnung einer Klientin nach ihren Erfahrungen als „Baum" in der Gruppe. Ein spannendes Bild, das viele Themen des Mädchens offenbart, welche in weiterer Folge tanztherapeutisch reflektiert und weiterbearbeitet werden können (z. B. fehlende Wurzeln, farblose Krone)

- Wachstum und Form: Das langsame Wachsen des Baumes, das Bilden von Blüten und Früchten sowie das Ausbreiten der Äste können in Bewegungssequenzen übersetzt werden, die die Veränderung der Körperform und das Wachstum symbolisieren.
- Interaktion und Beziehung: Wenn der Baum in Bewegung gerät und auf andere Bäume trifft, können Themen wie Kontakt, Abgrenzung und Gemeinschaft tanztherapeutisch bearbeitet werden.

Durch die Verbindung von bildlicher Vorstellung und körperlicher Bewegung wird die Kreativität angeregt, und es entstehen individuelle Ausdrucksformen, die die *Selbstwirksamkeit und Lebensfreude* der Kinder und Jugendlichen fördern.

2.4 Kestenberg Movement Profile (KMP)

Das Kestenberg Movement Profile (KMP) ist ein differenziertes System zur Bewegungsanalyse, das von der Psychoanalytikerin und Tanztherapeutin Dr. Judith Kestenberg entwickelt und später von Janet Kestenberg Amighi systematisch weitergeführt wurde. Im Zentrum des KMP steht die Annahme, dass Bewegung Ausdruck psychischer und emotionaler Prozesse ist und sich über bestimmte Bewegungsqualitäten – insbesondere die sogenannten *Spannungsflusseigenschaften und Spannungsflussrhythmen* – Rückschlüsse auf Entwicklung, Bindung, Selbstregulation und Persönlichkeitsstruktur ziehen lassen (Kestenberg Amighi et al., 1999).

Gerade in der tanztherapeutischen Arbeit mit Kindern und Jugendlichen bietet das KMP ein wertvolles diagnostisches und therapeutisches Werkzeug. Es macht sichtbar, welche *Bedürfnisse* Kinder und Jugendliche haben, wie Kinder sich selbst regulieren, welche emotionalen Themen präsent sind und welche Bewegungsqualitäten ihnen zugänglich oder auch versperrt sind (Kestenberg Amighi et al., 1999).

2.4.1 Die Bedeutung der Spannungsflusseigenschaften und Spannungsflussrhythmen

Die Spannungsflusseigenschaften, die harmonisch oder widersprüchlich ausfallen können, spielen eine entscheidende Rolle für die Qualität zwischenmenschlicher Beziehungen. Daher ist das Beobachten dieser Eigenschaften besonders wichtig, um die Interaktionen in verschiedenen Kontexten wie der Familie oder der Therapie zu verstehen (Kestenberg Amighi et al., 1999).

Im Gegensatz zu Laban bezeichnete Kestenberg den Bewegungsfluss nicht als Antrieb, sondern als „Spannungsfluss" (tension flow), und untersuchte die Wechselwirkungen zwischen gebundenem und freiem Fluss als Spannungsflusseigenschaften. Diese Eigenschaften sind eine Reaktion auf psychologische und biologische Bedürfnisse und spiegeln sich in der individuellen Nutzung des Spannungsflusses wider (Abb. 2.3). Schon früh zeigen sich im Verhalten eines Kindes unterschiedliche Qualitäten und Eigenschaften im Umgang mit diesem Spannungsfluss, was auf das spätere Temperament hinweist. So bleiben die Spannungsflusseigenschaften nach Kestenberg von der frühen Kindheit bis ins Erwachsenenalter relativ konstant: Ein ruhiges Kind bleibt oft auch als Erwachsener ruhig, während ein temperamentvolles Kind in der Regel auch als Erwachsener ein lebhafteres Temperament zeigt (Kestenberg Amighi et al., 1999).

Die 6 Spannungsflusseigenschaften (Kestenberg Amighi et al., 1999):

1. *Gleichbleibender Fluss*: Diese Eigenschaft beschreibt eine konstante Spannung, die in der Bewegung oder in Gefühlen beibehalten wird. Sie unterstützt die Fähigkeit, sich zu konzentrieren und in einem emotionalen Zustand zu verweilen, was sich beispielsweise in der Hartnäckigkeit bei der Erstellung von Hausübungen oder in der Stabilität von Gefühlen zeigt. Kinder und Jugendliche mit viel gleichbleibendem Fluss wirken ruhig und ausgeglichen, haben jedoch Schwierigkeiten, ihre Gefühle schnell zu ändern.
2. *Spannungsflussregulierung*: Diese Eigenschaft zeigt sich in kleinen, subtilen Veränderungen der Spannung, die häufig in der Anpassung an die Umgebung oder an die Personen um sie herum auftreten. Spannungsflussregulierung erlaubt es einem Kind oder einer Jugendlichen, von einem Gefühlszustand zum anderen zu wechseln und zeigt sich als anpassungsfähiges Verhalten. Sie unterstützt vielfältige emotionale Reaktionen, wobei freie Spannungsflussregulierung flexibler ist, während gebundene Spannungsflussregulierung mehr Zurückhaltung und Vorsicht mit sich bringt.

Abb. 2.3 Der Spannungsfluss macht Bedürfnisse sichtbar: Zeigt sich etwa ein immer gleichbleibender Spannungsfluss im tanztherapeutischen Prozess, kann dies spielerisch-kreativ genutzt und dann nach und nach erweitert werden. Die abgebildete Szene wurden von Kindern nachgestellt und zeigt keine echten Klientinnen oder deren Diagnosen

3. *Hohe Intensität*: Hohe Intensität beschreibt Spannungsflüsse, die entweder sehr frei oder sehr gebunden sind und tief gehaltene Gefühle ausdrücken. Diese Intensität führt zu stark emotionalen, oft unkontrollierten oder explosiven Bewegungen und Gefühlen. Sie zeigt sich in ekstatischen oder sehr angespannten Zuständen und ist typisch für Kinder und Jugendliche, die starke und intensive Emotionen erleben.
4. *Niedrige Intensität*: Niedrige Intensität steht für geringe Spannungsflüsse und zeigt sich in ruhigen, zurückhaltenden Bewegungen oder gedämpften Gefühlen. Kinder und Jugendliche mit niedriger Intensität nehmen die Welt oft ruhig und gelassen wahr und bevorzugen sanfte Übergänge in ihre emotionalen Zustände. Sie haben oft Schwierigkeiten, intensivere Gefühle zu akzeptieren oder zu zeigen.
5. *Abruptheit*: Diese Eigenschaft bezieht sich auf schnelle Wechsel in der Intensität des Spannungsflusses, die zu plötzlichen Veränderungen in der Bewegung oder den Gefühlen führen. Abruptheit kann explosive, hektische oder dramatische Reaktionen hervorrufen, die oft unvorhersehbar sind. Sie zeigt sich in starken emotionalen Ausbrüchen oder in ungeduldigen, schnellen Übergängen zwischen verschiedenen Gefühlen oder Zuständen.
6. *Allmählichkeit*: Diese beschreibt langsame, graduelle Veränderungen im Spannungsfluss, die eine sanfte und stetige Anpassung von Gefühlen oder Bewegungen ermöglichen. Kinder und Jugendliche mit dieser Eigenschaft benötigen oft Zeit, um Gefühle oder Entscheidungen zu entwickeln. Allmählichkeit ist typisch für ruhige Übergänge und unterstützt eine langsame Annäherung an neue Situationen oder emotionale Zustände.

Die Art und Weise, wie Gefühle reguliert werden, ist eng mit der Vielfalt der Spannungsflusseigenschaften und deren rhythmischer Anwendung (Spannungsflussrhythmen) verbunden. Kinder und Jugendliche, die mehr verschiedene Spannungsflusseigenschaften nutzen, können ihre Impulse besser an wechselnde Bedingungen anpassen. Eine größere Vielfalt an Eigenschaften zeigt ein höheres Potenzial für eine differenzierte Reaktion und Regulation, was auf eine bessere Anpassungsfähigkeit hinweist. Jedoch wird die Qualität der Regulierung immer im jeweiligen Kontext beurteilt (Kestenberg Amighi et al., 1999).

Die *Spannungsflussrhythmen* erscheinen als wiederkehrende Bewegungsmuster, die unter anderem in frühen Mutter-Kind-Interaktionen und den Selbstberuhigungsstrategien von Kleinkindern erkennbar sind.

Sie lassen sich in zwei Hauptkategorien unterteilen: libidinöse Rhythmen (z. B. Saugrhythmus, Wiegerhythmus) und aggressive Rhythmen (z. B. Beißrhythmus, Pressrhythmus); und spiegeln sowohl ein emotionales als auch ein körperliches Bedürfnis wider (Kestenberg Amighi et al., 1999).

Kestenberg beschrieb, dass der aggressive Rhythmus häufig den *Übergang zur nächsten Entwicklungsphase* einleitet. Dies bedeutet, dass aggressive Rhythmen nicht nur ein Bedürfnis nach Kontrolle oder Abwehr signalisieren, sondern auch eine Schlüsselrolle in der Entwicklung des Kindes spielen, indem sie den Übergang zu neuen emotionalen und körperlichen Fähigkeiten und Bedürfnissen markieren (Kestenberg Amighi et al., 1999).

2.4.2 Die Vorantriebe

Ein zentrales Konzept im KMP ist außerdem das der Vorantriebe. Diese Bewegungsqualitäten bilden die Voraussetzungen für die späteren Antriebe Raum, Zeit und Kraft. Sie sind eng mit dem Spannungsfluss verbunden und zeichnen sich dadurch aus, dass ihre Entwicklung mit Anstrengung einhergeht. Dies zeigt sich häufig dadurch, dass Kinder bestimmte Bewegungsqualitäten meiden oder sie umgehen (Kestenberg Amighi et al., 1999).

Wenn Vorantriebe beobachtet werden, versucht eine Person, ihre Umgebung zu beeinflussen, indem sie ihre Spannungsflusseigenschaften kontrolliert. Dabei gelangt sie jedoch nicht wirklich in einen voll ausgeprägten Antrieb. Stattdessen liegt der Fokus eher auf der inneren Kontrolle (z. B. dem Wunsch, etwas „richtig zu machen"), als auf der tatsächlichen Ausführung der Bewegung.

Vorantriebe sind nicht nur bei kleinen Kindern zu beobachten, sondern treten in jedem *Lernprozess* auf. Sie sind beispielsweise sichtbar, wenn jemand eine neue Sportart erlernt oder eine neue Aufgabe übernimmt. Durch diesen inneren Fokus reguliert die Person ihre Übungen, bis die neue Bewegung schließlich automatisiert wird. Vorantriebe dienen einerseits dazu, motorische Fähigkeiten auszuprobieren, andererseits fungieren sie als Abwehrmechanismus gegen unangenehme Gefühle, die beim Lernen auftreten können (z. B. Zweifel: „Kann ich das? Mache ich das richtig?").

Darüber hinaus werden Vorantriebe auch als eine Art Abwehr gegen Angst und Unsicherheit eingesetzt, die den Lernprozess behindern könnten (Kestenberg Amighi et al., 1999).

Praxisbeispiel. Ein neunjähriges Mädchen zeigt in jeder tanztherapeutischen Sitzung einen gleichbleibenden, stark gebundenen Spannungsfluss. Es fällt ihr schwer, in freiere, rhythmische oder gar impulsive Bewegungen zu gehen. Dieses Muster kann Hinweise darauf geben, dass das Kind ein starkes Bedürfnis nach Selbstkontrolle und emotionalem Schutz hat. Es könnte ein Ausdruck innerer Unsicherheit, Angst vor Veränderung oder traumatischer Erfahrungen sein.

In der tanztherapeutischen Praxis bedeutet das: Wenn ein Kind bestimmte Bewegungsqualitäten meidet, zeigt sich darin nicht nur eine körperliche Unlust, sondern auch ein psychischer Zustand – möglicherweise eine Entwicklungsblockade oder eine innere Abwehrhaltung gegenüber bestimmten Themen. In der therapeutischen Begleitung geht es dann nicht darum, ein Kind zur Entwicklung eines bestimmten Antriebs zu zwingen, sondern vielmehr, die Vermeidung wahrzunehmen, anzunehmen und kreativ zu nutzen. Zusätzlich eröffnet sich ein Feld, in dem spielerisch mit alternativen Spannungsqualitäten experimentiert werden kann – stets im Tempo des Kindes.

Literatur

Ainsworth, M. D. S., Blehar, M. C., Waters, E., & Wall, S. (1978). *Patterns of Attachment: A Psychological Study of the Strange Situation.* Lawrence Erlbaum Associates.

Bartenieff, I., & Lewis, D. (1980). *Body Movement: Coping with the Environment.* Routledge.

Bender, S., & Diederichs, J. (2022). *Tanztherapie mit Kindern und Jugendlichen bei Entwicklungsstörungen.* Ernst Reinhardt Verlag.

Bowlby, J. (1980). *Attachment and loss: Loss sadness and depression* (Vol. 3). Basic.

Bräuninger, I. (2014). *Aktuell aus der Forschung: Tanz- und Bewegungstherapie mit Kindern.* körper – tanz – bewegung, 2. Jg., Ernst-Reinhardt-Verlag.

Brisch, K. H. (2021). *Bindungsstörungen: Von der Bindungstheorie zur Therapie* (2021. Aufl.). Klett-Cotta; 18. Druckaufl. (2. April 2009).

Fonagy, P., Gergely, G., Jurist, E. L., & Target, M. (2002). *Affect regulation, mentalization, and the development of the self*. New York, NY: Other Press.

Fritsch, V. (2010). *Laban Bewegungsanalyse: Koordination der Körperteile.* Unveröffentlichtes Skript. Graz.

Grossmann, K., & Grossmann, K. E. (2015). *Bindung und menschliche Entwicklung: John Bowlby, Mary Ainsworth und die Grundlagen der Bindungstheorie* (2021. Aufl.). Klett-Cotta; 7. Druckaufl. (10. Februar 2015).

Kestenberg, J., Loman, S., Sossin, K. M., & Lewis, P. (1999). *The Meaning of Movement: Developmental and Clinical Perspectives of the Kestenberg Movement Profile.* Brunner-Routledge.

Koch, S. C., & Bender, S. (2007). *Movement Analysis – Bewegungsanalyse: The Legacy of Laban, Bartenieff, Lamb and Kestenberg.* Logos Verlag.

Laban, R. & Ullmann, L. (Hrsg) (2011). *The Mastery of Movement* (4th ed.). David Leonard.

Laban, R. (1988). *Kunst der Bewegung*. Florian Noetzel Verlag.

Lobo, Y. B., & Winsler, A. (2006). The effects of a creative dance and movement program on the social competence of head start preschoolers. *Social Development, 15*(3).

Newlove, J., & Dalby, J. (2003). *Laban for All*. Nick Hern Books.

Payne, H. (2006). *Dance movement therapy: Theory, Research and Practice* (2. ed.). Routledge.

Willke, E. (2014). *Tanztherapie – Theorie und Praxis: Ein Handbuch*. Reichert Verlag.

Der tanztherapeutische Prozess

3

Von Setting bis Selbstreflexion: Elemente wirksamer tanztherapeutischer Praxis

3.1 Gestaltung von tanztherapeutischen Sitzungen

Die Gestaltung von tanztherapeutischen Sitzungen mit Kindern und Jugendlichen erfordert ein sensibles Zusammenspiel aus Struktur und Flexibilität, Kreativität und Zielorientierung sowie einem tiefen Verständnis für die Bedürfnisse und Dynamiken dieser Zielgruppe. Spiel und Kreativität sind elementare Bestandteile. Sie schaffen einen geschützten Raum, in dem junge Menschen ihre Fantasie nutzen und sich spielerisch ausdrücken können. Durch den kreativen Einsatz von Bewegung erleben Kinder ihre Selbstwirksamkeit: Sie spüren, dass sie durch ihre eigenen Handlungen Einfluss auf ihre Umgebung und sich selbst haben können.

Klare Strukturen bieten Orientierung und Sicherheit, insbesondere für Kinder und Jugendliche mit psychischen Belastungen. Feste Rituale wie ein Begrüßungstanz, gemeinsame Bewegungsspiele oder ein Abschlussritual können den Rahmen der Sitzung stabilisieren (Karkou & Sanderson, 2006).

Jede tanztherapeutische Sitzung sollte daher einen erkennbaren (und dennoch flexiblen) *Rahmen* haben, etwa:

1. *Begrüßung und Ankommen*
   Hier sind Rituale, Bewegungsspiele oder z. B. kindgerechte Gefühls- oder Ressourcenkarten gut geeignet.
2. *Warm-up*
   Bewegungsübungen zur Aktivierung des Körpers. Diese Zeit dient auch der Wahrnehmung (oder Erzählung) aktueller Themen und Stimmungen, die sich auf körperlicher Ebene der Klientinnen zeigen. Das Warm-up ist nicht zwingend notwendig, in manchen Sitzungen wird auch direkt in den therapeutischen Prozess eingestiegen.

T. Fritsch, *Tanztherapie mit Kindern und Jugendlichen*,
https://doi.org/10.1007/978-3-662-71836-0_3

3. *Therapeutischer Prozess*
   Arbeit mit dem Thema der Stunde.
4. *Abschluss*
   Auslockern, freie Bewegung, ritualisierte Abschlussbewegungen und/oder Reflexion.

Gleichzeitig ist *Flexibilität* entscheidend: Die Therapeutin muss auf die aktuellen Themen, Stimmungen und die Dynamik der Gruppe bzw. der Einzelklientin eingehen können, anstatt starr an einem vorab geplanten Ablauf festzuhalten.

Darüber hinaus ist es in allen tanztherapeutischen Kontexten wichtig, klare Ziele zu formulieren. Kurzfristige Ziele könnten etwa darin bestehen, eine emotionale Regulation zu fördern, die Konzentration zu verbessern oder einen aktuellen Konflikt zu bearbeiten. Langfristige Ziele könnten die Stärkung des Selbstwertgefühls, die Verbesserung sozialer Fähigkeiten oder den Ausdruck von Emotionen umfassen. Dabei brauchen Kinder und Jugendliche Räume, die auf ihre Bedürfnisse abgestimmt sind.

Der Rahmen soll daher klar, aber auch flexibel genug sein, um spontane Impulse aufzugreifen oder Anpassungen vorzunehmen, etwa bei unruhigen oder belasteten Gruppen. Auch die Musik wird von der Therapeutin flexibel auf den Prozess abgestimmt.

Der *Raum* für tanztherapeutische Sitzungen sollte großzügig und frei von ablenkenden Elementen sein. Ein Turnsaal mit Sprossenwänden und Turngeräten kann die Aufmerksamkeit der Kinder oder Jugendlichen zu stark beanspruchen und sollte daher, wenn möglich, vermieden werden. Ein idealer Raum bietet genügend Bewegungsfreiheit, eine angenehme Atmosphäre und wenig Ablenkung.

In tanztherapeutischen Sitzungen mit jungen Menschen ist es darüber hinaus sehr wichtig, dass die Therapeutin auch bereit ist, sich *selbst in Bewegung* zu bringen, in Interaktion zu gehen und nonverbal oder verbal auf aufkommende Themen zu reagieren. Einfühlsames Beobachten und verbalisieren, was in der Bewegung sichtbar wird, stärkt die therapeutische Beziehung und eröffnet neue Perspektiven für die Klientinnen.

Die Gestaltung von tanztherapeutischen Sitzungen mit Kindern und Jugendlichen erfordert also ein sensibles Gleichgewicht aus Struktur und Flexibilität, kreative Methoden und eine empathische Haltung. Kurzfristige und langfristige Ziele sowie ein sicherer, klar strukturierter Raum bilden die Grundlage für erfolgreiche Sitzungen. Die Rolle der Therapeutin, ihre Interaktion, ihre Haltung und ihr Einfühlungsvermögen machen den Unterschied – sie schafft den Raum, in dem Bewegung zur Sprache wird.

3.1.1 Balanceakt zwischen Freiheit und Struktur

Kreative Freiheit in der Tanztherapie eröffnet die Möglichkeit, durch freie Bewegungsimpulse ein Gefühl von Selbstwirksamkeit und Eigenkontrolle zu bekommen, das besonders bei vulnerablen Gruppen von großer Bedeutung ist. Gleichzeitig braucht es insbesondere bei Gruppen mit Kindern und Jugendlichen eine klare Struktur, die Sicherheit und

Verlässlichkeit bietet. Bei jungen Menschen, die etwa traumatische Erlebnisse verarbeiten müssen oder unter emotionaler Instabilität leiden, kann eine zu offene Gestaltung vielfach Unsicherheit auslösen und Widerstände verstärken (Porges, 2011). Eine feste Rahmengestaltung mit klaren Anfangs- und Endritualen, klar kommunizierten Regeln und wiederkehrenden Elementen schafft Orientierung und minimiert potenzielle Stressoren.

Im Gleichgewicht. Die Herausforderung besteht darin, beide Elemente – Freiheit und Struktur – so auszubalancieren, dass sie sich gegenseitig ergänzen und verstärken. Zu viel Struktur kann die Kreativität hemmen, während ein Verzicht auf Struktur zu Chaos führen und die therapeutische Wirksamkeit beeinträchtigen kann.

Der Schlüssel liegt darin, die Struktur flexibel zu gestalten und auf die Dynamik der Gruppe oder Einzelklientin einzugehen. Therapeutinnen sollten bereit sein, den Rahmen anzupassen, wenn dies gefordert ist, und gleichzeitig darauf achten, dass die therapeutischen Ziele nicht aus den Augen verloren werden.

Ein Beispiel für diesen Balanceakt ist die Einführung kreativer Aufgaben, die innerhalb eines klar definierten Rahmens stattfinden. So können etwa Bewegungsaufgaben gestellt werden, die auf einem Thema basieren (z. B. „Zeig mit deinem Körper, wie sich Freude anfühlt“), während die Ausführung den Kindern und Jugendlichen überlassen bleibt.

Auch die regelmäßige Reflexion der Gruppendynamik und des individuellen Fortschritts hilft der Tanztherapeutin, den therapeutischen Rahmen bei Bedarf anzupassen.

3.2 Die Rolle der Therapeutin: Sicherheit und Vertrauen

Die professionelle Haltung der Tanztherapeutin bildet die Grundlage für eine effektive und sichere therapeutische Arbeit. Sie vereint fundiertes fachliches Wissen, psychosoziale Kompetenz und die Fähigkeit, empathisch und nicht-wertend auf Klientinnen einzugehen. Gleichzeitig ist es essenziell, Mechanismen wie Übertragung und Gegenübertragung bewusst wahrzunehmen und zu reflektieren, um den therapeutischen Prozess nicht durch eigene Themen zu beeinflussen.

Während die Tanzpädagogin die Rolle einer Lehrenden übernimmt, die Wissen und Fähigkeiten vermittelt und darauf ausgerichtet ist, technische Präzision, Kreativität und tänzerische Weiterentwicklung zu fördern, hat die Tanztherapeutin eine völlig andere Funktion: Sie ist Begleiterin und Unterstützerin eines subjektiven und inneren Prozesses. Ihre Haltung ist geprägt von Empathie, Offenheit und Achtsamkeit. Die therapeutische Beziehung wird bewusst gestaltet und dient als sicherer Raum für Selbsterfahrung und Heilung. Hier sind eine fundierte Ausbildung, regelmäßige Weiterbildungen und Supervisionen essentiell, ebenso wie die Fähigkeit, psychodynamische Prozesse zu erkennen und zu begleiten.

Die therapeutische Haltung ist geprägt von einer nicht-wertenden Offenheit gegenüber den Klientinnen und deren Erfahrungen, und bildet das Fundament der Arbeit einer Tanztherapeutin. Sie ermöglicht es, die Individualität jedes Menschen zu respektieren und einen sicheren Raum zu schaffen, in dem Selbsterfahrung und Heilung stattfinden können (Levy, 1992). Ein wesentliches Element dieser Haltung ist das Konzept des „Wunderns".

Wahrnehmen – Wundern – Wertschätzen. Die drei W´s der Tanztherapie.

Die Therapeutin nähert sich den Bewegungen und Ausdrücken der Klientinnen mit einer neugierigen, wertschätzenden und nicht-urteilenden Perspektive. Diese Haltung fördert nicht nur die Selbstakzeptanz der Klientinnen, sondern eröffnet auch neue Perspektiven für Wachstum und Veränderung. Sie begleitet die Klientinnen durch ihre Bewegungen, Emotionen und Prozesse, nimmt wahr, was auf körperlicher und emotionaler Ebene geschieht, und spiegelt diese Wahrnehmungen sensibel wider. Einfühlsamkeit bedeutet dabei nicht nur das Erkennen der Emotionen der Klientinnen, sondern auch die Fähigkeit, diese zu validieren, zu verbalisieren und einen sicheren Rahmen zu schaffen, in dem sie sich ausdrücken können.

In Beziehung gehen. Eine starke therapeutische Allianz ist einer der wichtigsten Faktoren für den Therapieerfolg.

Jeder Mensch sehnt sich nach Kontakt und Resonanz. Auch Kinder und Jugendliche suchen in der Therapie nicht nur Unterstützung, sondern auch ein Gegenüber, das sie authentisch wahrnimmt. Beziehungsfähigkeit ist daher eine essenzielle Kompetenz für Therapeutinnen. In Beziehung zu gehen bedeutet in der Therapie, eine echte, präsente und wertschätzende Verbindung mit dem Gegenüber herzustellen. Dies geschieht etwa durch verbale und nonverbale Kommunikation, durch achtsames Zuhören oder durch körperliche Spiegelung und rhythmische Ko-Regulation. Die therapeutische Beziehung basiert auf Vertrauen, Empathie und einem sicheren Rahmen, in dem sich die Klientinnen öffnen und neue Erfahrungen machen können. Dieser Rahmen dient als Container für emotionale Prozesse, in dem sich Klientinnen geschützt fühlen, um sich zu öffnen und ihre Themen zu explorieren.

Kreative und dynamische Beziehungsgestaltung: In der tanztherapeutischen Arbeit mit Kindern und Jugendlichen gibt es besondere Herausforderungen und Chancen. Kinder kommunizieren oft vorrangig über Bewegung und Spiel statt über Sprache. Deshalb ist es für die Therapeutin essenziell, flexibel auf nonverbale Signale zu reagieren und eine sichere, aber gleichzeitig kreative und dynamische Beziehungsgestaltung zu ermöglichen. Besonders wirksam ist dabei u. a. die Technik des „Movement Mirroring", bei der die

Therapeutin Bewegungen des Kindes oder der Jugendlichen aufgreift und zurückspiegelt, um Resonanz und Verbindung zu erzeugen (Kestenberg Amighi et al., 1999).

Eine tragfähige therapeutische Allianz entsteht nicht allein durch Empathie, sondern auch durch eine klare Struktur und die Fähigkeit, Grenzen zu setzen. In der Arbeit mit traumatisierten oder emotional belasteten Kindern ist es entscheidend, feinfühlig zwischen Nähe und Distanz zu balancieren und den Kindern und Jugendlichen gleichzeitig Autonomie und Sicherheit zu bieten (Porges, 2011).

Insgesamt bildet die Beziehungsqualität das Fundament für jede therapeutische Intervention. Tanztherapeutinnen müssen daher nicht nur Methodenkompetenz besitzen, sondern vor allem eine präsente, kontaktfähige und reflektierte Haltung kultivieren, um wirkliche Veränderungsprozesse zu ermöglichen.

3.3 Übertragung und Gegenübertragung

Übertragung und Gegenübertragung sind unvermeidliche Phänomene in jeder therapeutischen Beziehung, auch in jener mit Kindern oder Jugendlichen. In der Tanztherapie können diese Prozesse durch die intensive körperliche und emotionale Arbeit besonders stark hervortreten. Die Therapeutin muss in der Lage sein, Übertragungsmuster zu erkennen und professionell damit umzugehen, ohne sich von eigenen emotionalen Reaktionen leiten zu lassen.

Unter *Übertragung* versteht man in der Psychodynamik die unbewusste Wiederholung früher Beziehungserfahrungen in der therapeutischen Beziehung. Kinder oder Jugendliche projizieren in die Tanztherapeutin vertraute Beziehungsmuster, etwa aus der Familie oder dem schulischen Umfeld (Körner, 2017). Die Therapeutin wird so etwa zur symbolischen Mutter, zur fordernden Lehrerin oder zum emotional abwesenden Vater. Diese Übertragungen geben Hinweise auf die inneren Arbeitsmodelle der Klientin – also auf seine tief verankerten Beziehungserwartungen und Erfahrungen.

In der Bewegung können sich Übertragungen besonders unmittelbar zeigen. Ein Kind, das ständig den Körperkontakt zur Therapeutin sucht oder sich demonstrativ von ihr abwendet, teilt über den Körper eine Beziehungsgeschichte mit. Diese nonverbalen Übertragungsphänomene bieten in der Tanztherapie eine wertvolle diagnostische und therapeutische Ressource.

Gegenübertragung beschreibt die emotionale Reaktion der Therapeutin auf die Klientin die sowohl durch deren Verhalten als auch durch die eigenen unbewussten inneren Themen der Therapeutin ausgelöst wird. In der Arbeit mit Kindern und Jugendlichen, deren Themen häufig mit frühen Verletzungen, Bindungsabbrüchen oder Traumaerfahrungen verbunden sind, ist die Wahrscheinlichkeit hoch, dass die Therapeutin mit eigenen unverarbeiteten Kindheitserfahrungen in Resonanz kommt (Körner, 2017).

Gegenübertragungen äußern sich oft subtil, etwa durch starke unerklärliche emotionale Reaktionen auf das Verhalten einer Klientin (z. B. Ärger, Schuld, Ohnmacht) und/oder durch körperliche Symptome wie Spannung, Herzklopfen, Atemnot. Häufig sind sie mit einem Impuls verbunden, eine Klientin retten zu wollen – oder innerlich abzuwerten.

Eine Möglichkeit für Tanztherapeutinnen, sich näher mit der Thematik der Gegenübertragung auseinanderzusetzen und das eigene Verhalten kritisch zu reflektieren, ist etwa die Verwendung eines *Arbeitsblattes mit Reflexionsfragen*, das folgendermaßen aussehen könnte:

Teil 1 – Kognitive Reflexion

1. In welcher konkreten Therapiesituation (aus der letzten Zeit) habe ich gespürt, dass meine Reaktion über das „pädagogisch Sinnvolle" hinausging?
Beschreibe die Szene in wenigen Stichpunkten oder Sätzen:

2. Welche Gefühle haben mich in diesem Moment überflutet oder innerlich blockiert?

☐ Wut
☐ Angst
☐ Ohnmacht
☐ Schuld
☐ Hilflosigkeit
☐ Überforderung
☐ Bedürfnis, das Kind zu schützen
☐ Anderes: ____________________________

3. Welche inneren Bilder, Erinnerungen oder körperlichen Reaktionen sind spontan aufgetaucht?

4. Gibt es Parallelen zu meiner eigenen Kindheit?
Was wurde „getriggert"?

Teil 2 – Körperwahrnehmung und Embodiment

5. Wenn ich jetzt an die beschriebene Situation denke:
Wo spüre ich sie in meinem Körper?
z. B. Brustkorb, Kehle, Nacken, Bauch…

Wie fühlt sich dieser Körperbereich an?
z. B. eng, schwer, heiß, unruhig…

6. Welche Bewegung würde meinem Körper jetzt guttun?
☐ Schütteln
☐ Aufstampfen
☐ Sich strecken
☐ Sicheren Stand einnehmen
☐ Sich klein machen
☐ Eine schützende Geste
☐ Eine freie Tanzimprovisation
☐ Anderes: ____________________________

Teil 3 – Integration & Entwicklung

7. Welche Ressourcen stehen mir zur Verfügung, um in herausfordernden Momenten bei mir zu bleiben?
☐ Mein Atem
☐ Ein inneres Bild / ein sicherer Ort
☐ Das Wissen um meine therapeutische Haltung
☐ Supervision / kollegiale Beratung
☐ Meine eigene Therapie / Selbsterfahrung
☐ Körperwissen und Erdungstechniken
☐ Anderes: ____________________________

8. Was möchte ich mir für zukünftige ähnliche Situationen vornehmen?
Ein Satz, ein Bild, ein Körperausdruck, ein Ritual…

Besonders in Krisen- oder Eskalationsmomenten kann es passieren, dass sich die Therapeutin plötzlich emotional überwältigt fühlt. Solche körperlichen und emotionalen Reaktionen sind Warnsignale für eine aktivierte Gegenübertragung. Ein Engegefühl in der

Brust, das Gefühl, sprachlos zu werden, „klein" oder hilflos zu sein – all das weist darauf hin, dass sich die Therapeutin nicht mehr vollständig in der Erwachsenenrolle befindet.

Fallbeispiel: Grenzen setzen, Stopp sagen

Laute Musik füllt den Raum. Lisa beobachtet die kleinen Körper, wie sie sich zaghaft bewegen, manche zögerlich, andere wild und ungestüm, wieder andere bleiben sitzen und bewegen sich gar nicht. Ihre Aufgabe ist es, diesen zehnjährigen Kindern einen sicheren Rahmen zu geben – Struktur und Halt, während sie in der Tanztherapiegruppe ihre Gefühle ausdrücken und ihre Geschichten erzählen dürfen.

Die Stimmung an diesem Tag ist sehr schlecht. Die Kinder hören nicht auf sie und es herrscht unstrukturiertes Chaos. Lisa weiß, dass sie Grenzen setzen muss, da es sonst noch weiter eskaliert. Doch genau das fällt ihr schwer.

„Kann ich mal bitte was sagen?!", ruft Leon plötzlich laut, während Mia und Andreas sich streiten und gegenseitig in die Ecke drängen.

„Nein, du nicht! Du bist sowas von blöd!", ruft Mia. Aysel schupft sie und schimpft: „Lass ihn in Ruhe!" Dabei fällt Mia nach hinten und tritt aus Versehen auf Shirins Fuß. Diese kreischt lautstark auf, schupft Mia ebenfalls und läuft dann wütend und weinend aus dem Raum. Paul sitzt während der ganzen Szene still am Fenster und weint. Er ist der Außenseiter.

Lisa spürt, wie sich ihr Magen verkrampft. Sie muss eingreifen, die Gruppe zurückholen, eine Grenze setzen – aber ihr Körper reagiert anders.

Ein stechendes Gefühl schießt durch ihre Brust. Es ist, als wäre sie plötzlich wieder zehn Jahre alt. Die Geräusche im Raum verblassen. Ihre Ohren rauschen, ihr Brustkorb fühlt sich eng an, als würde sie nicht genug Luft bekommen. Sie will nicht schwach wirken, nicht wieder klein sein. Doch in diesem Moment ist sie genau das: ein Kind, das sich in einer Situation verloren fühlt, die es nicht kontrollieren kann.

Die Übertragung geschieht in Sekundenbruchteilen – sie ist nicht mehr die erwachsene Therapeutin Lisa, sondern das verletzte Kind von damals. Ein innerer Kampf beginnt. Sie könnte fliehen, sich zurückziehen, so wie sie es früher getan hat. Doch tief in ihr gibt es auch eine andere Stimme, eine neue, sanfte, die sagt: „Du bist nicht mehr klein. Du bist hier."

„Lisa, warum sagst du nichts?", fragt Emilia, ein besonders sensibles Mädchen. Lisas Herz pocht. Jetzt hat sie eine Wahl. Sie hat an sich gearbeitet, sie erkennt das Muster. Sie atmet tief durch, stellt sich vor, wie sie ihr inneres Kind nun liebevoll an die Hand nimmt, es aus der Vergangenheit herausführt, vielleicht auf eine schöne, grüne Wiese – einen Platz voller Licht, an dem es spielen und tanzen kann, während sie selbst in die Gegenwart zurückkehrt.

Dann setzt sie sich aufrecht hin.

„Stopp“, sagt sie ruhig, aber klar und bestimmt. Ihre Stimme klingt fester und ihr Körperausdruck und ihre Intention stimmen überein. Sie zeigt auf ihr Regenplakat, das sie am Beginn des Tanztherapieprojekts gemeinsam gestaltet hatten. „Wir haben klare Regeln: Wenn jemand spricht, hören wir zu. Wir beschimpfen uns nicht gegenseitig. Und tun uns schon gar nicht weh. Wir sind eine Gruppe.“

Die Kinder schauen sie an, einige nicken, andere kichern und zappeln weiter, doch dann wird es langsam ruhiger. Lisa spürt die Veränderung. Sie hat es geschafft, wieder in ihre Erwachsenenrolle zu finden. Sie ist nicht mehr das zehnjährige Mädchen von damals, sondern die Therapeutin, die diese Kinder jetzt begleiten kann. Und die Kinder spüren das.

Sie weiß, dass es ein Prozess ist, dass diese Muster immer wieder auftauchen werden. Aber sie hat einen Weg gefunden. Durch Bewusstheit, durch Supervision, durch Akzeptanz. Es gibt keinen perfekten Weg, aber es gibt einen ersten Schritt. Und sie ist ihn gegangen.◀

Wie bei Lisa kann es bei Gegenübertragungen zu einer regressiven Identifikation mit dem eigenen inneren Kind kommen. Solche Momente bergen Risiken, aber auch Chancen – wenn sie erkannt und bearbeitet werden.

Damit Gegenübertragungen nicht zum unbewussten blinden Fleck in der Therapie werden, ist kontinuierliche Selbstreflexion unerlässlich. Regelmäßige Supervision bietet den Raum, die eigenen Reaktionen zu verstehen und einzuordnen. Ebenso wichtig ist die fortlaufende eigene Therapie. Wer sich mit der eigenen Kindheit, Verletzbarkeit und inneren Dynamik auseinandergesetzt hat, ist weniger anfällig dafür, in unbewusste Muster zu rutschen.

Laut Rønnestad und Skovholt (2012) spielt die kontinuierliche Reflexion der eigenen emotionalen Reaktionen eine zentrale Rolle bei der Entwicklung professioneller Identität und Kompetenz. Eine professionelle Haltung erfordert eine kontinuierliche Auseinandersetzung mit eigenen Mustern, Themen und Grenzen. Diese Reflexionsfähigkeit schützt nicht nur vor unbewussten Reaktionen im therapeutischen Prozess, sondern fördert auch die Entwicklung einer authentischen und stabilen therapeutischen Präsenz.

Die eigene Körperwahrnehmung ist dabei ein wichtiges Werkzeug: Die Tanztherapeutin kann lernen, *somatische Marker als Informationsquelle* zu nutzen. Wo spüre ich Spannung? Wo zieht sich etwas zusammen? Was sagt mir mein Körper über die Beziehung zur Klientin in diesem Moment?

Nur wer sich selbst gut regulieren kann, kann auch Klientinnen in schwierigen Situationen ein sicherer Halt sein.

In der bewegten Szene mit Lisa wird deutlich, wie schnell eine Therapeutin in ein altes Muster geraten kann – in ein Wiedererleben, das aus der eigenen Biografie stammt. Dass Lisa den Moment erkennt, innehält und über eine imaginierte, fürsorgliche Beziehung zu ihrem inneren Kind zurück in ihre therapeutische Rolle findet, ist Ausdruck professioneller Reife. Ihr klares „Stopp" markiert nicht nur eine Grenze für die Kinder, sondern auch eine innere Selbstabgrenzung.

Bewusstsein und Reflexion. Tanztherapie mit Kindern und Jugendlichen bedeutet, sich nicht nur auf die Geschichten der Klientinnen einzulassen, sondern auch auf die eigene.

Nur wer bereit ist, sich selbst zu begegnen, kann anderen ein sicherer Raum sein. Dabei braucht es keine Perfektion – nur den Mut, den ersten Schritt zu gehen. So wie Lisa.

3.4 Der Einsatz von Musik und Rhythmus

Musik spielt eine fundamentale Rolle in der Tanztherapie und beeinflusst nicht nur die Bewegungen, sondern auch die emotionalen und mentalen Prozesse der Klientinnen. Der gezielte Einsatz von Musik kann sowohl die kreative Ausdruckskraft anregen als auch emotionale Blockaden lösen.

Musik besitzt die besondere Fähigkeit, emotionale Zustände zu beeinflussen und zu transformieren. Sie wirkt sowohl auf physiologischer als auch auf psychologischer Ebene, wodurch sie Stimmungen verändern, Bewegungen anregen und den Zugang zu unbewussten Prozessen erleichtern kann (Stegemann & Schmidt, 2015). So ist Musik keineswegs bloß ein Hintergrundgeräusch, sondern ein aktiver Bestandteil des therapeutischen Prozesses. Sie unterstützt dabei, in Bewegung zu kommen, sich kreativ auszudrücken und emotionale Inhalte nonverbal zu verarbeiten; sie kann Gefühle wie Freude, Wut oder Traurigkeit hervorrufen und bietet einen sicheren Raum für emotionale Exploration (Stegemann & Schmidt, 2015).

In der Tanztherapie kann Musik sowohl *zur Begleitung als auch zur Führung* dienen. So kann sie etwa die Bewegungen der Kinder und Jugendlichen begleiten und unterstützt den Ausdruck ihrer inneren Welt. Beispielsweise kann eine Klientin zu einer sanften Melodie fließen, während sie ruhigere Bewegungen macht, zu einem schnellen, rhythmischen Stück voller Energie springen, oder auch bewusst gegen die Musik agieren. Musik wirkt hier als gestaltgebender Stimulus, der emotionale Prozesse anregt und Bewegungen strukturiert sowie inhaltlich beeinflusst (Sandel et al., 1993).

Wenn die Musik andererseits eine klare Struktur hat – sei es durch einen markanten Rhythmus oder durch bestimmte Wiederholungen in der Melodie – kann sie den Bewegungsfluss der Klientinnen auch leiten. Besonders bei Kindern und Jugendlichen, die Schwierigkeiten haben, sich in ihrer Bewegung auszudrücken oder sich zu orientieren, kann Musik eine Unterstützung bieten, die ihnen hilft, Bewegungen zu fokussieren und zu koordinieren.

Ein profundes Verständnis über Musik und ihre Wirkung auf den Körper ist für Tanztherapeutinnen aus diesem Grund unerlässlich. *Musik sollte nicht zufällig ausgewählt werden*, sondern gezielt auf die Bedürfnisse und das emotionale Umfeld der Klientinnen abgestimmt sein. Für Tanztherapeutinnen ist es entscheidend, Musik als ein Werkzeug zu sehen, das die Bewegungsprozesse unterstützt, jedoch auch die Freiheit lässt, die Klientinnen auf ihre eigene Weise zu bewegen. Musik soll dabei weder dominieren noch das kreative Potential der Klientinnen einschränken.

Auch *Rhythmus* spielt in der Tanztherapie eine zentrale Rolle. Rhythmische Bewegungen binden die exekutiven Funktionen des präfrontalen Cortex, insbesondere die inhibitorische Kontrolle und die selektive Aufmerksamkeit. Dies kann dazu beitragen, Grübeleien und ablenkende Gedanken zu reduzieren, was besonders für Kinder und Jugendliche mit Aufmerksamkeitsproblemen oder innerer Unruhe wertvoll ist (Diamond, 2012).

Zudem zeigen Studien, dass gemeinsames rhythmisches Handeln die Ausschüttung von Oxytocin fördert, einem Hormon, das soziale Bindung und Vertrauen stärkt. *Soziale Synchronisation* – das sich Einpendeln auf einen gemeinsamen Rhythmus – führt also auch auf hormoneller Ebene zu einer Stärkung der Verbundenheit (Trainor & Cirelli, 2015).

Ein gemeinsamer Rhythmus verlangt Koordination, klare Wahrnehmung der anderen und ein Verlassen auf das eigene Timing. Wenn Kinder und Jugendliche erleben, dass sie in der Lage sind, einen Rhythmus zu halten oder sich synchron mit anderen zu bewegen, erfahren sie sich als wirksam (Selbstwirksamkeit ist ein zentraler Resilienzfaktor in der Entwicklung). Darüber hinaus werden durch rhythmisch-koordinierte Gruppenprozesse auch soziale Kompetenzen gefördert: Zuhören, Impulskontrolle, nonverbale Kommunikation, sowie das Erleben von Zugehörigkeit (Abb. 3.1). Die Gruppe wird im gemeinsamen Rhythmus zu einem Resonanzraum, in dem sich emotionale Zustände regulieren können (Hüther, 2018).

3.5 Der Umgang mit Gefühlen

In der Tanztherapie kommen Gefühle in unterschiedlicher Intensität zum Vorschein, weshalb es für die Tanztherapeutin von großer Bedeutung ist, sensibel zu erkennen, wann und auf welche Weise diese Gefühle angemessen aufgegriffen und bearbeitet werden sollten. Oft sind diese Gefühle nicht direkt zugänglich oder werden von den Klientinnen

Abb. 3.1 **Aktive Rhythmen**: Das aktive Erleben und Erzeugen von Rhythmen – etwa durch Orff-Instrumente oder Bodypercussion – fördert Ausdruck, Körperwahrnehmung und emotionale Resonanz. Die abgebildete Szene wurden von Kindern nachgestellt und zeigt keine echten Klientinnen oder deren Diagnosen

verdrängt, was sie in einer Tanztherapiesitzung nicht nur schwer fassbar, sondern auch manchmal überwältigend macht. Gefühle, die zu lange verborgen bleiben oder nicht in einem sicheren Raum ausgedrückt werden können, kommen dann plötzlich, wie ein Wasserfall, der den Raum überschwemmt. Diese plötzliche Überwältigung kann sowohl die Klientin als auch die Tanztherapeutin herausfordern, da beide möglicherweise nicht sofort wissen, wie sie mit der Intensität und Komplexität dieser Emotionen umgehen sollen.

In der Tanztherapie arbeiten wir sowohl mit Emotionen als auch mit Gefühlen, da beide eng miteinander verknüpft sind und unterschiedliche therapeutische Ansätze erfordern. Viele Menschen haben Schwierigkeiten, Emotionen bewusst wahrzunehmen und in Worte zu fassen. Deshalb ist es oft sinnvoll, zunächst mit körperlichem Ausdruck und nonverbalen Methoden zu beginnen (Arbeit mit Emotionen), um dann über Reflexion und Sprache eine bewusste Integration zu ermöglichen (Arbeit mit Gefühlen). So wird eine ganzheitliche emotionale Verarbeitung ermöglicht.

3.5.1 Affekte, Emotionen und Gefühle

E*motionen* sind unmittelbare, oft unbewusste Reaktionen, die sich in körperlichen Veränderungen (z. B. erhöhter Puls, Muskelspannung) und expressiven Ausdrucksformen (z. B. Mimik, Körperhaltung) manifestieren. Sie sind evolutionsbiologisch tief verwurzelt und dienen der schnellen Anpassung an Umweltbedingungen. In der Tanztherapie geht es darum, diese emotionalen Reaktionen bewusst wahrzunehmen, zu regulieren und zu verarbeiten. Beispielsweise können körperorientierte Übungen helfen, unterdrückte Emotionen freizusetzen oder übersteigerte emotionale Reaktionen zu modulieren (LeDoux, 1998).

Gefühle hingegen entstehen, wenn das Gehirn Emotionen interpretiert und ihnen eine subjektive Bedeutung zuweist. Während Emotionen oft reflexhaft und unbewusst auftreten, sind Gefühle kognitive Bewertungen dieser Zustände und können bewusst durch Reflexion, Sprache und kognitive Prozesse beeinflusst werden (LeDoux, 1998). In der Tanztherapie werden Gefühle öfter verbalisiert, hinterfragt und in einen größeren Kontext gestellt (z. B. Wie fühlt sich das für dich an?). Auch wird mit Metaphern, Geschichten oder Symbolen zur Gefühlsverarbeitung gearbeitet. Besonders kreative Techniken (z. B. Rollenspiele, intermediale Arbeit) eignen sich sehr gut, um Gefühle zu explorieren und zu transformieren.

Affekte sind im Vergleich zu Emotionen noch impulsivere, kurzfristigere und intensivere psychophysische Reaktionen, die häufig ohne bewusste Verarbeitung ablaufen (Solms & Turnbull, 2004). Sie sind oft Ausdruck archaischer, nicht sprachlich vermittelbarer Zustände und können sich bei Kindern besonders ungefiltert in plötzlichen Ausbrüchen wie Wutanfällen, Angstreaktionen oder intensiver Freude zeigen. Neurobiologisch sind Affekte eng mit subkortikalen Strukturen wie dem limbischen System verbunden und gehen häufig mit einer eingeschränkten Selbstregulation einher (Damasio, 2000).

In der Tanztherapie mit Kindern und Jugendlichen ist der bewusste Umgang mit Affekten besonders bedeutsam. Körperliche Bewegung bietet einen unmittelbaren, nichtsprachlichen Kanal, um Affekte auszudrücken und zu transformieren. Über Bewegung kann Affektenergie kanalisiert und in einen symbolisierbaren Ausdruck überführt werden – beispielsweise durch rhythmische Impulse, Wechsel in der Raumdynamik oder gezielte Arbeit mit Spannung und Entspannung. Dabei ist das achtsame therapeutische Setting entscheidend, um Kindern Sicherheit und Halt zu geben und Affektzustände nicht zu überfordern, sondern schrittweise zu integrieren.

Der Unterschied zu Emotionen und Gefühlen liegt bei Affekten besonders in ihrer Spontaneität, mangelnden kognitiven Verarbeitung und hohen Intensität. Kinder verfügen oft noch nicht über die kognitive oder sprachliche Reife, Affekte zu benennen oder zu reflektieren – die Tanztherapie hilft hier, Ausdrucksformen zu schaffen, um Affekte sichtbar, spürbar und bearbeitbar zu machen. Durch kontinuierliche körperliche Selbstwahrnehmung (Embodiment), Spiegelung und empathisches Co-Regulieren durch die Therapeutin wird affektive Regulation unterstützt und langfristig gefördert (Koch et al., 2014).

3.5.2 Anerkennen und Akzeptieren von Gefühlen

Der Schlüssel zum erfolgreichen Umgang mit intensiven Emotionen und Affekten in der Tanztherapie liegt in der Haltung der Therapeutin. Ein respektvoller, achtsamer Umgang mit der Klientin ist unerlässlich. Nicht jedes Gefühl lässt sich sofort verbalisieren oder bearbeiten. Es ist ein zentraler Bestandteil der therapeutischen Beziehung, Emotionen und Affekte zunächst anzuerkennen und ihnen Raum zu geben – ohne sie zu bewerten oder zu analysieren. Besonders bei Kindern und Jugendlichen kann es heilsam sein, ein Gefühl einfach „da sein" zu lassen und in seinem Ausdruck gehalten zu werden.

Die Therapeutin sollte achtsam darauf achten, dass die Klientin nicht überfordert wird. Gefühle können auch „mitgetragen" werden – beispielsweise symbolisch, indem dem Gefühl im Raum ein Platz zugewiesen wird (z. B. eine Ecke, die als Spielplatz für das Gefühl dient) oder indem das Gefühl imaginativ in einen Körperteil „verlagert" wird, wo es zunächst ruhen darf. Dieser respektvolle Abstand unterstützt die emotionale Selbstregulation und schafft Raum für eine spätere Bearbeitung, wenn ausreichend Sicherheit und Stabilität gegeben sind.

Gefühlsplatz. Manchmal kann ein überforderndes Gefühl erst einmal an einen schönen Ort imaginiert werden – etwa eine Wiese mit Schmetterlingen und einem schönen Spielplatz. Dort ist es „beschäftigt" und darf „warten", was die Klientin enorm entlasten kann.

Manchmal kann es hilfreich sein, das Gefühl für einen späteren Zeitpunkt „aufzuheben" – zum Beispiel, indem es am Ende der Sitzung nochmals bewusst wahrgenommen oder in einer folgenden Sitzung erneut aufgegriffen wird. Körperarbeit spielt dabei eine zentrale Rolle. Gefühle zeigen sich häufig über Körpersensationen, bevor sie benannt werden können. Bei Überwältigung oder mangelnder Verbalisierungsfähigkeit kann eine Stabilisierung über den Körper notwendig sein. Methoden wie Grounding (Verankerung im Raum), imaginierte Wurzeln durch Bewegung oder gezielte Arbeit mit bestimmten Körperregionen fördern das Körperbewusstsein und damit auch die emotionale Regulation.

In manchen Fällen unterstützen bewusste Entspannungstechniken in Verbindung mit Bewegung die Lösung innerer Spannungen. Dies kann helfen, den Körper in einen Zustand von Ruhe und Offenheit zu versetzen, der für die emotionale Bearbeitung notwendig ist.

Die Tanztherapie bietet so einen sicheren Raum, in dem Gefühle nicht sofort einer Kategorisierung oder einer tiefen Reflexion bedürfen. Dieser Raum ist von unschätzbarem Wert, besonders für Klientinnen, die lange Zeit nicht wussten, wie es sich anfühlt, überhaupt zu fühlen (Abb. 3.2).

Abb. 3.2 **Der Umgang mit Gefühlen**: Nicht jedes Gefühl muss sofort bearbeitet werden. Manche Gefühle – etwa solche, die über längere Zeit hinweg unterdrückt oder nicht wahrgenommen wurden – dürfen zunächst einfach existieren. Die abgebildete Szene wurden von Kindern nachgestellt und zeigt keine echten Klientinnen oder deren Diagnosen

3.5.3 Kreative Ansätze zur Bearbeitung von Gefühlen

Gerade in der Arbeit mit Kindern und Jugendlichen kann die direkte verbale Reflexion oft nur bedingt genutzt werden. Häufig fehlt es an einem Wortschatz oder an der Fähigkeit, komplexe Emotionen zu benennen. Hier kommt der kreative Ausdruck durch Tanz, Bewegung, Malen oder andere künstlerische Mittel ins Spiel. Tanz kann dabei helfen, Gefühle zu verarbeiten, ohne dass diese direkt verbalisiert werden müssen. Ein Dämonen-Tanz etwa, bei dem die Klientinnen ihre Frustration und Aggression durch kraftvolle, energische Bewegungen ausdrücken, kann eine befreiende Wirkung haben, ohne dass Kinder und Jugendliche ihre Wut explizit benennen müssen.

Ein weiterer kreativer Ansatz kann darin bestehen, Bilder zu malen oder mit anderen künstlerischen Medien zu arbeiten, um das Gefühl zu konkretisieren und in einer Form zu fassen, die für die Klientinnen begreifbar wird. Diese kreativen Ausdrucksformen ermöglichen es, Gefühle zu kanalisieren und in einen Prozess der bewegten Bearbeitung zu überführen, ohne Klientinnen in eine reflexive Auseinandersetzung zu drängen.

3.5.4 Einfühlungsvermögen und Knowhow

Die Fähigkeit der Tanztherapeutin, die richtigen Interventionen zur richtigen Zeit zu wählen, hängt maßgeblich von ihrem Wissen und Einfühlungsvermögen ab. Sie muss in der

Lage sein, hinter den gezeigten Gefühlen und Affekten die tieferliegenden Emotionen zu erkennen. Zum Beispiel kann hinter einer scheinbaren Traurigkeit oft eine nicht ausgedrückte Wut stecken, oder hinter einer aggressiven Haltung eine tiefe Trauer. Ein gutes Gespür für diese Dynamiken ist erforderlich, um Kinder und Jugendliche nicht in der Verarbeitung zu blockieren.

Auch ist es von wesentlicher Bedeutung, zu verstehen, dass der Ausdruck „nichts fühlen“ häufig nicht wörtlich zu nehmen ist. Wenn eine jugendliche Klientin beispielsweise sagt, dass sie „nichts spürt“, kann dies eine Abwehrreaktion sein, die auf eine Angst vor einer emotionalen Überwältigung hinweist. In solchen Fällen ist es entscheidend, über die wörtliche Aussage hinauszublicken und die zugrunde liegende emotionale Dynamik zu erfassen, um gezielt und behutsam mit ihr arbeiten zu können.

Der Umgang mit Gefühlen, Affekten und Emotionen in der Tanztherapie erfordert daher eine feinfühlige, respektvolle Haltung vonseiten der Therapeutin. Der kreative Ausdruck und die Arbeit mit dem Körper bieten wertvolle Mittel, um in einer sicheren und achtsamen Atmosphäre therapeutisch zu arbeiten. Indem Tanztherapeutinnen mit einem flexiblen und sensiblen Ansatz agieren, wird es möglich, den Klientinnen einen Raum zu bieten, in dem sie ihre Emotionen auf gesunde Weise ausdrücken und bearbeiten können.

3.6 Einzeltherapie versus Gruppentherapie

Die Wahl zwischen Einzeltherapie und Gruppentherapie in der tanztherapeutischen Arbeit mit Kindern und Jugendlichen hängt von verschiedenen Faktoren ab, darunter Alter, Diagnosen, individuellen Bedürfnissen, Zielen und der jeweiligen Lebenssituation der Klientinnen. Beide Settings bieten spezifische Vorteile, bergen aber auch Herausforderungen. Dieser Absatz beleuchtet die Einsatzmöglichkeiten, Vor- und Nachteile sowie die besonderen Anforderungen der Tanztherapie in Einzel- und Gruppensettings.

Die *Einzeltherapie* bietet einen geschützten Raum, in dem sich Therapeutin und Klientin aufeinander konzentrieren können. Dieses Setting ist besonders geeignet für:

1. *Jüngere Kinder*
   Kleinere Kinder profitieren oft von der engen Beziehung zur Therapeutin, da sie noch nicht die sozialen Kompetenzen für Gruppensettings besitzen.
2. *Traumatisierte Kinder und Jugendliche*
   Einzeltherapie ermöglicht eine besonders sichere Umgebung, die für Klientinnen mit posttraumatischer Belastungsstörung oft wichtig ist, um Vertrauen aufzubauen und schrittweise an schwierigen Themen zu arbeiten.
3. *Kinder mit sozialen Ängsten oder Autismus-Spektrum-Störungen*
   Einzeltherapie gibt diesen Klientinnen die Möglichkeit, in einem strukturierten, vorhersehbaren Rahmen ohne Gruppendruck zu agieren.

4. *Hohe Regulationsbedürfnisse*
   Auch Kinder und Jugendliche, die intensive Unterstützung bei der Emotions- und Verhaltensregulation benötigen, profitieren von der individuellen Begleitung.

Die Vorteile der Einzeltherapie liegen in der individuellen Anpassung, im intensiven Beziehungsaufbau, der Vertraulichkeit und Flexibilität. So kann die Tanztherapeutin gezielt auf die Bedürfnisse, Vorlieben und Themen des Kindes oder der Jugendlichen eingehen und eine vertrauensvolle Beziehung zu ihm aufbauen.

Auf der anderen Seite kann die hohe Intensität durch die direkte Aufmerksamkeit auch überfordern und zu einer Herausforderung werden.

Die *Gruppentherapie* ist ein wertvolles Setting, um soziale Interaktionen und gemeinsame Bewegungsprozesse zu fördern. Kinder und Jugendliche können sich dabei auch durch Interaktion und Nachahmung weiterentwickeln und erleben das Gefühl, nicht allein mit ihren Herausforderungen zu sein, was entlastend wirken kann. Gruppen bieten außerdem vielfältige Möglichkeiten für kreative und kooperative Übungen.

Die Gruppentherapie birgt aber auch Herausforderungen. So ist es schwieriger, auf die Bedürfnisse einzelner Kinder und Jugendlicher einzugehen und Konflikte einzelner Klientinnen können die Gruppe belasten. Auch kann es sein, dass stille Kinder und Jugendliche, oder solche, die intensive Unterstützung benötigen, in einer Gruppe untergehen.

Vergleich der Settings: Vor- und Nachteile

Aspekt	*Einzeltherapie*	*Gruppentherapie*
Fokus	Individuell auf das Kind oder die Jugendliche und die Bedürfnisse angepasst	Auf die Dynamik und das Zusammenspiel der Gruppe angepasst
Intensität	Sehr intensiv, direkte Aufmerksamkeit	Geteilte Aufmerksamkeit, weniger intensiver Fokus
Soziales Lernen	Eingeschränkt	Starke Förderung sozialer Kompetenzen
Beziehungsaufbau	Enge, vertrauliche Beziehung zur Therapeutin	Beziehungen innerhalb der Gruppe fördern soziale Fähigkeiten
Flexibilität	Hohe Anpassungsfähigkeit	Erfordert klare Struktur für alle Beteiligten
Zielgruppe	Besonders geeignet für Kinder/ Jugendliche mit individuellen Bedürfnissen	Kinder/Jugendliche mit sozialen oder gemeinsamen Themen

Unabhängig vom Setting bleibt das übergeordnete Ziel der Tanztherapie die Förderung von *Kohärenz* – die innere und äußere Harmonie von Körper, Emotion und Geist. Dies wird erreicht, indem:

- individuelle Prozesse bewusst gemacht und gefördert werden,
- gemeinsame Prozesse erlebt und als Ressource genutzt werden.

Durch Bewegung und nonverbale Kommunikation können in beiden Settings neue Ausdrucksmöglichkeiten entdeckt, Widerstände bearbeitet und Ressourcen gestärkt werden. Einzel- und Gruppentherapie sind damit gleichermaßen wertvolle Ansätze in der Tanztherapie mit Kindern und Jugendlichen, deren Einsatz von den individuellen Bedürfnissen der Klientinnen abhängt. Eine bewusste Auswahl des Settings, basierend auf Alter, Diagnosen und situativen Gegebenheiten, ist entscheidend für den Erfolg der tanztherapeutischen Arbeit (Bräuninger, 2014).

3.7 Reflexion und Dokumentation

Die Dokumentation tanztherapeutischer Sitzungen, kombiniert mit Reflexion und regelmäßiger Supervision, ist ein unverzichtbarer Bestandteil professioneller therapeutischer Praxis. Durch das schriftliche Festhalten von Bewegungsbeobachtungen, emotionalen Reaktionen der Klientinnen sowie eigener Wahrnehmungen als Therapeutin in Protokollen entsteht eine fundierte Grundlage, um den Fortschritt der Therapie systematisch zu analysieren. Studien zeigen, dass die Reflexion von Sitzungen die therapeutische Beziehung stärkt und die Zielerreichung signifikant verbessert (Wengrower & Chaiklin, 2016).

Die regelmäßige Reflexion ermöglicht es, gesetzte Ziele zu evaluieren und Interventionen anzupassen. Bewegungsbeobachtungen in Kombination mit der Analyse emotionaler Dynamiken fördern ein tieferes Verständnis der Kinder und Jugendlichen und helfen, blinde Flecken zu identifizieren. Supervision unterstützt Therapeutinnen außerdem dabei, eigene Herausforderungen und Muster zu erkennen und innovative Lösungsansätze zu entwickeln. Laut Hawkins und Shohet (2012) verbessert Supervision nicht nur die Qualität der Arbeit, sondern wirkt auch präventiv gegen Burnout und sekundäre Traumatisierung.

Regelmäßige Supervision. Nachbereitung, Supervision und Reflexion tanztherapeutischer Sitzungen schaffen nicht nur einen Raum für professionelles Wachstum, sondern sind auch ein Schlüssel zur Sicherung der therapeutischen Wirksamkeit und Qualität.

3.8 Herausforderungen und Grenzen der Tanztherapie

Tanztherapie bietet Kindern und Jugendlichen eine kraftvolle Methode zur emotionalen und körperlichen Entwicklung, stößt jedoch auch auf klare Grenzen. Nicht alle können durch Tanztherapie erreicht werden, etwa bei sehr starken körperlichen oder psychischen Einschränkungen, bei extremem Widerwillen gegenüber der Methode oder bei Suizidgefahr (Bräuninger, 2014). Zusätzlich können äußere Faktoren wie Gruppenkonstellationen, unzureichende räumliche Bedingungen oder störende Einflüsse die Wirksamkeit erheblich beeinträchtigen. Die Arbeit in Gruppen birgt besondere Herausforderungen, insbesondere wenn Altersunterschiede zu groß sind und/oder wenn heterogene Diagnosen – wie etwa die Kombination von ADHS und Essstörungen – die Dynamik erschweren.

In solchen Fällen ist es essenziell, flexibel und improvisationsbereit zu bleiben, aber auch die eigenen Grenzen als Therapeutin zu wahren. Dies bedeutet, kritisch zu reflektieren, ob ein Setting stimmig ist, und notwendige Änderungen anzustoßen oder eine therapeutische Intervention notfalls zu beenden. Die Fähigkeit, solche Entscheidungen klar zu kommunizieren, ist ein Zeichen von Professionalität und dient sowohl der Qualität der Therapie als auch dem Schutz aller Beteiligten (Bräuninger, 2014).

3.8.1 Umgang mit Widerstand

Widerstand ist ein häufiges Phänomen in tanztherapeutischen Settings mit Kindern und Jugendlichen, insbesondere wenn intensive Themen angesprochen werden oder die Klientinnen traumatische Erfahrungen gemacht haben. Widerstand kann sich in Rückzug, starken Emotionen, aggressivem Verhalten, Verweigerung von Vorgaben oder provokativen Handlungen äußern. Gerade bei vulnerablen Gruppen wie traumatisierten Kindern oder Jugendlichen mit Essstörungen – sei es Adipositas oder Anorexie – bedarf es eines sensiblen, strukturierten und gleichzeitig flexiblen therapeutischen Ansatzes, um auf diese Dynamiken einzugehen.

Die Stressregulation von Kindern und Jugendlichen mit psychischen Belastungssymptomen ist empfindlich gestört. Laut van der Kolk (2015) ist es daher entscheidend, ihnen durch klare Strukturen und achtsame Bewegungsangebote ein Gefühl von Sicherheit zu vermitteln. Gleichzeitig sollte der Fokus auf der Wiederherstellung der Eigenkontrolle liegen, indem die Klientinnen ermutigt und bestärkt werden, selbstständig Bewegungen zu wählen oder anzupassen.

Der Umgang mit Widerstand erfordert als Therapeutin Geduld, Flexibilität und eine achtsame Haltung. Durch die Kombination aus Struktur, Freiräumen und realistischer Zielsetzung können auch in herausfordernden Gruppen langfristige Fortschritte erzielt werden. Die Reflexion und Protokollierung dieser Prozesse, ebenso wie die klare Kommunikation von Grenzen und Erwartungen, schaffen die Basis für eine erfolgreiche tanztherapeutische Arbeit – auch unter schwierigen Bedingungen.

Strategien im Umgang mit Widerstand

1. *Struktur und Freiraum kombinieren*
   Widerstände können durch eine klare und verlässliche Struktur gemildert werden, die den Klientinnen Sicherheit bietet. Gleichzeitig ist es wichtig, Freiräume zu schaffen, in denen sie ihre individuelle Kreativität entfalten können. Eine feste Rahmengestaltung, z. B. mit wiederkehrenden Ritualen am Anfang und Ende der Stunde, schafft Orientierung, während die Inhalte flexibel an die Bedürfnisse angepasst werden sollten.
2. *Erwartungen anpassen und realistisch bleiben*
   Widerstände sind oft ein Ausdruck innerer Konflikte, die Zeit und Geduld benötigen, um bearbeitet zu werden. Es ist essenziell, als Therapeutin hohe Ansprüche und Erwartungen herunterzuschrauben. Der Fokus sollte weniger auf greifbaren „Ergebnissen" und mehr auf dem Prozess liegen. Oft sind kleine Fortschritte – wie eine verbesserte Körperspannung, ein minimaler Bewegungsimpuls oder ein Moment der Kooperation – entscheidende Erfolge.
3. *Regeln gemeinsam aufstellen*
   Häufig entstehen Widerstände, wenn Kinder oder Jugendliche das Gefühl haben, keine Kontrolle zu haben. Das gemeinsame Aufstellen von Regeln kann hier helfen, da es Partizipation und Eigenverantwortung fördert. Diese Mitgestaltungsmöglichkeiten stärken das Vertrauen und die Bereitschaft zur Mitarbeit.
4. *Protokollierung und Reflexion*
   In Gruppen mit starkem Widerstand fühlt sich die Arbeit oft chaotisch und herausfordernd an. Hier seit erneut die Wichtigkeit der Protokollierung und kritischen Auseinandersetzung mit dem aktuellen Prozess erwähnt. Als Therapeutin ist es besonders wichtig, die tanztherapeutischen Einheiten regelmäßig zu reflektieren. Auch nach Wengrower und Chaiklin (2016) liegt in der strukturierten Nachbereitung der Schlüssel, um selbst kleinste Fortschritte zu erkennen, die im Moment verborgen bleiben können.
5. *„Weniger ist mehr"*
   In hochkomplexen Gruppen kann das Gefühl entstehen, keine Fortschritte zu machen. Doch manchmal verstecken sich Erfolge hinter emotionalen Ausbrüchen oder scheinbarer Verweigerung. Ruhe zu bewahren, Strukturen beizubehalten und geduldig zu bleiben, ist in solchen Situationen entscheidend. Das therapeutische Prinzip „Weniger ist mehr" bedeutet, nicht in jeder Einheit einen greifbaren Erfolg anzustreben, sondern den Prozess zu respektieren und zu vertrauen, dass Veränderungen oft subtil und langfristig geschehen.

Literatur

Bräuninger, I. (2014). *Aktuell aus der Forschung: Tanz- und Bewegungstherapie mit Kindern*. körper – tanz – bewegung, 2. Jg., Ernst-Reinhardt-Verlag.

Damasio, A. R. (2000). *The feeling of what happens: Body and emotion in the making of consciousness* (Reprint edition). Mariner Books.

Diamond, A. (2012). Executive functions. *Annual Review of Psychology, 64*.

Hawkins, R., & Shohet, P. (2012). *Supervision in the Helping Professions* (4. Aufl.). Open University Press.

Hüther, G. (2018). *Wie Träume wahr werden: Gehirn. Geist und das Glück des Lebens*. Goldmann Verlag.

Karkou, V., & Sanderson, P. (2006). *Arts Therapies: A Research-Based Map of the Field*. Churchill Livingstone.

Kestenberg, J., Loman, S., Sossin, K. M., & Lewis, P. (1999). *The Meaning of Movement: Developmental and Clinical Perspectives of the Kestenberg Movement Profile*. Brunner-Routledge.

Koch, S. C., Kunz, T., Lykou, S., & Cruz, R. (2014). Effects of dance movement therapy and dance on health-related psychological outcomes: A meta-analysis. *The Arts in Psychotherapy, 41*(1).

Körner, J. (2017). *Die Psychodynamik von Übertragung und Gegenübertragung (Psychodynamik kompakt)*. Vandenhoeck & Ruprecht.

LeDoux, J. (1998). *The Emotional Brain: The Mysterious Underpinnings of Emotional Life*. Simon & Schuster.

Levy, F. J. (1992). *Dance Movement Therapy: A Healing Art* (Revised edition). Amer Alliance for Health Physical.

Porges, S. W. (2011). *The Polyvagal Theory: Neurophysiological Foundations of Emotions, Attachment, Communication, and Self-Regulation*. W. W. Norton & Company.

Rønnestad, M. H., & Skovholt, T. (2012). *The developing practitioner: Growth and stagnation of therapists and counselors*. Routledge.

Sandel, S. L., Chaiklin, S., & Lohn, A. (1993). *Foundations of Dance/Movement Therapy: The Life and Work of Marian Chace*. Marian Chace Memorial Fund of the American Dance Therapy Association.

Solms, M., & Turnbull, O. (2004). *Das Gehirn und seine innere Welt: Neurowissenschaft und Psychoanalyse*. Walter-Vlg.

Stegemann, T., & Schmidt, H. U. (2015). *Musiktherapie bei Kindern und Jugendlichen mit psychischen Problemen – eine Übersicht*. Springer Nature Link: https://link.springer.com/chapter/10.1007/978-3-7091-1599-2_12.

Trainor, L. J., & Cirelli, L. K. (2015). Rhythm and interpersonal synchrony in early social development. *Annals of the New York Academy of Sciences, 1337*(1).

van der Kolk, B. A. (2015). *The Body Keeps the Score: Brain, Mind, and Body in the Healing of Trauma*. Penguin LLC US.

Wengrower, H., & Chaiklin, S. (2016). *The Art and Science of Dance/Movement Therapy: Life is Dance*. Routledge.

4 Tanztherapeutische Methoden und Interventionen

Konkrete tanztherapeutische Werkzeuge und Praxisbeispiele

4.1 Unterscheidung von Methoden und Interventionen

Die tanztherapeutische Arbeit mit Kindern und Jugendlichen eröffnet einen besonderen Zugang zur inneren Welt junger Menschen. Tanz und Bewegung bieten ihnen die Möglichkeit, sich auszudrücken, wo Worte fehlen, und Themen zu erkunden, die ihre Entwicklung prägen. Methoden und Interventionen sind in diesem Kontext nicht nur Werkzeuge, sondern Brücken zwischen Therapeutin und Klientinnen. Sie schaffen Strukturen, die Halt und Orientierung geben, lassen aber gleichzeitig Raum für Spontanität und Kreativität.

Die Wahl geeigneter Methoden und Interventionen, gepaart mit der Entwicklung passender Themen, ist essenziell, um Kinder und Jugendliche in ihrer individuellen Lebensrealität zu erreichen.

Wie unterscheiden sich Methoden und Interventionen?

Methoden sind übergeordnete, strukturierte Handlungsstrategien oder Verfahren, die systematisch angewendet werden, um tanztherapeutische Ziele zu erreichen. Sie beruhen auf einem theoretischen Konzept und bieten einen Rahmen, der flexibel angepasst werden kann (muss). Für bestimmte Ziele werden bestimmte Methoden gewählt, die unterschiedliche (zueinander in Beziehung stehende) Techniken enthalten.

Techniken sind das konkrete Handwerkszeug der Tanztherapeutin, und *Interventionen* stellen die eigentliche tanztherapeutische (verbale oder nonverbale) Handlung dar. Diese sind gezielte, oft situativ eingesetzte Maßnahmen innerhalb eines therapeutischen Prozesses. Die Therapeutin reagiert damit auf spezifische Situationen, Bedürfnisse oder Herausforderungen der Klientinnen. Interventionen sind oft kurzfristiger und punktueller als Methoden. Der zentrale Unterschied liegt in der Anwendung: Methoden bilden den Rahmen für die gesamte Tanztherapie oder eine Sitzung, während Interventionen flexibel innerhalb dieses Rahmens genutzt werden, um auf spezifische Situationen einzugehen.

T. Fritsch, *Tanztherapie mit Kindern und Jugendlichen*,
https://doi.org/10.1007/978-3-662-71836-0_4

Interventionen müssen altersgerecht und oft spielerisch gestaltet sein. Junge Menschen brauchen Raum für Fantasie und Eigeninitiative, um ihre Bewegungen selbstständig zu gestalten. Dabei ist eine Atmosphäre der Sicherheit und Akzeptanz sehr wichtig.

Dennoch ist es, so wie in anderen therapeutischen Arbeitsfeldern, auch in der Tanztherapie nicht immer eindeutig, was als Technik, Methode oder Intervention zu bezeichnen ist.

4.2 Beispiele für Methoden und Interventionen

Der folgende Abschnitt bietet einen Einblick in bewährte tanztherapeutische Methoden und Interventionen, die sich in der Praxis mit Kindern und Jugendlichen bewährt haben. Neben grundlegenden Informationen zur Auswahl und Anwendung tanztherapeutischer Methoden werden kreative Anregungen, praktische Beispiele und konkrete Umsetzungsideen vorgestellt, die individuell an die jeweilige Zielgruppe angepasst werden können. Dabei stehen die Bedürfnisse der Kinder und Jugendlichen stets im Mittelpunkt – ebenso wie die therapeutische Haltung, die Beziehungsgestaltung und der bewusste Umgang mit Ausdruck, Bewegung, Kreativität und Emotion. Ziel ist es, Sicherheit, Ausdrucksfähigkeit und Selbstwirksamkeit durch Tanz zu fördern und aufzuzeigen, wie tanztherapeutische Interventionen in verschiedenen Kontexten wirkungsvoll eingesetzt werden können.

4.2.1 Impulsimprovisation

Improvisation eröffnet Kindern und Jugendlichen die Möglichkeit, innere Zustände spontan und frei auszudrücken. Eine Gruppe kann sich beispielsweise zu einem vorgegebenen Thema wie „Wie fühlt sich Mut an?“ bewegen. Ähnlich wie beim kindlichen Spiel – das von Entwicklungspsychologinnen als Grundmodell kreativen Verhaltens betrachtet wird – fördert Improvisation den spontanen Ausdruck und unterbricht mechanische, automatisierte Handlungsmuster. Im Zentrum steht dabei die unvorbereitete Handlung, die aus dem Moment heraus entsteht. Die Wechselwirkung zwischen innerem Erleben und äußerem tänzerischem Ausdruck wird durch Improvisation besonders deutlich und macht sie zu einem zentralen Element der Tanztherapie.

In der tänzerischen Improvisation entsteht eine unmittelbare Verbindung zwischen inneren Empfindungen und deren kreativer Umsetzung in Bewegung. Diese Verbindung zu fördern, ist ein Kernanliegen der Tanz- und Ausdruckstherapie. Improvisation wird so zu einem wertvollen Werkzeug, das die Ausdrucksvielfalt der Klientinnen erweitert und schöpferisches Potenzial freisetzt.

Umgang mit Unsicherheit und Zurückhaltung

Bei Kindern und Jugendlichen, die wenig Erfahrung mit Improvisation haben, zeigt sich häufig Unsicherheit, die aus der Angst vor Fehlern oder einem mangelnden Vertrauen in die eigene Kreativität resultieren kann. Besonders in Gruppen, in denen tänzerische Erfahrung vorwiegend auf technisches Training beschränkt ist, kann dies eine Hürde darstellen. Um diese Unsicherheit zu überwinden, ist es wichtig, eine Atmosphäre zu schaffen, die Imperfektion ausdrücklich willkommen heißt und den Grundsatz „Weniger ist mehr" betont. Gleichzeitig können klare Strukturen und Anleitungen den Einstieg erleichtern, indem die Klientinnen mit vertrauten Bewegungen oder Themen abgeholt werden.

Eine vorgegebene Struktur dient dabei als stabiler Ausgangspunkt, der Sicherheit bietet und Raum für eigenständige Variationen schafft. Indem Kinder und Jugendliche erste Bewegungsvariationen ausprobieren, können sie schrittweise Vertrauen in ihre eigene Ausdruckskraft entwickeln und kreative Hemmungen abbauen.

Der Impuls als Ausgangspunkt für Improvisation

Ein zentrales Element der Impulsimprovisation ist die Verwendung eines einmaligen, prägnanten Reizes, der als Auslöser für kreative Bewegung dient – der sogenannte Impuls. Dieser Impuls kann körperlicher Natur sein, etwa in Form einer Berührung, eines Anstoßes oder einer Initialbewegung. Ebenso kann er durch die Vorstellungskraft erzeugt werden, z. B. durch ein Bild, ein Wort, eine Farbe, ein Gefühl oder ein musikalisches Motiv.

Die Wirkung eines Impulses lässt sich mit einem Stein vergleichen, der ins Wasser fällt und Wellen erzeugt – er setzt die Kreativität in Bewegung. Häufig genutzte Impulse sind etwa Skulpturen, Sprichwörter oder Zitate, die die Fantasie anregen, sowie Themen aus Märchen oder der Alltagswelt. Ein Impuls kann auch aus einer vorhergehenden Bewegung abgeleitet werden, wodurch ein natürlicher Fluss von Aktion und Reaktion entsteht. Diese Herangehensweise ermöglicht es auch unsicheren Klientinnen, Zugang zu ihrer Bewegungs- und Ausdruckskraft zu finden.

Impulsimprovisation verbindet also die Freiheit des spontanen Ausdrucks mit einer unterstützenden Struktur, die Sicherheit bietet. Durch gezielte, inspirierende Impulse wird die tänzerische Fantasie angeregt, und selbst Kinder und Jugendliche mit anfänglicher Zurückhaltung können ermutigt werden, ihre Kreativität zu entfalten. Die Methode fördert nicht nur das Vertrauen in die eigene Ausdrucksfähigkeit, sondern auch die Fähigkeit, innere Prozesse nonverbal zu kommunizieren – ein wesentlicher Bestandteil der tanztherapeutischen Arbeit.

Beispiele für Interventionen

Geschichte vertanzen. Kinder erfinden gemeinsam eine getanzte Geschichte zum Thema „Zeitsprünge". Dabei tauchen sie in unterschiedliche Rollen in unterschiedlichen Zeitaltern ein. Als Unterstützung können hier auch Gefühlskarten oder Geschichtenwürfel herangezogen werden.

Getanzte Haikus. Unterschiedliche Haikus, welche im Raum ausgelegt werden, dienen als Impuls für die Bewegung. Daraus können sich Bewegungssequenzen, individuelle Geschichten oder Gruppenimprovisationen entwickeln. Bereits kleinere Kinder können sich, sobald sie lesen können, gut mit einfachen Haikus auseinandersetzen und haben oft große Freude daran. Wie im Bild (Abb. 4.1) können sie auch selbst gestaltet, geschrieben und/oder gemalt werden. Diese visuellen Interpretationen dienen dann als Vorlage für den körperlichen Ausdruck sowie die kreative Auseinandersetzung und Reflexion mit vielfältigen Themen, die meist dahinter verborgen liegen.

Impulssatz. Die Therapeutin bringt sich mit Impulssätzen in die Gruppe ein, wie etwa: „Stell dir vor, du malst mit dem Körper deinen persönlichen Raum mit einer Farbe aus“. Kinder oder Jugendliche können sich zu diesem Impuls bewegen. Auch kreative Materialien wie Tücher, Seile oder Bälle lassen sich in eine Improvisation gut einbringen und in die Gestaltung einbeziehen. Materialien können u. a. auch dabei helfen, schwierige Themen indirekt zu bearbeiten.

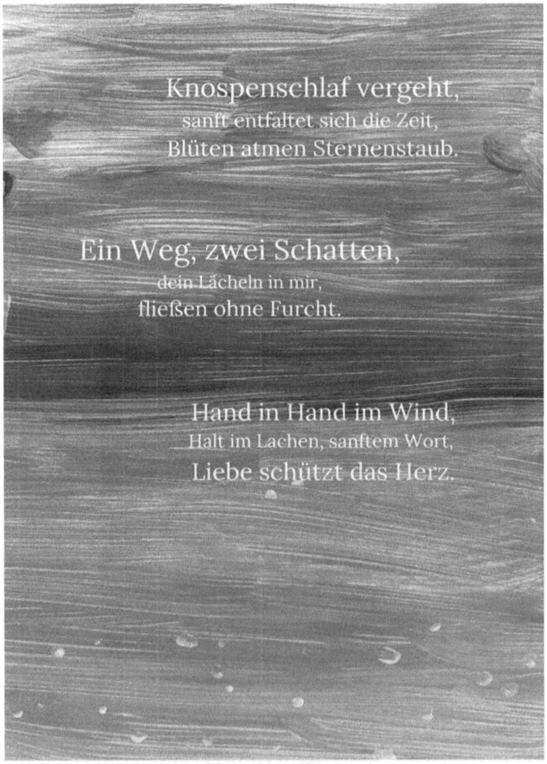

Abb. 4.1 Haikus vertanzen: Texte regen zu Bewegung an, inspirieren zur tänzerischen Wortexploration und fördern den Selbstausdruck. Sie erweisen sich oft als überaus kreativer Weg zu spielerisch-lustvoller Bewegungsimprovisation

Improvisation bedeutet, dass die Klientinnen eigene Bewegungen entwickeln, weiterführen und sich darüber ausdrücken. Es ist jedoch nicht selbstverständlich, dass sie damit ihre üblichen Bewegungsmuster verlassen und mit neuen Bewegungsqualitäten experimentieren. Häufig greifen Klientinnen auch in der Improvisation auf die ihr geläufigen Bewegungsqualitäten zurück und bleiben in den vertrauten Bewegungsmustern.

4.2.2 Bewegungsexploration

Im Gegensatz zur Improvisation, die den spontanen Ausdruck betont, fördert die Bewegungsexploration gezielt das Verlassen vertrauter Bewegungsbahnen und unterstützt die Entwicklung kreativer Ausdrucksmöglichkeiten. Durch das bewusste Experimentieren mit Bewegung erleben die Klientinnen sich als handlungsfähige und kreative Individuen, was ihr Selbstvertrauen stärkt.

Die Bewegungsexploration stellt ein klar definiertes Bewegungsthema in den Mittelpunkt der therapeutischen Arbeit. Dieses Thema wird oft aus den Beobachtungen früherer Sitzungen abgeleitet und bietet einen geschützten Rahmen, in dem sich die Kinder und Jugendlichen tänzerisch entfalten können. So kann die Therapeutin etwa dazu anregen, mit bestimmten Körperteilen zu improvisieren, eine spezifische Bewegungsqualität (wie Fließbewegungen oder kräftige, dynamische Bewegungen) zu erkunden oder mit Gegensätzen wie Spannung und Entspannung zu experimentieren. Auch die Erkundung von Raum, beispielsweise durch Bewegungen in verschiedenen Ebenen oder mit variierenden Geschwindigkeiten, eröffnet neue Möglichkeiten des Ausdrucks.

Während der Bewegungsexploration nimmt die Tanztherapeutin eine begleitende und unterstützende Rolle ein. Sie beobachtet aufmerksam, greift Bewegungen auf, verstärkt sie oder spiegelt sie, um sie für die Kinder und Jugendlichen bewusst und erfahrbar zu machen. Dabei kann die verbale Begleitung den Prozess unterstützen, indem sie die Aufmerksamkeit der Klientinnen auf bestimmte Aspekte ihrer Bewegungen lenkt. Schritt für Schritt werden so nicht nur äußere Bewegungen bewusst gemacht, sondern auch innere Prozesse reflektiert und bearbeitet.

Eine der nachhaltigsten Erfahrungen, die durch Bewegungsexploration vermittelt werden kann, ist die *gestärkte Selbstwirksamkeit*. Indem Kinder und Jugendliche ihre eigenen Bewegungen gestalten, experimentieren und variieren, erleben sie sich als kreative und handlungsfähige Individuen. Dieses Erleben trägt nicht nur zur Stärkung des Selbstvertrauens bei, sondern unterstützt auch die Fähigkeit, Herausforderungen mit Offenheit und Kreativität zu begegnen (Zimmer, 2010).

Die Bewegungsexploration eröffnet Klientinnen die Möglichkeit, ihre Bewegungsvielfalt zu erweitern und dadurch eine tiefere Verbindung zu sich selbst herzustellen. Dieser Prozess ist ein zentraler Bestandteil der tanztherapeutischen Arbeit mit Kindern und Jugendlichen und schafft die Grundlage für eine nachhaltige Entwicklung von Körperbewusstsein, Ausdrucksfähigkeit und emotionalem Wachstum.

Beispiele für Interventionen

Was erzählen meine Füße? Die Kinder oder Jugendlichen werden eingeladen, durch den Raum zu gehen und sich dabei ganz auf ihre Füße zu konzentrieren. Dabei können verschiedene Möglichkeiten des Abrollens wahrgenommen und die Füße unterschiedlich fest oder leicht aufgesetzt werden. In weiterer Folge werden die Klientinnen dazu ermutigt, verschiedene Fortbewegungsarten wie stampfen, trippeln, rollen oder hüpfen auszuprobieren, mit verschiedenen Schrittgrößen und Raumwegen zu experimentieren und mit den Füßen der anderen im Raum Kontakt aufzunehmen. Anschießend kann mit all diesen Möglichkeiten improvisiert werden.

Gestaltung einer Bewegungssequenz. Eine kreative Intervention kann die Gestaltung einer kurzen, wiederholbaren Bewegungssequenz sein. Diese kann anschließend einer Partnerin, der Therapeutin oder der ganzen Gruppe präsentiert und vom Gegenüber gespiegelt werden. Die Bewegungssequenzen können eine Geschichte erzählen, ein Gefühl ausdrücken oder einfach spielerisch gestaltet sein. Durch die Gestaltung werden Selbstwirksamkeit und Selbstausdruck nachhaltig gestärkt und individuelle Bewegungsmuster sichtbar gemacht.

Bewegungsdialog. Ein Bewegungsdialog ist eine nonverbale Interaktion, bei der die Therapeutin Bewegungen der Klientinnen aufgreift und darauf reagiert, um Kontakt und Vertrauen in der Dyade herzustellen. Dabei können Bewegungen gespiegelt, reduziert, verstärkt oder abgewandelt werden. Ein Kind, das z. B. hektisch und mit vielen plötzlichen Bewegungen umherläuft, wird zunächst in seiner Bewegungsdynamik gespiegelt. Nach und nach kann die Therapeutin dann beispielsweise allmählichere, ruhigere Bewegungen einfließen lassen, um eine Regulation anzuregen.

4.2.3 Bewegungs- und Rhythmusspiele

Kinder und Jugendliche erleben durch Bewegung ihre Welt. Rhythmus- und Bewegungsspiele ermöglichen damit einen natürlichen Zugang zu ihnen und schaffen eine Atmosphäre, in der sich kreative und therapeutische Prozesse entfalten können. In der Tanztherapie dienen diese Spiele nicht nur der Aktivierung und Freude, sondern sie begünstigen auch soziale Interaktionen, emotionalen Ausdruck und die Entwicklung motorischer Fähigkeiten. Durch die spielerische Struktur wird Leichtigkeit in eine tanztherapeutische Stunde gebracht und es wird jungen Menschen ermöglicht, ihren Körper im Einklang mit der Umwelt zu erfahren. Zudem bieten Bewegungsspiele einen geschützten Rahmen, um Emotionen wie Freude, Wut oder Unsicherheit tänzerisch auszudrücken und zu verarbeiten.

Körper als Ressource. Durch rhythmische und spielerische Bewegungen erleben Kinder ihren Körper als Ressource. Sie entwickeln ein Gefühl für Raum, Kraft, Zeit und Bewegungsfluss, zentrale Elemente der Bewegungsanalyse nach Laban.

Die rhythmische Struktur fördert Aufmerksamkeit, Konzentration und Gedächtnis. Studien zeigen, dass rhythmische Bewegungen neurokognitive Prozesse positiv beeinflussen, indem sie Gehirnbereiche wie den präfrontalen Cortex und das Kleinhirn aktivieren – entscheidend für motorische Kontrolle, Emotionen und soziale Interaktion (Thaut, 2005).

In Partner- und Gruppenübungen lernen Kinder und Jugendliche, aufeinander zu reagieren, gemeinsam zu gestalten und rhythmische Muster zu entwickeln. Dabei dient *Musik als treibendes Element*: Verschiedene Musikstile oder individuelle Musikwünsche können gezielt eingesetzt werden, um Emotionen anzusprechen. Auch Körperpercussion – das Erzeugen von Rhythmen durch Klatschen, Stampfen oder Klopfen – ist eine beliebte Technik. Rhythmuswechsel fördern zusätzlich Flexibilität und Aufmerksamkeit.

Bewegungs- und Rhythmusspiele sind somit wertvolle Werkzeuge in der Tanztherapie mit Kindern und Jugendlichen. Sie verbinden Freude, Interaktion und therapeutische Ziele auf spielerische Weise, fördern motorische, soziale und emotionale Entwicklung und bilden eine Basis für weiterführende therapeutische Prozesse.

Beispiele für Interventionen

Kreistanz (Chace). Ein Chace-Kreis[1] mit einer Gruppe ist ideal, um Beziehungskompetenzen und gemeinsames Erleben zu fördern, und spielerisch das positive Gruppengefühl zu stärken. Der Kreis erlaubt Improvisation und individuelle Ausdrucksmöglichkeiten. Die Musik und die Intensität werden an die die Bedürfnisse der Gruppe angepasst, und die Therapeutin nimmt Stimmungen und Themen auf, die sie wahrnimmt, sodass sich alle Kinder oder Jugendlichen als Teil der Gruppe und gleichzeitig als Individuum gesehen fühlen.

Gemeinsamer Rhythmus. Die Klientinnen und die Therapeutin versuchen schrittweise, in einen gemeinsamen Rhythmus zu kommen, der etwa mit den Füßen oder den Händen entsteht. Dabei geht es um Anpassungsfähigkeit und Flexibilität. Neben der Vermittlung eines Gemeinschaftsgefühls werden dabei die positiven Effekte von rhythmischer Bewegung und Kontakt gezielt genutzt, um Konzentration, emotionale Kohärenz und körperliches Wohlbefinden zu verbessern.

[1] Der nach Marian Chace benannte Chace-Kreis ist eine zentrale Methode in der Tanztherapie, die auf strukturierte Gruppeninteraktion im Kreis setzt. Durch das bewusste Wahrnehmen und Spiegeln von Bewegungen wird nonverbale Kommunikation gefördert, was den zwischenmenschlichen Kontakt und das Gemeinschaftsgefühl innerhalb der Gruppe stärkt. Diese Methode wird insbesondere in klinischen Kontexten eingesetzt, da sie sich positiv auf die therapeutische Beziehung und das emotionale Erleben der Klientinnen auswirkt (Sandel et al., 1993).

Das lebende Metronom. Kinder bewegen sich frei durch den Raum, während die Therapeutin einen gleichmäßigen Rhythmus durch Klatschen vorgibt. Auf ein Signal hin verändern die Kinder ihre Bewegungen, z. B. bei schnellerem Rhythmus hüpfen, bei langsamem Rhythmus schleichen. Dabei können die Kinder die unterschiedlichen Rhythmen auch in Gefühle übersetzen; etwa ein langsamer Rhythmus für Traurigkeit.

4.2.4 Rollenspiele

Rollenspiele sind ein integraler Bestandteil der Tanztherapie mit jungen Menschen. Sie bieten einen geschützten Raum, in dem Kinder und Jugendliche in unterschiedliche Rollen schlüpfen können, um neue Perspektiven zu entdecken, Gefühle auszudrücken und soziale Fähigkeiten zu entwickeln. Rollenspiele verbinden spielerischen Zugang mit tiefenpsychologischen Prozessen, wodurch sie sowohl in nonverbaler als auch in verbaler Form eine wertvolle Methode in der Tanztherapie darstellen. Durch die Anregung der Fantasie fördern sie die kreative Problemlösung von jungen Menschen und ermöglichen es ihnen, verschiedene Aspekte ihrer Persönlichkeit zu erforschen und zu erfahren. In der sicheren Umgebung der Tanztherapie können sie ihre Identität spielerisch erweitern und neue Facetten entdecken (Erikson, 1968).

Kinder und Jugendliche, die Schwierigkeiten haben, ihre Gefühle verbal auszudrücken, können außerdem durch Rollenspiele und Bewegungen einen Zugang zu ihren Emotionen finden und *innere Konflikte externalisieren.* Ängste, Wünsche oder Traumata können in einer Rolle ausgelebt und symbolisch bearbeitet werden. Laban und Kestenberg hoben etwa hervor, wie Rollenbewegungen das Verständnis von Raum, Dynamik und Beziehung vertiefen können. Das bedeutet, nonverbale Rollenspiele nutzen die universelle Sprache der Bewegung, um Emotionen und Themen auszudrücken (Kestenberg Amighi et al., 1999). Kinder und Jugendliche können so durch Tanz und Bewegung intuitiv Rollen verkörpern, ohne sich auf Sprache verlassen zu müssen.

Aber auch verbale Rollenspiele sind eine gute Möglichkeit der spielerischen tanztherapeutischen Beziehungsarbeit. Diese kombinieren Sprache mit Bewegung und schaffen so eine Brücke zwischen innerer und äußerer Welt. Sie bieten Kindern und Jugendlichen die Möglichkeit, ihre Gedanken und Gefühle auszudrücken und gleichzeitig in der Bewegung aktiv zu bleiben.

Die Kombination beider Ansätze ermöglicht es, nonverbale Erfahrungen durch Sprache zu reflektieren oder verbale Inhalte durch Bewegung zu vertiefen. Zum Beispiel kann eine Klientin nach einer tänzerischen Tierrolle verbal beschreiben, wie sie sich als Löwe gefühlt hat, und dadurch ein tieferes Verständnis für die eigenen Emotionen entwickeln.

Die Rolle als Ausdruck eigener Bedürfnisse

Ein weiterer bedeutsamer Aspekt der Arbeit mit Rollenspielen ist der wertvolle Einblick in die Psyche der Kinder. Die von den Kindern gewählten Rollen repräsentieren meist unbewusste Wünsche, Konflikte oder Erfahrungen. Als Tanztherapeutin ist es daher essenziell, hinter die Fassade der gewählten Figuren zu blicken und die dahinterliegenden emotionalen und psychischen Prozesse zu verstehen. Die Art und Weise, wie ein Kind eine Rolle verkörpert, wie es sich bewegt, spricht und mit anderen interagiert, gibt Aufschluss über sein inneres Erleben. Es ist wichtig, diese Ausdrucksformen zu deuten und die Bedürfnisse, die sich darin zeigen, in die therapeutische Arbeit zu integrieren (Abb. 4.2).

Spiegel innerer Prozesse. Kinder kommunizieren nicht immer direkt über ihre Gefühle und Erlebnisse – sie zeigen uns vielmehr durch ihr Verhalten, ihre Rollenspiele und ihre Art der Interaktion, was sie bewegt. Sie spiegeln durch ihr Spiel

Abb. 4.2 Bedürfnisse hinter Rollenbildern: Die Bewegung, Sprache und das Rollenverhalten eines Kindes in der Tanztherapie spiegeln sein inneres Erleben und seine emotionalen Themen wider. Die abgebildete Szene wurden von Kindern nachgestellt und zeigt keine echten Klientinnen oder deren Diagnosen

wider, was sie von ihren Eltern oder anderen Bezugspersonen gelernt haben, welche Erfahrungen sie geprägt haben und welche Bedürfnisse in ihnen schlummern.

Die kreative Arbeit mit Rollenspielen unterstützt nicht nur die Fantasie und das Ausdrucksvermögen der Kinder und Jugendlichen, sondern dient auch dem Vertrauensaufbau. Sie bieten Sicherheit und Stabilität, ermöglichen Selbstwirksamkeit und fördern das kindliche Bedürfnis nach Spiel und Gestaltung. In einer therapeutischen Beziehung sind diese Elemente essenziell, da sie eine tragfähige Basis für weiterführende therapeutische Prozesse schaffen.

Tanztherapeutische Interventionen können etwa der Bewegungsdialog oder Spiegeln sein. Die Therapeutin „antwortet" auf Bewegungen des Kindes, um in einen (nonverbalen) Dialog zu treten, und Vertrauen und Resonanz aufzubauen. Auch der Rollentausch ist eine zentrale Intervention, um verschiedene Perspektiven zu erleben und neue Sichtweisen zu entwickeln. Die Therapeutin kann bewusst in vom Kind gewählte Rollen schlüpfen, muss dabei jedoch klare Grenzen setzen und herausfordernde oder belastende Situationen reflektieren. Zeigt ein Kind beispielsweise wiederholt den Wunsch, in jeder Sitzung „zu sterben" und zugedeckt zu werden oder wie ein Baby behandelt zu werden, kann die Therapeutin dies zunächst zulassen. Anschließend sollte sie jedoch behutsam eingreifen, die Situation gezielt verändern und transparent kommunizieren, warum sie diese Dynamik nicht fortsetzen möchte. Auf diese Weise lassen sich zugrunde liegende Muster, Sehnsüchte oder Bedürfnisse erkennen, reflektieren und in einem geschützten Rahmen auf alternative Weise verarbeiten.

Dabei ist es wichtig zu bedenken, dass Rollenspiele auch *Scham oder Widerstand* bei jungen Menschen hervorrufen können, insbesondere bei Jugendlichen. Viele Klientinnen fühlen sich zunächst unwohl, in eine Rolle zu schlüpfen oder machen sich übertrieben darüber lustig. Es ist daher bedeutend, einfühlsam vorzugehen und alternative Zugänge anzubieten. Auch die Überidentifikation spielt eine Rolle. So können Kinder Schwierigkeiten damit haben, eine Rolle wieder loszulassen. Ein klarer Abschluss des Spiels ist daher essentiell. Darüber hinaus ist es wichtig, sicherzustellen, dass alle Kinder gleichermaßen eingebunden werden und sich niemand ausgeschlossen fühlt (Zugehörigkeit).

Zusammengefasst eröffnen Rollenspiele in der Tanztherapie Kindern und Jugendlichen aber eine kreative Möglichkeit, Identität, Emotionen und Beziehungen zu erforschen. Ob nonverbal oder verbal, sie fördern Selbstbewusstsein, soziale Kompetenz und emotionale Verarbeitung auf spielerische Weise. Durch die Kombination von Bewegung, Fantasie und Interaktion werden therapeutische Prozesse auf einer tiefen, ganzheitlichen Ebene angeregt.

Beispiele für Interventionen

In Tierrollen schlüpfen. Kinder bewegen sich gerne wie Tiere; z. B. wie ein stolzer Löwe, ein schüchterner Vogel oder ein mutiger Elefant. Dies hilft, Emotionen wie Mut, Unsicherheit oder Verletzlichkeit zu thematisieren. Gleichzeitig ist es hilfreich, ungewöhnlichere Tiere als Vorschlag in den Prozess einzubringen – etwa in Form von Tierkarten –, um von Klischee-Bewegungen abzukommen (wie einer miauenden Katze auf allen Vieren).

Das emotionale Theater. Die Klientinnen wählen eine Emotion sowie eine einfache Bewegung, die diese Emotion ausdrückt. Anschließend werden sie dazu aufgefordert, in ihren Emotions-Figuren miteinander zu interagieren; z. B. „Wie begrüßen sich Freude und Angst?“. Bewegungen und Emotionen können sich dann nach und nach auch in andere Figuren verwandeln. Sinnvoll ist danach eine Reflexion, um zu besprechen, wie es für die Kinder und Jugendlichen war, in die unterschiedlichen Rollen zu schlüpfen.

Ball der Märchenwesen. Eine Gruppe von Kindern darf sich in unterschiedliche Märchenfiguren verwandeln, die sich anschließend zu einem Ball treffen. Als Anregung eignen sich hier auch ausgedruckte Karten mit Märchenfiguren, von denen die Kinder jene Karte auswählen sollen, zu der sie sich gerade am meisten hingezogen fühlen. Dies erleichtert den Einstieg in die neue Rolle, die dann um individuelle Aspekte erweitert wird. So kann jedes Kind für seine Figur eine Fortbewegungsart, den individuellen Charakter und eventuelle Begleiterinnen oder Konkurrentinnen imaginär und auf Bewegungsebene kreieren. Zuletzt kommt es zum großen Aufeinandertreffen auf dem Märchenball und zu vielfältigen Interaktionen untereinander, die tanztherapeutisch weiter aufgegriffen werden.

4.2.5 Körperreisen und Imaginationen

Körperreisen sind geführte innere Reisen, die Kinder und Jugendliche dazu anregen, ihren Körper oder ihre Fantasiewelten auf spielerische Weise zu erkunden. Sie aktivieren die Vorstellungskraft und geben Klientinnen die Möglichkeit, eigene innere Welten zu erkunden und in Bewegung auszudrücken. Kinder und Jugendliche werden eingeladen, sich z. B. einen „inneren Garten“, einen sicheren Ort, einen Baum oder eine Reise durch die Elemente vorzustellen. Durch Verwendung von Bildern, Geschichten oder Szenarien wird die Vorstellungskraft angeregt. Sie können verbal oder mit unterstützender Musik und Tanz gestaltet werden, und bieten Zugang zu inneren Bildern, Gefühlen und Ressourcen, die in Bewegung oder auch gemalten Bildern umgesetzt werden können. Diese Methode fördert Achtsamkeit, Körperwahrnehmung und Selbstregulation und regt die Fantasie an, was für die therapeutische Arbeit mit Kindern und Jugendlichen von unschätzbarem Wert ist.

Imaginationen und Körperreisen kombinieren spielerische Elemente mit tiefer persönlicher Arbeit und ermöglichen es, eine Brücke zwischen der inneren Welt und dem äußeren

Ausdruck zu schlagen. Der Übergang von der Vorstellung zur äußeren Bewegung oder zum kreativen Ausdruck stärkt das Bewusstsein für eigene Ressourcen und Handlungsmöglichkeiten. Junge Menschen lernen, ihren Körper bewusster wahrzunehmen und zu spüren. Dies unterstützt auch die Entwicklung eines positiven Körperbildes und fördert die Selbstregulation (Mehling et al., 2011).

Durch die *Übersetzung von Imaginationen in Bewegung* oder Bilder wird es Kindern und Jugendlichen ermöglicht, schwierige Erfahrungen oder Bedürfnisse symbolisch zu verarbeiten und sichtbar zu machen, und in weiterer Folge neue Perspektiven zu entwickeln (Rappaport, 2013). Dies ist besonders für Klientinnen mit traumatischen Erfahrungen zentral.

Eine Körperreise kann auch zu Fantasieorten führen. Kinder stellen sich einen Ort vor, an dem sie sich wohlfühlen, und können den Ort durch Bewegungen oder Zeichnungen weiter gestalten. Dies regt den kreativen Ausdruck an und fördert die Bildung innerer Ressourcen. Eine Alternative ist die Übertragung eines gemalten oder gezeichneten Bildes in Bewegung; ein Kind zeichnet beispielsweise einen Fluss mit Enten und setzt das Bild anschließend in Bewegung um, wodurch es zu einer Verbindung von kreativer Gestaltung und körperlichem Ausdruck kommt.

Laut Porges (2011) unterstützt achtsamkeitsbasierte Körperarbeit die Emotionsregulation, Stressreduktion und Selbstregulation durch Aktivierung des parasympathischen Nervensystems. Rappaport (2013) hebt außerdem hervor, dass kreative Methoden wie Körperreisen und Imaginationen tiefe emotionale Prozesse anregen und den Zugang zu inneren Ressourcen erleichtern.

Körperreisen und Imaginationen fördern also Achtsamkeit, Kreativität und Selbstregulation bei jungen Menschen und verbinden die innere Welt mit dem äußeren Ausdruck. Als flexible und anpassungsfähige Methoden sind sie ein unverzichtbarer Bestandteil der Tanztherapie.

Beispiele für Interventionen

Die innere Heldin. Diese Intervention stärkt Selbstbewusstsein und Ressourcenorientierung. Kinder oder Jugendliche stellen sich im Rahmen einer Fantasiereise vor, welche Eigenschaften ihre persönliche Heldin oder ihr persönlicher Held besitzt. Sie definieren das Aussehen, den Charakter und den Lebensort dieser Figur und bewegen sich anschließend so, wie es ihre gewählte Identität tun würde. So entwickeln sie Gespür für dessen (bzw. die eigenen) Bedürfnisse. Ergänzend kann ein Bild gestaltet werden, das die Klientinnen mit nach Hause nehmen dürfen, um die Erfahrung zu vertiefen.

Reise zu einem sicheren Ort. Diese Imaginationsübung fördert Selbstregulation und emotionale Sicherheit. Die Kinder und Jugendlichen werden schrittweise angeleitet, sich einen besonderen, sicheren Ort vorzustellen, der nur ihnen gehört. Anschließend drücken sie durch Bewegung aus, wie sich dieser Ort anfühlt. Diese Intervention ist besonders für

Abb. 4.3 Kreative Bewegungsfreude: Die „Zauberkugel" lädt zu spielerischer Improvisation ein und fördert Bewegungsfreude, kreativen Ausdruck und Beziehungsaufbau

ältere Kinder und Jugendliche geeignet, da sie ein höheres Maß an Vorstellungskraft und Reflexionsfähigkeit erfordert.

Die Zauberkugel. Ein großer Gymnastikball wird als „Zauberkugel" eingesetzt, die besondere Fähigkeiten verleiht. Eine Gruppe von Kindern stellt sich vor, dass die Kugel leuchtet und ihnen neue Eigenschaften gibt – sie werden plötzlich stark, leicht oder unsichtbar. Alternativ kann jedes Kind ein individuelles Gefühl (z. B. Wut, Angst, Freude) in die Kugel „legen" und durch Bewegung ausdrücken, wie sich das Gefühl durch die „magische" Kraft der Kugel verändert (Abb. 4.3).

4.2.6 Kreative Gestaltung

Kreative Gestaltung ist ein zentraler und sehr wichtiger Bestandteil der Tanztherapie, insbesondere in der Arbeit mit Kindern und Jugendlichen. Sie bietet Raum, um Gedanken, Gefühle und innere Bilder auszudrücken, die oft jenseits der Worte liegen. Bewegungssequenzen, die von den Klientinnen entwickelt, präsentiert und von der Gruppe gespiegelt werden, fördern die Selbstwirksamkeit und stärken das Vertrauen in die eigene Kreativität.

Darüber hinaus spielt die *Arbeit mit Medien, Symbolen, Gefühlskarten oder Texten* eine wichtige Rolle, um Kinder und Jugendliche spielerisch und gleichzeitig tiefgreifend in ihren Entwicklungsprozessen zu unterstützen (s. auch Kap. 5).

Kinder erleben es als stärkend, wenn sie etwas gestalten, das sichtbar oder erlebbar wird. Dies vermittelt das Gefühl, Einfluss auf die Welt und die eigene Umgebung auszuüben. Durch kreative Gestaltung erkennen junge Menschen ihre Fähigkeiten und Talente. Sie lernen, ihren Ideen zu vertrauen und diese auszudrücken (Rappaport, 2013).

Kreative Gestaltung umfasst alle Formen des schöpferischen Ausdrucks, bei denen Kinder und Jugendliche ihre inneren Prozesse in äußere Formen übersetzen. Dies kann durch Bewegung, Tanz, Malen, Schreiben oder den Einsatz von Materialien und Symbolen geschehen.

Warum ist kreative Gestaltung so wirksam?

- Sie spricht verschiedene Sinne und Ebenen des Erlebens an.
- Sie ermöglicht nonverbale Ausdrucksformen.
- Sie fördert die Integration von Emotionen und kognitiven Prozessen.

Bandura (1997) beschreibt Selbstwirksamkeit als einen zentralen Faktor für das Lernen und die persönliche Entwicklung. Kreative Gestaltung stärkt diese Fähigkeit, indem Kinder und Jugendliche erleben, dass sie etwas erschaffen und beeinflussen können. Auch Malchiodi (2011) betont die Bedeutung der symbolischen Verarbeitung in der Kunst- und Tanztherapie, die jungen Menschen hilft, komplexe innere Themen auszudrücken. Kreative Gestaltung ist also eine überaus kraftvolle Methode in der Tanztherapie. Sie stärkt das Selbstbewusstsein, fördert die Selbstwirksamkeit und bietet einen spielerischen, aber tiefgreifenden Zugang zu inneren Themen. Bewegungssequenzen, symbolische Arbeiten und der Einsatz von Materialien eröffnen vielfältige Möglichkeiten, die Kinder und Jugendliche in ihrer Entwicklung unterstützen und ihre Fantasie beflügeln. Im Kap. 5 wird auf das Thema „Kreativität in der Tanztherapie“ umfangreicher eingegangen.

Beispiele für Interventionen

Arbeit mit Symbolen. Symbole können dazu genutzt werden, um Bewegungen zu inspirieren und innere Zustände sichtbar zu machen. Sie sind universelle Ausdrucksmittel, die komplexe Emotionen und Gedanken ohne Worte vermitteln können. Kinder und Jugendliche wählen etwa aus einem vorbereiteten Set von Symbolen (z. B. Spielzeugfiguren, Autos, Steine, Muscheln) eines aus das sie aktuell anspricht oder ihrer Stimmung entspricht (Abb. 4.4), und übersetzen dieses Symbol in Bewegung. Dies stärkt das innere Erleben und fördert Kreativität und individuellen Ausdruck.

Arbeit mit kreativen Medien. Materialien wie Tücher, Bälle, Reifen, Decken, Schachteln oder Seile bieten Kindern und Jugendlichen einen konkreten Anknüpfungspunkt und fördern kreatives Erfahren und multisensorisches Erleben. Bewegung wird spielerisch integriert und die Freude am Tun wird durch unterschiedliche Medien vielseitig geweckt.

Abb. 4.4 **Kreative Brücke**: Symbole regen Bewegungen an und machen innere Zustände sichtbar

Skulpturen-Tanz. Bewegungsfreude und Impulskontrolle. Die Gruppe tanzt zur Musik und endet in einer individuellen Skulptur, sobald die Musik stoppt (allein oder in Kleingruppen). Die Tanztherapeutin kann auch verschiedene Bewegungsaufgaben einbauen, z. B. nur auf Zehenspitzen gehen, sich wie ein Tier bewegen. Dieses Spiel unterstützt die Selbstregulation, trainiert die Reaktion auf interne Impulse und steigert die Bewegungsvielfalt. In den unterschiedlichen Skulpturen erleben Kinder und Jugendliche kreative Selbstwirksamkeit. Darüber hinaus sind Spiele, die Stop & Go beinhalten, fast immer überaus beliebt und fördern die Freude am gemeinsamen Bewegen und Gestalten.

Gemalte Bewegung – bewegte Bilder. Auch das Malen und Zeichnen kann als kreative Brücke zwischen inneren Bildern und körperlichem Ausdruck genutzt werden (Abb. 4.5). Diese intermediale Arbeit verbindet nonverbale Ausdrucksformen und ermöglicht, Gefühle, Erlebnisse und Phantasien sichtbar und erlebbar zu machen. Als Ausgangspunkt kann entweder ein gemaltes Bild dienen, das von Kindern und Jugendlichen gemalt wird (etwa nach einer Imagination) oder eine Bewegung wird in ein Bild übertragen. Bei der Bewegungsübertragung eines Bildes können Klientinnen etwa in die Farben, Formen und Motive hineinspüren und daraus Bewegungen entstehen lassen. Sie „betanzen" das Bild – zum Beispiel durch Nachahmung der gezeichneten Linien oder durch Verkörperung der dargestellten Stimmung. Beim Malen eines Bildes nach einer Bewegungssequenz können die Kinder und Jugendlichen ihre Erfahrungen, Gefühle oder innere Bilder, die während der Bewegung in ihnen entstanden sind, auf Papier übertragen. Das Malen hilft, das Erlebte zu verarbeiten und bewusster werden zu lassen.

Abb. 4.5 **Bilder tanzend zum Leben erwecken**: Malen und Zeichnen dienen in der Tanztherapie sehr häufig als Verbindung zwischen innerem Erleben und körperlichem Ausdruck

Literatur

Bandura, A. (1997). *Self-Efficacy: The Exercise of Control.* W H Freeman/Times Books/Henry Holt & Co.

Erikson, E. H. (1968). *Identity: Youth and Crisis.* W. W. Norton Company.

Kestenberg Amighi, J., Loman, S., Sossin, K. M., & Lewis, P. (1999). *The Meaning of Movement: Developmental and Clinical Perspectives of the Kestenberg Movement Profile.* Brunner-Routledge.

Malchiodi, C. A. (2011). *Handbook of art therapy* (2nd ed.). The Guilford Publications.

Mehling, W. E., Wrubel, J., Daubenmier, J. J., Price, C. J., Kerr, C. E., Silow, T., Gopisetty, V., & Stewart, A. L. (2011). Body Awareness: A phenomenological inquiry into the common ground of mind-body therapies. *Philosophy, Ethics, and Humanities in Medicine.*

Porges, S. W. (2011). *The Polyvagal Theory: Neurophysiological Foundations of Emotions, Attachment, Communication, and Self-Regulation.* W. W. Norton & Company.

Rappaport, L. (2013). *Mindfulness and the Arts Therapies: Theory and Practice.* Jessica Kingsley Publishers.

Thaut, M. H. (2005). *Rhythm, Music, and the Brain: Scientific Foundations and Clinical Applications.* New York: Routledge.

Zimmer, R. (2010). *Handbuch der Psychomotorik: Theorie und Praxis der psychomotorischen Förderung.* Freiburg im Breisgau: Herder.

Angewandte Tanztherapie mit unterschiedlichen Zielgruppen

5

Praktische Beispiele für die tanztherapeutische Arbeit bei vielfältigen Verhaltens- und Entwicklungsstörungen

5.1 Zunahme psychischer Probleme und Diagnosen

Psychische Probleme und Schulverweigerung treten immer häufiger auf – ein alarmierendes Zeichen tiefgreifender gesellschaftlicher Veränderungen und wachsender Belastungen.

Die steigende Prävalenz psychischer Probleme und Schulverweigerung unter Kindern und Jugendlichen stellt ein dringendes gesellschaftliches Problem dar, das eng mit zunehmendem Leistungsdruck und tiefgreifenden sozialen Veränderungen verbunden ist. Um diesen Herausforderungen nachhaltig zu begegnen, bedarf es einer ganzheitlichen Herangehensweise, die nicht nur die Betroffenen, sondern auch Eltern, Lehrkräfte, Therapeutinnen und das soziale Umfeld einbezieht. Präventive Maßnahmen in Schulen und Kindergärten, frühzeitige Interventionen sowie ein niedrigschwelliges und entstigmatisiertes Therapieangebot sind hierbei essenziell.

Tanztherapie und andere kreative Therapieformen spielen in diesem Kontext eine wichtige Rolle. Sie fördern emotionale und soziale Kompetenzen durch Bewegung und nonverbale Ausdrucksformen und bieten einen Raum für körperliche und emotionale Unterstützung. Die gezielte Arbeit mit Bewegung kann nicht nur die emotionale Resilienz von Kindern und Jugendlichen stärken, sondern langfristig auch die Schulleistungen positiv beeinflussen (Diamond, 2012). Die Bedeutung solcher Interventionen zeigt sich besonders in präventiven und therapeutischen Settings, die individuell auf die Bedürfnisse der jeweiligen Zielgruppen abgestimmt sind.

T. Fritsch, *Tanztherapie mit Kindern und Jugendlichen*,
https://doi.org/10.1007/978-3-662-71836-0_5

5.2 Kinder und Jugendliche mit ADHS

Die Aufmerksamkeitsdefizit-/Hyperaktivitätsstörung (ADHS) ist eine neurologische Entwicklungsstörung, die sich durch Symptome wie Unaufmerksamkeit, Impulsivität und Hyperaktivität äußert. Diese Symptome können das Verhalten, die sozialen Interaktionen sowie die schulischen Leistungen der betroffenen Kinder und Jugendlichen erheblich beeinträchtigen (American Psychiatric Association, 2013). Es wird angenommen, dass ADHS auf eine Kombination von genetischen, neurobiologischen und umweltbedingten Faktoren zurückzuführen ist, wobei insbesondere eine Dysregulation der Neurotransmitter Dopamin und Noradrenalin im präfrontalen Kortex eine zentrale Rolle spielt (Barkley, 2014).

ADHS beeinflusst häufig sowohl die schulische Leistung als auch soziale Interaktionen. Der steigende Druck auf Kinder und Jugendliche, sich in einem strukturierten schulischen Umfeld zu konzentrieren und „angepasst" zu sein, hat in den letzten Jahren zugenommen. Es wird zunehmend darüber diskutiert, ob Umweltfaktoren wie Ernährung, Bildschirmzeit und Schlafmangel die Symptome von ADHS verschärfen könnten (Hinshaw & Scheffler, 2014). Unbestritten ist jedoch, dass der schulische und soziale Druck in der heutigen Zeit erheblich angestiegen ist, wodurch junge Menschen oft hohen Leistungsanforderungen ausgesetzt sind. In solchen Umfeldern fallen Unruhe und Konzentrationsprobleme schneller auf und werden häufig als Störung wahrgenommen (Diamond, 2012).

Auf der anderen Seite gibt es auch kritische Stimmen, die darauf hinweisen, dass ADHS möglicherweise eine „Zeitdiagnose" ist, die in unserer hektischen, leistungsorientierten Gesellschaft verstärkt entstanden ist. Kinder und Jugendliche, die unruhig sind oder Schwierigkeiten haben, ihre Aufmerksamkeit über längere Zeiträume zu fokussieren, werden oft schnell als „krank" eingestuft. Zudem hat der Diskurs über ADHS in den Medien und im Bildungssystem dazu geführt, dass Verhaltensauffälligkeiten schneller als pathologisch eingeordnet werden, anstatt sie als Teil der normalen Entwicklung zu akzeptieren. Vielmehr könnte es sich in vielen Fällen um eine natürliche Reaktion auf den zunehmenden Druck und die eingeschränkten Möglichkeiten zur freien Bewegung und Kreativität handeln (Diamond, 2012).

Auch die diagnostischen Kriterien für ADHS haben sich über die Jahre hinweg erweitert. Früher wurde ADHS vorwiegend als hyperkinetische Störung bei sehr aktiven Kindern verstanden. Heute umfasst die Diagnose ein breites Spektrum an Symptomen, darunter auch impulsives Verhalten. Diese Erweiterung der Diagnosekriterien hat sicherlich zu einem Anstieg der Fälle geführt, da nun auch mildere Formen der Unaufmerksamkeit und Impulsivität als ADHS diagnostiziert werden können (Barkley, 2014). Ebenso hat die zunehmende Sensibilisierung von Eltern, Lehrkräften und Ärztinnen zu einer verstärkten Nachfrage nach Diagnosen geführt (Hinshaw & Scheffler, 2014).

5.2.1 Positiver Effekt der Tanztherapie bei ADHS

Die Tanztherapie bietet ein multidimensionales Setting, das Bewegung, Rhythmus und kreative Ausdrucksformen kombiniert, um die Selbstregulation und Aufmerksamkeit von Kindern und Jugendlichen mit ADHS zu fördern. Körperliche Aktivität, insbesondere in strukturierter Form wie Tanz, kann die Konzentrationsfähigkeit und die Fähigkeit zur Impulskontrolle steigern. Tanztherapie nutzt diese Effekte, indem sie sowohl strukturierte Übungen als auch improvisierte Bewegungen einsetzt, um Kinder und Jugendliche in einen Zustand der fokussierten Aufmerksamkeit zu bringen.

Ein zentraler Vorteil der Tanztherapie ist, dass sie ein kinästhetisches Lernen fördert, das besonders bei ADHS geeignet ist.

Bewegungskanalisation. Bewegung ermöglicht Kindern und Jugendlichen (mit ADHS), ihre überschüssige Energie auf positive Weise zu kanalisieren und gleichzeitig ihre Körperwahrnehmung zu verbessern.

Darüber hinaus können die rhythmischen Elemente des Tanzes beruhigend wirken und die Regulation des Nervensystems fördern. In einer Fallstudie von Karkou und Sanderson (2006) zeigten Kinder mit ADHS nach mehreren Sitzungen Tanztherapie eine verbesserte Impulskontrolle und mehr Selbstvertrauen in sozialen Interaktionen.

Studien zeigen, dass Tanz und Bewegungstherapie exekutive Funktionen wie Impulskontrolle, Arbeitsgedächtnis und kognitive Flexibilität fördern können (Diamond, 2012). Diese exekutiven Funktionen sind entscheidend für die Fähigkeit, sich zu konzentrieren, Verhalten zu regulieren und flexibel auf neue Herausforderungen zu reagieren. Darüber hinaus unterstützt die Tanztherapie die emotionale Regulation und das Selbstbewusstsein, indem sie eine stärkere Verbindung zwischen Körper und Emotionen schafft.

Hanna (2014) hebt hervor, dass Tanz und andere körperliche Aktivitäten auch die neuronale Plastizität fördern, was zu verbesserten Lernfähigkeiten führen kann. Die Entwicklung eines positiven Körperbewusstseins durch Tanztherapie wirkt sich zudem nachhaltig auf das Selbstwertgefühl und das Wohlbefinden aus, was wiederum die schulische Leistung und das soziale Miteinander begünstigen kann.

5.2.2 Methoden und Interventionen

Ein zentrales Anliegen der Tanztherapie bei ADHS ist es, die Fähigkeit zur Selbstregulation zu stärken. Es gibt eine Vielzahl von tanztherapeutischen Methoden und Interventionen, die speziell bei Kindern und Jugendlichen mit ADHS geeignet sind. Diese beinhalten sowohl Einzel- als auch Gruppeninterventionen und können an die spezifischen Bedürfnisse von Klientinnen angepasst werden.

Hyperaktivität: Wenn etwa ein Kind unter starker Hyperaktivität leidet, ist es wichtig, dass die Tanztherapeutin Interventionen nutzt, die dem Kind helfen, seine Energie zu kanalisieren. Hier können schnelle, dynamische Bewegungssequenzen oder das Arbeiten mit Musik helfen, da Rhythmus und Tempo das Kind ansprechen und die Hyperaktivität in eine strukturierte Bewegung lenken. Gleichzeitig sollte immer wieder der Impuls zur Beruhigung und zu Atemübungen eingebaut werden, um dem Kind die Möglichkeit zu geben, sich wieder zu zentrieren.

Aggressive Impulse: Bei aggressiven Ausbrüchen ist es sinnvoll, die therapeutischen Interventionen besonders behutsam und strukturierend zu setzen. Eine mögliche Methode ist die Arbeit mit kontrollierten, aber ausdrucksstarken Bewegungen, die dem Kind helfen, seine aufgestauten Emotionen körperlich auszudrücken, ohne dass es zu aggressiven Handlungen kommt. Auch das Spiegeln von aggressiven Bewegungen kann helfen, dem Kind zu zeigen, dass seine Gefühle anerkannt werden, ohne dass es sie zerstörerisch äußern muss.

Bewegungsimpulse und Spiegeln

Bewegungsimpulse und das Spiegeln von Bewegungen sind grundlegende Interventionen, die besonders hilfreich bei Kindern mit ADHS sind, da sie es ihnen ermöglichen, sich auf den eigenen Körper zu konzentrieren und Impulse zu kontrollieren.

Praxisbeispiel. „Impuls-Salat“: Ein Kind mit Hyperaktivität bekommt von der Tanztherapeutin einen einfachen Bewegungsimpuls, wie etwa eine schnelle Armbewegung oder eine weiche Drehung. Das Kind reagiert darauf und macht daraus eine neue, eigene Bewegung. Die Therapeutin kann diese Bewegung dann spiegeln und damit bewusster machen, oder verstärken und reduzieren. Spiegeln fördert die Selbstwahrnehmung und hilft, Impulse in eine kontrollierte Bewegung zu überführen. Das Nachahmen von Bewegungen schafft eine körperliche Resonanz und stärkt die Körperwahrnehmung, was besonders für Kinder mit ADHS von Bedeutung ist. Durch die Wiederholung von Bewegungen können Kinder und Jugendliche lernen, Impulse zu regulieren und ihre Aufmerksamkeit auf bestimmte Körperteile zu fokussieren, was sich positiv auf die Selbstregulation und das emotionale Gleichgewicht auswirkt.

Strukturierte Bewegungssequenzen

Die Arbeit mit strukturierten Bewegungssequenzen kann bei Kindern mit ADHS helfen, die Aufmerksamkeit zu verbessern und die Impulsivität zu verringern. Diese Sequenzen bieten eine klare und fokussierte Aufgabe, die es den Kindern ermöglicht, ihre Energie in kontrollierte Bewegungen zu lenken.

Praxisbeispiel. „Fantastische (Tier-)Skulpturen“: In diesem Skulpturen-Tanz wird eine Gruppe von Kindern oder Jugendlichen dazu angeregt, bei jedem Musikstopp eine unbewegte Skulptur einzunehmen. Die Übung kann abwechselnd sowohl in Kleingruppen als auch mit der gesamten Gruppe durchgeführt werden. Sobald die Musik stoppt, ist es wichtig, dass die Klientinnen rasch eine neue Position einnehmen und diese für einen Moment in einer statischen Pose festhalten. Die Entscheidung für die jeweilige Skulptur sollte schnell getroffen werden, um Spontaneität und kreative Ausdruckskraft zu fördern. Die Tanztherapeutin kann zusätzlich Themen vorgeben, wie zum Beispiel „großes Fest“, „Monsterdisco“ oder „Unterwasserwelt“, die die Kinder und Jugendlichen anregen, sich entsprechend zu bewegen und als Inspiration für die Skulpturen dienen. Diese Themen schaffen nicht nur einen kreativen Rahmen, sondern ermöglichen es den Klientinnen auch, sich spielerisch mit verschiedenen Fantasiewelten auseinanderzusetzen. Durch den gezielten Einsatz von Musik kann die Intensität und das Tempo der Bewegungen variieren, was das kreative Spiel weiter anregt und gleichzeitig die Körperwahrnehmung und Selbstregulation der Klientinnen fördert.

Strukturierte Interventionen können unterstützend dabei wirken, die Selbstregulation zu verbessern und Kindern und Jugendlichen zu zeigen, wie sie ihre Energie gezielt einsetzen können, was auch zu positiven Effekten in anderen Lebensbereichen führen kann. Zusätzlich werden die Zusammenarbeit und Kommunikation unter den Kindern und Jugendlichen gefördert. Klientinnen mit ADHS können in einem sicheren, strukturierten Rahmen lernen, in einer Gruppe zu arbeiten, Rücksicht auf andere zu nehmen und ihre Bewegungen aufeinander abzustimmen. Dies trägt zu einer besseren sozialen Integration und einem gestärkten Gemeinschaftsgefühl bei (Abb. 5.1).

Praxisbeispiel. „Impulsiver Rhythmus-Blues“: Kinder oder Jugendliche werden dazu angeleitet, einfache, aber klare Bewegungsfolgen im Takt der Musik auszuführen. Ein Beispiel könnte eine Sequenz aus den Bewegungen „Klatschen – Stampfen – Drehen – Hüpfen“ sein, die in einer festgelegten Reihenfolge wiederholt wird. Der klare Rhythmus und die Wiederholung der Bewegungen helfen dabei, die Aufmerksamkeit der Klientinnen zu fokussieren und gleichzeitig ihre motorischen Impulse zu kontrollieren. Ähnliche Sequenzen können auch mit verschiedenen Körperteilen durchgeführt werden, wie etwa den Armen, Füßen oder dem Kopf, um die koordinativen Fähigkeiten zu fördern. Klientinnen mit ADHS haben häufig Schwierigkeiten, ihre Aufmerksamkeit auf eine Aufgabe zu richten. Die strukturierte Wiederholung der Bewegungssequenzen im Takt der Musik fordert Kinder und Jugendliche spielerisch heraus, sich aktiv auf die Aufgabe zu konzentrieren. Der Rhythmus hilft, die Aufmerksamkeit zu bündeln und durch die klare Struktur wird das Fokussieren auf die Bewegung unterstützt. Durch das wiederholte Ausführen der Bewegungen wird darüber hinaus die Fähigkeit gestärkt, spontane Impulse zu kontrollieren und bewusst auf den nächsten Schritt zu warten.

Praxisbeispiel. „1,2 oder 3… tanz herbei“: Kinder oder Jugendliche werden dazu angeregt, für jede Zahl von 1 bis 10 eine spezifische Bewegung zu entwickeln. Zum Beispiel könnte die Zahl „1“ für ein Hüpfen stehen, die Zahl „2“ für ein Armkreisen und die Zahl

Abb. 5.1 Struktur mit Skulptur: „Stop-and-Go"-Tänze und Skulpturen-Tänze unterstützen dabei, die Impulskontrolle von Kindern zu stärken, Kreativität zu fördern und Struktur in die Gruppe zu bringen. Die abgebildete Szene wurden von Kindern nachgestellt und zeigt keine echten Klientinnen oder deren Diagnosen

„3" für ein Winken. Diese Sequenz wird dann in einem schnellen Tempo durchgeführt, sodass die Klientinnen ihre Bewegungsfolgen zügig aneinanderreihen müssen. Zudem kann die Intervention erweitert werden, indem die Zahlen mit verschiedenen Rhythmen und Geschwindigkeiten kombiniert werden, um die Herausforderung zu erhöhen und das Tempo weiter zu variieren. Dies erfordert von den Kindern und Jugendlichen, dass sie flexibel und kreativ auf die jeweilige Zahl und die verlangte Bewegung reagieren. So unterstützt der Zahlen-Tanz dabei, die Aufmerksamkeit zu bündeln und aufrechtzuerhalten sowie Impulse zu kontrollieren, und er fördert die Stärkung der Frustrationstoleranz. Durch das Ausführen spezifischer Bewegungen für jede Zahl wird außerdem die Körperkoordination gefördert.

Atemübungen, Entspannung und Körperwahrnehmung

Atemübungen und Übungen zur Körperwahrnehmung und Entspannung sind besonders effektive Interventionen, um bei Kindern und Jugendlichen mit ADHS eine innere Ruhe zu fördern und die Selbstregulation zu verbessern. Insbesondere bei hyperaktiven Kindern können solche Übungen helfen, die aufgestaute Energie zu kanalisieren und die Aufmerksamkeit zu fokussieren. Darüber hinaus sind sie auch hilfreich für Kinder und Jugendliche mit aggressiven Impulsen, da sie die Fähigkeit zur Selbstberuhigung und die Kontrolle über körperliche Reaktionen stärken.

Praxisbeispiel. „Superheldinnen-Energie“: Eine Gruppe von Kindern wird dazu angeleitet, sich bewusst auf verschiedene Muskelgruppen zu konzentrieren und diese gezielt anzuspannen und wieder zu entspannen. Ein Beispiel könnte sein, dass die Kinder ihre Hände oder Füße fest zusammenpressen und dann langsam wieder lockerlassen. Die Tanztherapeutin kann dies kindgerecht gestalten, indem sie die Übung in eine Fantasiegeschichte einbettet. Die Kinder stellen sich vor, für einen Moment übermenschliche Kräfte zu haben, als Superhelden oder Superheldinnen, und nach dem Einsatz ihrer Superkräfte lassen sie diese wieder los, um zurück in ihre normale Kraft zu finden. Diese spielerische Herangehensweise hilft Kindern nicht nur, sich zu entspannen, sondern fördert auch die Selbstwahrnehmung und die Kontrolle über ihren Körper. Durch die Vorstellungskraft und die kindgerechte Erzählweise können sie leichter in die Übung eintauchen und gleichzeitig ihre Fähigkeit zur Selbstregulation stärken. Kinder können darüber hinaus lernen, ihre Energie positiv zu lenken, ihre Körpersignale wahrzunehmen und ihre emotionalen Reaktionen besser zu regulieren.

Praxisbeispiel. „We rock the heel“: Eine Gruppe von Jugendlichen liegt auf dem Rücken, die Beine leicht angewinkelt und die Füße flach auf dem Boden. Sie beginnen, sanft mit ihren Fersen zu wippen, wobei der Oberkörper ruhig und entspannt bleibt. Die Bewegungen sind fließend und langsam, und die Aufmerksamkeit wird bewusst auf den Atem und die gleichmäßige Bewegung der Füße gelenkt. Diese Übung hilft, den Fokus zu schärfen und eine tiefere Verbindung zur eigenen Körperwahrnehmung herzustellen. Die Tanztherapeutin kann die Übung zusätzlich mit beruhigenden Worten begleiten, um die Entspannung zu fördern. Sie könnte die Jugendlichen auffordern, ihren Atem mit den Bewegungen der Füße zu synchronisieren, was eine weitere Ebene der Achtsamkeit hinzufügt. Dies hilft den Jugendlichen nicht nur, im Moment präsent zu sein, sondern unterstützt sie auch dabei, eine tiefe Ruhe und Körperwahrnehmung zu entwickeln. Gerade bei Jugendlichen mit ADHS, die häufig Schwierigkeiten haben, ihre Gedanken zu fokussieren, bietet diese Übung eine wertvolle Gelegenheit, ihre Konzentrationsfähigkeit zu steigern und ihre Achtsamkeit zu trainieren. Sie fördert außerdem das Gefühl der Kontrolle über den eigenen Körper und die eigenen Emotionen, was zu einer besseren Fähigkeit führt, in herausfordernden Situationen ruhig zu bleiben und auf Stress adäquat zu reagieren (Steigerung der emotionalen Resilienz).

Rollenspiele und Kreative Improvisationen

Rollenspiele und kreative Improvisationen ermöglichen es Kindern und Jugendlichen, sich in verschiedenen sozialen Rollen auszuprobieren und ihre Emotionen zu verarbeiten. Besonders bei Kindern mit ADHS, die oftmals impulsiv und wenig reflektiert reagieren, können solche Interventionen helfen, soziale Situationen nachzuspielen und ihre Reaktionen zu beobachten und zu steuern. Das Spielen von Rollen und das Ausdrücken von Emotionen durch Tanz und Bewegung stärken die Selbstwahrnehmung und soziale Kompetenz. Es bietet den Kindern und Jugendlichen die Möglichkeit, ihre eigenen Emotionen und Verhaltensweisen zu reflektieren und neue Lösungsstrategien für ihre sozialen Interaktionen zu entwickeln.

Praxisbeispiel. „Das Flüstern der Geschichten“: Kinder werden in eine Geschichte eingebunden, bei der jede Etappe durch eine Bewegung oder eine Bewegungssequenz dargestellt wird. Zum Beispiel könnte eine Geschichte von einer abenteuerlichen Reise durch magische Welten erzählen, bei der die Kinder verschiedene Aufgaben und Emotionen der Hauptperson erleben. Während der Erzählung schlüpfen die Kinder in die Rolle der Figuren und setzen die einzelnen Szenen durch passende Bewegungen um. Dabei können auch individuelle Ergänzungen oder alternative Enden von den Kindern selbst kreiert werden, was ihre Fantasie und Kreativität fördert. Die Tanztherapeutin kann die Geschichte mit ansprechenden Beschreibungen und klaren Bewegungsanweisungen gestalten, um die Aufmerksamkeit der Kinder gezielt zu lenken. Gleichzeitig haben die Kinder die Möglichkeit, ihre eigenen Bewegungen und Interpretation der Geschichte zu entwickeln. Diese Übung ist besonders wertvoll für Kinder mit ADHS, da sie sowohl die geistige als auch die körperliche Aktivität fördert und so hilft, die Aufmerksamkeit zu bündeln. Durch die Verbindung von Bewegung und Erzählung lernen die Kinder, ihre Impulse zu kontrollieren, ihre Emotionen auszudrücken und in sozialen Kontexten zu interagieren. Das stärkt nicht nur ihre sozialen und motorischen Fähigkeiten, sondern auch ihre Fähigkeit, sich in unterschiedlichen Kontexten selbst zu regulieren und kreative Lösungen zu finden.

Praxisbeispiel. „Um-Rolle-n“: Eine Jugendliche, die in der Schule oft impulsiv reagiert und Ausgrenzung erfährt, könnte in einer Tanztherapiesitzung eine neue, positive Rolle übernehmen – etwa die Rolle einer Anführerin. Die Tanztherapeutin fordert die Jugendliche auf, sich vorzustellen, wie sie eine Gruppe führt und dabei Verantwortung übernimmt. Diese Intervention bietet der Klientin die Gelegenheit, sich selbst in einer stärkeren, kontrollierteren Rolle zu erleben und sich dabei von ihren gewohnten impulsiven Reaktionen zu distanzieren. Im Verlauf der Übung wird die Jugendliche angeleitet, sich aktiv mit der Vorstellung auseinanderzusetzen, wie sie die Gruppe auf positive Weise beeinflussen kann. Dies könnte etwa durch Bewegungen, die Autorität und Selbstbewusstsein ausstrahlen, geschehen. Der Prozess des Rollenspielens und das Erleben der Rolle einer Führungsperson bieten der Jugendlichen eine wertvolle Gelegenheit, ihre sozialen und emotionalen Fähigkeiten zu erweitern. Sie kann so neue Wege der Interaktion mit anderen entdecken und lernen, wie man in sozialen Kontexten Verantwortung übernimmt. So ist die Intervention eine wertvolle Möglichkeit, Impulsivität zu steuern und positive soziale Interaktionen zu erleben. Durch das Rollenspiel lernen Klientinnen, Verantwortung zu übernehmen, ihre Selbstwahrnehmung zu verbessern und Empathie für andere zu entwickeln.

Fallbeispiel: Simons Tanztherapie-Reise

Ein Kind, das den Tanz als Ausdrucksform fand.

Simon ist neun Jahre alt, als er in die Tanztherapie kommt. In der Schule ist er bekannt für seine impulsiven Ausbrüche, seine Unruhe und die Schwierigkeiten, sich auf Aufgaben zu konzentrieren. Oft ist er derjenige, der im Klassenzimmer lautstark die Aufmerksamkeit auf sich zieht – durch Wutausbrüche, durch Herumrennen oder durch ständiges Reden. Simon ist ein Energiebündel, das nicht in das Bild des „braven Schülers" passt. Doch hinter seinem Verhalten verbirgt sich ein Kind, das eigentlich die Kontrolle über seine eigenen Impulse sucht, das sich nach einer Möglichkeit sehnt, sich auszudrücken, ohne immer wieder an den gleichen Grenzen zu scheitern.

Als Simons Mutter die Tanztherapeutin Lisa kontaktiert, ist sie zunächst skeptisch. „Was wird Tanzen ihm schon bringen?", fragt sie. Doch Lisa weiß, dass Bewegung eine Möglichkeit sein könnte, Simon zu erreichen, auf einer Ebene, die Worte oft nicht bieten.

Die erste Sitzung beginnt holprig. Simon tritt in den Raum, zieht die Augenbrauen hoch und verschränkt die Arme. „Was soll das hier? Tanzen? Ich will nichts tun", murmelt er und stellt sich demonstrativ in eine Ecke des Raumes. Lisa lässt sich nicht beirren. Sie weiß, dass Widerstand oft ein Zeichen für eine tiefere Sehnsucht nach Kontakt ist. Simon hat Angst, sich zu öffnen. Es ist leichter, sich zurückzuziehen und zu provozieren als sich verletzlich zu zeigen.

„Okay, Simon, wenn du nicht tanzen willst, ist das völlig in Ordnung. Aber vielleicht willst du mir helfen, eine Bewegung zu erfinden?", sagt Lisa ruhig. Sie setzt sich mit verschränkten Beinen auf den Boden. Simon antwortet nicht, aber er beobachtet sie heimlich.

Lisa weiß, dass sie zunächst eine Beziehung zu Simon aufbauen muss, um Zugang zu seinen Bewegungen und Gedanken zu erhalten. Sie bleibt ruhig, lässt ihn in seinem Widerstand, aber gibt ihm gleichzeitig die Möglichkeit, durch Nonchalance oder provokative Antworten den Raum mitzugestalten. Es ist eine stille Einladung, sich zu bewegen – oder nicht. Sie gibt ihm eine Freiheit, die ihm nicht bewusst ist, doch sie spürt, dass er schon jetzt ein Stückchen von der Last der Erwartungen abwerfen kann.

Simons Reaktion ist jedoch keine einfache Passivität. Stattdessen provoziert er weiter: „Ich will das nicht!", ruft er und schlägt mit der Hand auf den Boden. Er will die Aufmerksamkeit auf sich ziehen, aber nicht, um zu zeigen, was er fühlt.

Lisa beginnt, seine Bewegung in den Händen – und schließlich in den Füßen – zu übernehmen und dazu zu tanzen. Sie tanzt, ohne Simon anzusehen, um ihm den Raum zu geben, selbst zu entscheiden, ob er sich ebenfalls bewegen will. Dabei lässt sie ihren Blick immer wieder kurz in die Ferne schweifen, als ob sie den Raum für sich selbst durch die Bewegung entdeckt.

Lisa spürt, Simons Energie macht etwas mit ihr – er hat ein Talent, zu provozieren, aber auch einen tiefen Wunsch nach Verbindung.

Und plötzlich, als er ihre Bewegungen beobachtet, geschieht etwas – ein leises Zucken in seinen Armen. Simon beginnt, etwas unkoordiniert seine Hände zu bewegen und Lisa merkt, wie Simons Widerstand immer mehr ins Wanken gerät.

Jetzt nimmt Lisa Simons Bewegungen auf, indem sie dieselbe Geste nachahmt. Es ist nicht einfach ein Spiegeln der Bewegungen, sondern eine bewusste Reaktion auf das, was Simon gerade tut. Sie verstärkt seine kleinen Bewegungen, vergrößert, verlangsamt oder verstärkt sie. Simons Augen weiten sich. Was er als Widerstand ins Spiel gebracht hat, nimmt Lisa auf und verwandelt es in einen Tanz, in dem er selbst einen Platz findet.

Simon will nun nicht mehr nur zuschauen – er beginnt, sich mehr zu bewegen. Aber noch ist es ein Zögern, ein langsames Ausprobieren. „Ich kann das nicht", sagt er immer wieder. Lisa reagiert darauf mit der bewussten Einladung: „Du kannst tun, was du willst, was dir guttut und dir Spaß macht."

Die vierte Sitzung ist ein Wendepunkt. Simon beginnt, die Tanztherapie als eine Bühne für seine eigenen Bedürfnisse zu entdecken, aber der Widerstand ist immer noch da. Lisa entschließt sich, das Thema der „Verkleidung" und der „Verwandlung" in das Setting einzuführen. In einem Rollenspiel lädt sie Simon ein, sich vorzustellen, er sei ein Tier, ein Superheld oder ein anderes Wesen. „Wenn du ein Vogel wärst, wie würdest du dann fliegen?", fragt Lisa ihn. Simon antwortet nicht sofort, doch sie spürt, dass eine tiefe Unsicherheit hinter seinem Schweigen liegt.

Langsam steht Simon auf, und für einen Moment übernimmt er die Kontrolle: Er streckt die Arme aus, so wie er sich vorstellt, dass ein Vogel es tun würde. Doch auch hier ist eine gewisse Zögerlichkeit zu spüren. Lisa begleitet seine Bewegung, spiegelt sie, und plötzlich spürt Simon, wie er selbst die Bewegung vergrößern kann – er breitet seine Arme weit aus, lässt seinen Körper durch den Raum gleiten. Simons ganze Haltung verändert sich. Die Schüchternheit verschwindet in diesem Moment, und eine neue Form von Kraft tritt hervor.

In den nächsten Stunden geht Lisa einen Schritt weiter und gibt Simon einen visuellen Impuls: Sie hält ein Bild von einem Sturm in der Hand. „Simon, stell dir vor, du bist der Sturm. Wie bewegt sich dein Körper im Sturm?" Simon blickt das Bild an und dann wieder zu Lisa, als würde er gerade eine Frage im Raum beantworten. Es ist, als ob der Impuls, den Lisa gab, einen Teil in ihm anspricht, den er selbst noch nicht kennt. Ohne ein weiteres Wort setzt er sich in Bewegung, seine Arme fächern sich weit auf, drehen sich und ziehen den Raum förmlich mit sich. Lisa folgt ihm, spiegelt seine schnellen, sprunghaften Bewegungen, verstärkt seine Drehungen und reduziert sie zu einem sanften Fließen.

Der Impuls, den Simon zu dieser Zeit erlebt, lässt ihn mehr über sich selbst erfahren. Lisa weiß nun, dass Simon eine tiefere Verbindung zu seiner eigenen Kreativität und zu seinen Gefühlen aufbaut. Es ist der Beginn eines Prozesses, der ihn nicht nur als Tänzer wachsen lässt, sondern ihm auch hilft, sich in der Welt besser zu orientieren.

Simon beginnt, sich mehr zu öffnen. Durch die kontinuierliche Arbeit mit Bewegungsimpulsen, Rollenspielen und dem behutsamen Spiegeln von Lisa kann er nicht nur seine Energie kanalisieren, sondern auch lernen, seine Impulse zu kontrollieren. Er weiß nun, dass er nicht immer auf die gleiche Weise auf seine Gefühle reagieren muss, dass er die Freiheit hat, sich auszudrücken und dabei immer wieder neue Formen der Selbstregulation zu finden.

Am Ende der Therapie sagt Simon: „Jetzt weiß ich, wie ich mich besser konzentrieren kann. Ich kann den Sturm in mir stoppen und dann ruhiger werden.“◀

Simons Tanztherapie-Reise ist ein Beispiel dafür, wie gezielte Interventionen und die Arbeit mit Bewegung Kindern mit ADHS helfen können, sich selbst besser zu verstehen und ihre Herausforderungen zu bewältigen. Widerstand, der oft eine tiefere Sehnsucht nach Verbindung und Ausdruck maskiert, kann durch geduldige Beziehungsarbeit, kreative Impulsimprovisationen und gezieltes Spiegeln in positive, selbstregulierende Bewegungen umgewandelt werden. Der Tanz wird zur Brücke, die das Kind mit sich selbst und seiner Umwelt versöhnt.

Die Tanztherapie bietet bei ADHS eine wertvolle Möglichkeit, Kindern und Jugendlichen zu helfen, ihre Impulse zu kontrollieren, ihre Aufmerksamkeit zu schulen und sich selbst auf neue Weise wahrzunehmen. Durch kreative Bewegung und gezielte Interventionen können junge Menschen ihre Energie sinnvoll kanalisieren, ihre Emotionen regulieren und ein besseres Verständnis für sich selbst entwickeln. Es sind diese kleinen, manchmal unscheinbaren Schritte, die langfristig zu einer tiefgreifenden Veränderung führen. Und für viele der Kinder, die in der Tanztherapie Hilfe finden, ist es der erste Schritt, der sie auf einen Weg zu mehr Selbstbewusstsein und emotionaler Resilienz führt.

5.3 Kinder und Jugendliche im Autismus-Spektrum

Die Autismus-Spektrum-Störung (ASS) ist eine tiefgreifende neurologische Entwicklungsstörung, die durch Beeinträchtigungen in den Bereichen soziale Kommunikation, Interaktion sowie durch eingeschränkte, repetitive Verhaltensweisen und Interessen gekennzeichnet ist (American Psychiatric Association, 2013). Sie wird als Spektrum betrachtet, da die Ausprägungen individuell sehr unterschiedlich sein können.

Kinder und Jugendliche im Autismus-Spektrum stehen häufig vor großen Herausforderungen im schulischen und sozialen Umfeld. Sensorische Empfindlichkeiten, Schwierigkeiten im sozialen Austausch und rigide Verhaltensmuster erschweren den Alltag. Eltern erleben oft einen hohen Belastungsdruck und müssen sowohl emotionale als auch organisatorische Hürden überwinden.

Bewegungstherapeutische Ansätze können betroffene Klientinnen dabei unterstützen, körperlich, emotional und sozial in Kontakt zu treten und Freude am Ausdruck zu entdecken, etwa durch:

- Verbesserung der Körperwahrnehmung (Selbstregulation und sensorischen Integration),
- Förderung sozialer Interaktionen (Gemeinsame spielerisch-lustvolle Bewegung ohne Bedingungen kann die nonverbale Kommunikation erleichtern),
- Integration und Regulation von emotionalem Ausdruck (Kreative Bewegung hilft, Gefühle zu regulieren und auszudrücken),
- Reduzierung von repetitiven Verhaltensweisen,

Die nonverbale Natur der Tanztherapie ist ebenfalls entscheidend, da sie den Klientinnen eine Ausdrucksmöglichkeit bietet, die nicht auf Sprache angewiesen ist. Dies kann besonders hilfreich für Kinder und Jugendliche sein, die durch ihre ASS-Symptome in der verbalen Kommunikation eingeschränkt sind (z. B. bei frühkindlichem Autismus). Insgesamt ermöglicht die Tanztherapie Betroffenen, ihren Körper auf kreative Weise zu nutzen und gleichzeitig ihre kognitiven, sozialen und emotionalen Fähigkeiten zu stärken.

5.3.1 Formen der Autismus-Spektrum-Störung

ASS umfasst verschiedene klinische Erscheinungsformen, die sich hinsichtlich ihrer Symptomatik, Schweregrade und individuellen Ausprägungen unterscheiden. (Szatmari, 2004):

1. *Frühkindlicher Autismus (Kanner-Syndrom)*: Dies ist die klassischste und schwerste Form des Autismus, die sich bereits in den ersten Lebensjahren bemerkbar macht. Betroffene zeigen oft eine ausgeprägte Beeinträchtigung in der sozialen Interaktion, repetitive Verhaltensweisen und eingeschränkte Interessen.
2. *Atypischer Autismus*: Diese Form tritt auf, wenn nicht alle diagnostischen Kriterien für frühkindlichen Autismus erfüllt sind oder die Symptome erst nach dem dritten Lebensjahr auftreten.
3. *Asperger-Syndrom*: Charakteristisch für das Asperger-Syndrom ist eine normale bis hohe Intelligenz ohne Verzögerung in der Sprachentwicklung. Betroffene haben jedoch erhebliche soziale Schwierigkeiten und häufig stereotype Verhaltensweisen.
4. *High-Functioning-Autismus (HFA)*: HFA ist ähnlich dem Asperger-Syndrom, allerdings mit einer frühen Sprachverzögerung. Menschen mit HFA haben häufig hohe kognitive Fähigkeiten, jedoch erhebliche soziale und kommunikative Defizite.
5. *Desintegrative Störung des Kindesalters (Heller-Syndrom)*: Diese seltene Form ist gekennzeichnet durch einen plötzlichen und starken Verlust bereits erworbener

Fähigkeiten in Sprache, Sozialverhalten und Motorik nach einer zunächst normalen Entwicklung.

6. *Pathological Demand Avoidance (PDA)*: PDA wird von einigen Forschenden und Kliniken als eine Unterform innerhalb des Autismus-Spektrums angesehen, ist aber in den gängigen Klassifikationssystemen wie DSM-5 und ICD-11 nicht als eigenständige Diagnose enthalten. Die Form ist durch eine extreme Vermeidung alltäglicher Anforderungen und eine ausgeprägte soziale Manipulation zur Kontrolle der Umwelt gekennzeichnet. Kinder und Jugendliche mit PDA können oberflächlich gute soziale Fähigkeiten zeigen, nutzen diese jedoch oft strategisch, um Anforderungen zu umgehen (American Psychiatric Association, 2013).

5.3.2 Besondere Aspekte der Arbeit mit nonverbalen Klientinnen

Bei nonverbalen Kindern und Jugendlichen ist ein noch *stärkerer Fokus auf Körperkommunikation* wichtig:

- *Einsatz von Gesten und Mimik*: Um Emotionen und Anweisungen zu vermitteln.
- *Verwendung von Geräuschen*: Um in Kontakt zu treten und Aufmerksamkeit zu erhalten.
- *Verwendung von Bildkarten*: Um Abläufe oder Wünsche zu kommunizieren.
- *Geduld und Beobachtung*: Den Kindern und Jugendlichen Zeit geben, ihre Bedürfnisse durch Bewegung auszudrücken, aufmerksam ihre Signale beobachten und auf individuelle Bedürfnisse eingehen.
- *Nutzung von taktilen Reizen und Medienarbeit* (z. B. Tücher, Bälle, Decken).

Die tanztherapeutische Arbeit mit nonverbalen Kindern und Jugendlichen mit Autismus-Spektrum-Störungen erfordert ein hohes Maß an Sensibilität, Geduld und Anpassungsfähigkeit seitens der Therapeutin. Da verbale Kommunikation eingeschränkt oder nicht vorhanden ist, bietet der Körper als primäres Ausdrucks- und Kommunikationsmittel eine wertvolle Ressource.

Dabei ist es bedeutsam, sich immer wieder in Erinnerung zu rufen: Jede Klientin (mit ASS) ist einzigartig, und was bei einer funktioniert, kann bei einem anderen wirkungslos sein. Aus diesem Grund ist es essenziell, ohne vorgefasste Erwartungen in die Therapie zu gehen und den individuellen Rhythmus und die Bedürfnisse der Klientin zu respektieren. Erfolge können minimal sein und sich erst nach längerer Zeit zeigen; es geht weniger um sichtbare Fortschritte als um das Schaffen eines sicheren Raums für Selbstausdruck und Interaktion.

Minimalistische Reize setzen
Viele Kinder mit ASS reagieren empfindlich auf sensorische Überstimulation. Daher kann der Einsatz von Musik, Rhythmus oder Instrumenten überwältigend wirken und auch zu viel sein. Es ist wichtig, herauszufinden, wie wenig Stimuli notwendig sind, um einen Kontakt herzustellen – und oft ist weniger mehr. Ein behutsamer, schrittweiser Ansatz ermöglicht es der Klientin, sich an die Therapie zu gewöhnen und Vertrauen aufzubauen.

Durch die Tanztherapie lernen Kinder und Jugendliche mit ASS, ihren Körper bewusster wahrzunehmen und zu kontrollieren. Dies kann ihnen helfen, sich auf Berührungen einzulassen und aktiv an der Gestaltung ihrer Bewegungen teilzunehmen. Die Entwicklung eines positiven Körpergefühls kann dazu beitragen, das Selbstbewusstsein zu stärken und die Fähigkeit zur Selbstregulation zu verbessern.

5.3.3 Herausforderungen und Lösungsansätze

Eine der größten Herausforderungen in der tanztherapeutischen Arbeit mit Kindern und Jugendlichen im Autismus-Spektrum ist die Schwierigkeit, in Beziehung zu treten. Viele Kinder reagieren nicht auf die Therapeutin, vermeiden Blickkontakt oder zeigen kein Interesse an Interaktion. Folgende Ansätze können helfen:

- Nutzung von Spezialinteressen des Kindes oder der Jugendlichen als Ausgangspunkt (z. B. Technik, Lichter, Tiere)
- Geduld und respektvoller Umgang mit individuellen Grenzen
- Schrittweise Annäherung über nonverbale Kanäle (z. B. Geräusche, Rhythmen)
- Anpassung der Umgebung zur Reduzierung von sensorischer Überlastung (Kestenberg Amighi et al., 2018).

Tanztherapie bietet vielfältige Möglichkeiten, um Kinder und Jugendliche im Autismus-Spektrum in ihrer Entwicklung zu unterstützen. Durch den Fokus auf nonverbale Kommunikation, Bewegung und kreative Ausdrucksformen können wichtige Fortschritte in den Bereichen soziale Interaktion, Kommunikation und Selbstregulation erzielt werden. Es ist jedoch wichtig, die Interventionen individuell anzupassen und einen strukturierten, respektvollen Rahmen zu schaffen, der den spezifischen Bedürfnissen von Klientinnen im Autismus-Spektrum gerecht wird.

5.3.4 Methoden und Interventionen

Tanztherapie hat sich als vielversprechende Methode für junge Menschen im Autismus-Spektrum erwiesen, da sie nonverbale Ausdrucksmöglichkeiten bietet und verschiedene Entwicklungsbereiche ganzheitlich fördert (Aithal et al., 2021).

Strukturierte Rituale

Routinen und Rituale spielen eine zentrale Rolle in der tanztherapeutischen Arbeit mit dieser Zielgruppe. Sie bieten Vorhersehbarkeit und Sicherheit.

Betroffene Kinder und Jugendliche zeigen oft ein starkes Bedürfnis nach Kontrolle über ihre Umgebung, was sich in verschiedenen Bereichen äußern kann, wie z. B. der Regulierung von Licht, Geräuschen, Musik oder den Abläufen in einer Tanztherapiestunde. Dies ist häufig ein Versuch, Unsicherheiten und Überforderung zu vermeiden, da viele Klientinnen empfindlicher auf sensorische Reize reagieren. Ihre Neigung, alles selbst zu bestimmen, kann dazu dienen, ein Gefühl der Sicherheit und Vorhersagbarkeit zu schaffen, was ihnen in einer Welt, die häufig als chaotisch oder unstrukturiert wahrgenommen wird, Halt gibt.

Es ist daher besonders wichtig, eine klare Struktur und verlässliche Rituale in der Tanztherapie zu etablieren, die den Klientinnen eine gewisse Kontrolle ermöglichen, ohne dass sie sich durch die Unvorhersehbarkeit der Situation überfordert fühlen. Rituale schaffen Vertrauen, fördern das Sicherheitsgefühl und ermöglichen Kindern und Jugendlichen, sich auf die therapeutischen Prozesse einzulassen. Gerade bei dieser Zielgruppe ist es von großer Bedeutung, die Balance zwischen Struktur und Flexibilität zu finden, um den spezifischen Bedürfnissen gerecht zu werden.

Praxisbeispiel. „Hallo im Kopfstand“: Eine fixe Begrüßungsbewegung oder eine gemeinsame Bewegung wie das Reichen eines Balls oder das gemeinsame Einschalten aller Lichter schafft Wiedererkennung und Vertrauen. Ein mögliches Begrüßungsritual ist die gestische Begrüßung, etwa durch einen Händedruck oder ein High-Five. Der Kontakt sollte dabei immer auf die Bedürfnisse und Komfortzone der Klientin abgestimmt sein, um Stress zu vermeiden. In der Tanztherapie kann dies eine wertvolle Möglichkeit sein, nonverbale Kommunikation zu fördern und gleichzeitig ein strukturiertes Element in den Sitzungsbeginn zu integrieren. Die Verwendung von farbigen Lichtern oder das Einschalten einer bestimmten Musik zu Beginn der Sitzung kann ebenfalls ein effektives Ritual darstellen. Kinder und Jugendliche im Autismus-Spektrum reagieren oft positiv auf visuelle und akustische Reize. Auch eine festgelegte Handbewegung oder ein Symbol, wie etwa ein bestimmtes Handzeichen oder eine Geste, kann als Begrüßung dienen. Die Klientin lernt, dass diese Bewegung mit dem Beginn der Sitzung verknüpft ist. Manche Kinder und Jugendliche reagieren wiederum positiv auf sanfte Berührungen (wichtig: erst einsetzen, wenn die Klientin bereits bekannt ist!). Ein Ritual wie das leichte Berühren der Schultern oder der Hände, oder das gemeinsame Abklopfen des Körpers, kann Kindern und Jugendlichen ein Gefühl von Sicherheit vermitteln, ohne dass sie mit direkter körperlicher Nähe überfordert werden. Auch hier ist es wieder wichtig, auf die Bedürfnisse der Klientinnen zu achten und sicherzustellen, dass die Berührung angenehm und nicht als aufdringlich empfunden wird. Zuletzt kann auch ein kleiner Tanz oder eine einfache Bewegungssequenz eine gute Möglichkeit sein, das Begrüßungsritual zu gestalten. Zum Beispiel könnte ein kurzes Schwingen der Arme oder ein sanftes Drehen als Begrüßung eingesetzt werden. Diese Bewegung hilft nicht nur, den

Fokus auf den Körper zu lenken, sondern bietet außerdem eine nonverbale und spielerische Möglichkeit, die Interaktion zu beginnen.

Solche Bewegungsroutinen können den Klientinnen ein Gefühl von Selbstbewusstsein und Freude vermitteln, und erleichtern den Übergang in die Therapie.

Praxisbeispiel. „Visualisiertes Therapie-Ich": Eine weitere effektive Methode, um Struktur und Vorhersehbarkeit zu gewährleisten, ist der Einsatz von Bildkarten, Flipchart-Plakaten oder Visualisierungsboards, die die einzelnen Therapieschritte aufzeigen. Dies könnte beispielsweise eine bildhafte Darstellung der Begrüßung, der Bewegungsphase und des Abschlusses der Sitzung umfassen. Die Tanztherapeutin könnte zu Beginn der Sitzung ein Visualisierungsboard verwenden, auf der die wesentlichen Phasen der Stunde dargestellt sind – etwa ein Bild von einem „Begrüßungstanz", ein Bild für „freies Tanzen" oder „Bewegungssequenzen" und ein weiteres für „Abschlussrunde" oder „Abschied". Für jedes Element der Tanztherapie können Bilder oder Symbole erstellt werden. Diese bildlichen Darstellungen helfen den Klientinnen, genau zu verstehen, was als Nächstes passiert, und verringern die Ungewissheit, die sie möglicherweise mit Übergängen oder Veränderungen in der Routine verbinden. Insbesondere bei Kindern und Jugendlichen, die Schwierigkeiten mit der Selbstregulation und dem Verständnis von Abläufen haben, unterstützt eine solche Visualisierung dabei, eine strukturierte und beruhigende Umgebung zu schaffen. Ein weiteres nützliches Hilfsmittel könnte eine visuelle Zeitlinie oder Uhr sein, die den Klientinnen anzeigt, wie viel Zeit noch für jede Aktivität bleibt. Zusätzlich könnte die Tanztherapeutin die Kinder auch aktiv in den Auswahlprozess der Visualisierungen einbeziehen. Dies könnte durch die Wahl von Symbolen oder Bildern geschehen, die den einzelnen Phasen der Stunde zugeordnet werden. Eine solche Partizipation stärkt das Gefühl der Kontrolle und Verantwortung.

Diese Methode fördert nicht nur die Aufmerksamkeit und Konzentration, sondern trägt auch dazu bei, Ängste und Unsicherheiten zu reduzieren, die bei Übergängen oder Unvorhersehbarkeiten entstehen können. Durch die Integration visueller Hilfsmittel erhalten Kinder und Jugendliche im Autismus-Spektrum wertvolle Unterstützung, um ihre Selbstregulation, soziale Interaktion und Kommunikationsfähigkeiten zu verbessern und ein besseres Gefühl von Kontrolle und Vertrauen zu entwickeln.

Integration von Spezialinteressen

Ein weiterer wichtiger Aspekt in der Arbeit mit Kindern und Jugendlichen im Autismus-Spektrum ist die Berücksichtigung ihrer speziellen Interessen. Viele Klientinnen entwickeln intensive Spezialinteressen, die oft technischer Natur sind, wie etwa Roboter, Computer oder bestimmte Maschinen. Diese Interessen können als Ansatzpunkte in der Tanztherapie genutzt werden, um das Engagement der Klientinnen zu fördern und sie aktiv in den therapeutischen Prozess einzubinden. Zum Beispiel kann die Tanztherapie Bewegungen und Rhythmen verwenden, die an die Dynamik von Maschinen oder Technologie erinnern, um so das Interesse der Kinder und Jugendlichen an Technik mit kreativen Ausdrucksformen zu verbinden. Geräusche und Musik können ebenfalls auf diese Themen abgestimmt werden, indem technische Geräusche oder rhythmische Klänge integriert werden, die mit den Spezialinteressen resonieren. Auf diese Weise wird das Gefühl der Kontrolle und der Verbindung zu ihren speziellen Interessen verstärkt, was die Klientinnen motiviert, sich aktiv in den Tanztherapieprozess einzubringen. Der Einsatz von Technologie, wie etwa der Einbindung von Apps, Tanzmatten oder kleinen Gerätschaften zur visuellen oder auditiven Unterstützung, kann ebenfalls hilfreich sein, um Kindern und Jugendlichen eine zusätzliche Ebene der Kontrolle zu bieten und die sensorische Erfahrung zu steuern.

Praxisbeispiel. „Lichter zum Leben ertanzen": Zu Beginn der Sitzung bereitet die Tanztherapeutin den Raum mit verschiedenen Materialien vor, die eine Kombination aus Licht und Bewegung ermöglichen. Dies könnte die Verwendung von LED-Leuchten, Dimmern, Farbfiltern oder Lichtprojektionen umfassen, die den Raum in unterschiedliche Stimmungen tauchen können (Abb. 5.2). Die Klientin erhält am Beginn der Stunde die Möglichkeit, die Kontrolle über den Raum und die Umgebung zu übernehmen. Sie darf selbst entscheiden, Lichter ein- und auszuschalten oder den Raum zu verdunkeln oder zu erhellen. Dieser Schritt fördert das Gefühl der Kontrolle und bietet eine gewisse Sicherheit. Anschließend beginnt die Tanztherapeutin, die Veränderung der Lichtquellen mit Bewegungen zu verknüpfen. Sie kann ihre eigenen Bewegungen auf die verschiedenen Lichteffekte oder Geräusche abzustimmen, um die Klientin zu ermutigen, sich in einer ähnlichen Weise zu bewegen. Als weiteren Schritt lädt die Tanztherapeutin die Klientin dazu ein, zu interagieren. Dies könnte durch ein Spiegeln der Bewegungen oder durch die Einladung zur gemeinsamen Bewegung im Raum geschehen. Die Lichter fungieren weiterhin als ein Stimulus, der den kreativen Ausdruck der Klientin fördert. Diese Interaktion stärkt die soziale Kommunikation und ermöglicht es der Klientin, emotionale Reaktionen auf verschiedene Sinneseindrücke zu zeigen.

Praxisbeispiel. „Bewegte Umwelt": Die Tanztherapeutin lädt eine jugendliche Klientin ein, den Begriff „Kontrolle" auf ihren eigenen Körper zu übertragen, indem sie selbstständig mit Bewegungen experimentiert, die diesen Prozess widerspiegeln. Ein möglicher Ansatz könnte sein, den Körper durch Bewegungen wie das „Ein- und Ausschalten" zu steuern. Zum Beispiel könnte die Klientin die Arme öffnen (was das Einschalten des Lichts symbolisiert) und sie dann wieder schließen (was das Ausschalten des Lichts nachahmt). Diese Übung zielt darauf ab, den Übergang zwischen Aktivität und Ruhe zu verdeutlichen, und thematisiert gleichzeitig den Kontakt nach innen und außen. Im weiteren Verlauf der Sitzung könnte die Tanztherapeutin alternative Bewegungssequenzen einführen, die den Wechsel

Abb. 5.2 Nutzung von Spezialinteressen: Durch die Integration unterschiedlicher Leuchtmittel in die Tanztherapie und die Übersetzung der Lichtfarben in Bewegung, kann auf kreative Weise Beziehung gestaltet werden

von Spannung und Entspannung oder von Aktivität und Ruhe darstellen. Diese Sequenzen helfen der Klientin, eine Verbindung zwischen ihren technischen Interessen (z. B. der Kontrolle von Licht oder Geräuschen) und ihrem körperlichen Ausdruck zu finden. Durch das Experimentieren mit verschiedenen Bewegungsformen lernt die Klientin, die Kontrolle über ihren eigenen Körper zu bewahren und gleichzeitig ihre sensorische Umgebung zu beeinflussen. Diese Übung fördert das Körperbewusstsein und trägt zur Selbstregulation bei, indem sie der Klientin die Möglichkeit gibt, aktiv mit ihrer Umwelt zu interagieren. Sie kann erleben, wie sie den Raum um sich herum durch ihre Bewegungen gestalten kann, was oft zu einer Beruhigung und einer vertieften Verbindung mit sich selbst führt. Indem die Klientin diese sensorische Kontrolle erlangt, wird nicht nur ihre körperliche Wahrnehmung gestärkt, sondern auch ihre Fähigkeit zur emotionalen Regulierung und zum kreativen Ausdruck gefördert.

Rhythmische Bewegungen und Musik

Klatschen oder Stampfen kann nicht nur helfen, ein Gefühl für Rhythmus zu entwickeln und Gruppenkoordination zu fördern, sondern auch dabei unterstützen, in Beziehung zu treten. So stärken beispielsweise das Gehen auf Trommelschläge oder das Nachahmen von Klängen durch Bewegung die sensorische Integration und das Körpergefühl.

Rhythmische Aktivitäten können die Aufmerksamkeitsspanne erhöhen und motorische Fähigkeiten verbessern (Pontone et al., 2020), etwa durch:

- einfache, wiederholende Bewegungsmuster,
- Verwendung von Rhythmusinstrumenten,
- Kombination von Bewegung und Klang.

Praxisbeispiel. „Instrumentale Selbstbestimmung": Der Raum wird mit verschiedenen Percussion-Instrumenten wie Trommeln, Klanghölzern, Rasseln und Becken ausgestattet, die an verschiedenen Stellen verteilt sind. Zu Beginn der Sitzung erklärt die Tanztherapeutin, dass die Klientin die Freiheit hat, zu entscheiden, welches Instrument sie ausprobieren möchte und wann sie damit spielen will. Sie wird dazu ermutigt, den Rhythmus selbst zu steuern und zu bestimmen, ob sie schnelle, langsame, laute oder leise Klänge erzeugen möchte. Sobald die Klientin ein Instrument auswählt, reagiert die Therapeutin auf den von ihr erzeugten Rhythmus, indem sie mit ihrem Körper die Schwingungen des Klangs spiegelt. Die Bewegung der Therapeutin wird dabei an den Rhythmus und die Dynamik des Klanges angepasst, was eine fließende Interaktion zwischen beiden erzeugt. Die Klientin behält die Kontrolle über das Tempo und die Bewegung und hat die Möglichkeit, jederzeit das Tempo zu ändern oder das Instrument zu wechseln.

Diese Vorgehensweise fördert das kreative Handeln der Klientin und stärkt ihre Selbstbestimmung. Sie wird dazu angeregt, entschlossene Entscheidungen zu treffen und ihre sensorische Wahrnehmung in den Prozess zu integrieren. Gleichzeitig entsteht eine kommunikative Verbindung zwischen Klientin und Therapeutin, die eine gemeinsame Erfahrung ermöglicht, bei der beide in Dialog treten (Abb. 5.3). Der Prozess fördert nicht nur das rhythmische Bewusstsein, sondern auch die körperliche Ausdruckskraft und die Interaktion mit der Umgebung, was zu einer stärkeren Selbstregulation und Koordination beiträgt.

Geräusche und Klopfen

Gerade für nonverbale Kinder können Geräusche und Klopfen wichtige Kommunikationsmittel sein, die auch dabei helfen, in Kontakt zu treten und entscheidend zur sensorischen Integration und kommunikativen Interaktion beitragen. Kinder und Jugendliche im Autismus-Spektrum haben oft eine unterschiedliche Verarbeitung und Reaktion auf sensorische Reize. Sie können entweder überempfindlich oder unterempfindlich auf Geräusche reagieren. Klopfen oder geräuschvolle Bewegungen bieten eine Möglichkeit, diese unterschiedlichen Wahrnehmungsprozesse gezielt anzusprechen. Die repetitive Natur von Klopfgeräuschen kann beruhigend wirken und die Klientinnen in ihrer sensorischen Wahrnehmung stabilisieren. Sie geben ihnen ein Gefühl der Verankerung und helfen dabei, sich im Raum zu orientieren. Das wiederholte Klopfen als rhythmische Bewegung kann dabei sowohl die körperliche Koordination als auch die Aufmerksamkeit fördern.

Das Einführen von Geräuschen und Klopfen in Bewegung kann auch die Impulskontrolle fördern. Kinder und Jugendliche im Autismus-Spektrum zeigen häufig impulsive Verhaltensweisen, die schwer zu regulieren sind. Indem sie lernen, ihren Bewegungen

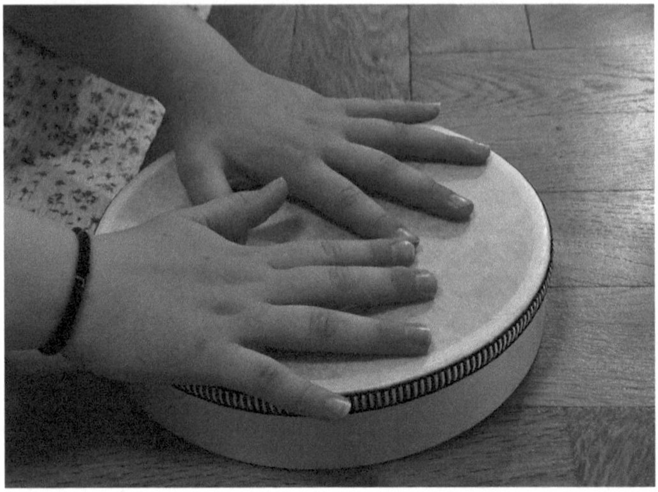

Abb. 5.3 Instrumente integrieren: Der Einsatz von Rhythmusinstrumenten bei Kindern und Jugendlichen mit ASS kann die kreative Selbstbestimmung fördern und eine nonverbale, dialogische Verbindung zwischen Klientin und Therapeutin schaffen. Die abgebildete Szene wurden von Kindern nachgestellt und zeigt keine echten Klientinnen oder deren Diagnosen

und Geräuschen durch Rhythmus und Koordination Struktur zu geben, üben sie, ihre Impulse zu kontrollieren. Wenn das Klopfen oder das Erzeugen von Geräuschen in einem klar strukturierten Kontext (z. B. zu Musik oder in vorgegebener Reihenfolge) eingebettet wird, können die Kinder und Jugendlichen außerdem auch ein besseres Gefühl für Timing, Druckkontrolle und Rhythmus entwickeln. Dies trägt zur Selbstregulation bei.

Praxisbeispiel. „Im Klopfton der Überzeugung“: Ein Kind klopft wiederholt mit den Fingern auf Möbel im Raum, ohne Interesse an einer Interaktion mit der Tanztherapeutin zu zeigen. Weder verbale Ansätze noch Bewegungsvorschläge werden beachtet oder aktiv aufgenommen. In dieser Situation beginnt die Therapeutin, den Klopfrhythmus des Kindes zu spiegeln und auf nonverbale Weise zu antworten, um ihm zu signalisieren, dass es wahrgenommen und in seinem Verhalten verstanden wird. Wenn das Kind auf die Resonanz der Therapeutin reagiert, kann diese Reaktion wiederum aufgegriffen und in eine weiterführende Bewegung übertragen werden. Durch diese dynamische Interaktion entsteht eine nonverbale Verbindung, die das Kind schrittweise dazu ermutigt, seine Bewegungen und Reaktionen auszudehnen und in einen gemeinsamen Bewegungsfluss einzutreten. So kann diese Intervention die emotionale Wahrnehmung des Kindes stärken und das Gefühl der Verbindung ohne verbale Kommunikation fördern.

Praxisbeispiel. „Über die Geräusch-Brücke“: Eine Klientin zeigt keine Reaktion auf Sprache oder Musik. So beginnt die Tanztherapeutin, alle Handlungen der Klientin mit passenden Geräuschen zu begleiten und sich dazu entsprechend zu bewegen. Zum Beispiel wird das Öffnen einer Tür mit einem knarrenden Geräusch und einer sanften Schwingbewegung des Körpers untermalt, oder das Streichen über eine Wand wird von einem surrenden Geräusch und einer fließenden Bewegung begleitet. Jede Aktion der Klientin wird von der Therapeutin bewusst mit einem klanglichen und bewegungstechnischen Feedback versehen, das eine gewisse Kohärenz und Kontinuität zwischen der Umgebung und der Klientin schafft. Diese gezielte, klangliche Resonanz hat zwei Hauptwirkungen: Erstens wird der Klientin signalisiert, dass sie wahrgenommen und verstanden wird, was zu einer inneren Beruhigung führen kann, da sie merkt, dass ihr Verhalten nicht ignoriert wird. Zweitens wird die Körpersprache der Klientin aktiviert. Oft reagieren Klientinnen auf diese Geräusche, indem sie die Bewegungen oder Geräusche der Therapeutin aufnehmen und nachahmen. Auf diese Weise entwickelt sich eine nonverbale Interaktion, die als Tür zur gemeinsamen Kommunikation dient. Im weiteren Verlauf der Sitzung kann die Tanztherapeutin die Klientin behutsam dazu einladen, die Geräusche oder Bewegungen selbst zu initiieren, wodurch eine noch tiefere Interaktion und Selbstständigkeit im Ausdruck gefördert wird. Dies stärkt nicht nur die sozial-emotionale Verbindung, sondern unterstützt die Klientin auch in ihrer Kreativität und körpersprachlichen Ausdruckskraft, die für die Entwicklung sozialer Fähigkeiten im Autismus-Spektrum von entscheidender Bedeutung sind.

Spiegeln von Bewegungen

In der Tanztherapie mit Kindern und Jugendlichen aus dem Autismus-Spektrum hat sich auch das Spiegeln von Bewegungen als besonders wirkungsvolle Methode zur Förderung von Kontakt und Interaktion bewährt. Dabei ahmt die Therapeutin gezielt die Bewegungen des Kindes bzw. der Jugendlichen nach. Diese Technik kann nachweislich die nonverbale Kommunikation sowie die soziale Interaktion verbessern. Praxisbeispiele zeigen, dass das Spiegeln nicht nur die Aufmerksamkeit und den Blickkontakt fördert, sondern auch das Körperbewusstsein und das Selbstvertrauen stärkt. Insgesamt trägt diese Methode wesentlich zur Verbesserung der zwischenmenschlichen Kommunikation bei (Aithal et al., 2021).

Praxisbeispiel. „Miniatur-Spiegeltanz“: Eine fünfjährige Klientin mit frühkindlichem Autismus zeigt wenig bis keinen Blickkontakt, vermeidet soziale Interaktion und nutzt keine verbale Kommunikation. Ihr Bewegungsmuster ist häufig repetitiv, etwa durch Schaukeln oder Flattern der Hände. Die Tanztherapeutin kann behutsam ansetzen, indem sie diese Bewegungen in Geschwindigkeit, Intensität und Rhythmus präzise spiegelt. Selbst wenn die Klientin nicht aktiv hinsieht, nimmt sie oftmals mehr wahr, als es den Anschein hat. Bereits eine minimale Reaktion – etwa eine subtile Veränderung in der Fingerbewegung oder der Ausrichtung im Raum – kann ein erster Hinweis auf Kontaktaufnahme sein. In der tanztherapeutischen Arbeit ist es essenziell, solche feinen Bewegungsnuancen bewusst wahrzunehmen und aufzugreifen. Durch dieses sensible Eingehen entsteht ein nonverbales Miteinander, in dem sich das Kind gesehen und verstanden fühlt. Sobald sich die Interaktion intensiviert und eine erste Verbindung spürbar wird, kann die Therapeutin auch spielerisch neue Bewegungsmuster einführen, die soziale Reaktionen anregen. Besondere Aufmerksamkeit gilt dabei dem individuellen Tempo und der Bewegungsintensität des Kindes. Ein behutsames, nicht forciertes Vorgehen ist entscheidend – insbesondere in Bezug auf Blickkontakt, der sich, wenn überhaupt, nur aus einer inneren Motivation des Kindes heraus entwickeln sollte. Diese Intervention nutzt die Kraft der Synchronisation zur Förderung der sozialen Interaktion und schafft einen geschützten Raum für erste Schritte in der Kontaktaufnahme.

Praxisbeispiel. „Asperger Spiegelkabinett": Eine Gruppe von sechs Jugendlichen im Alter von 14 bis 16 Jahren mit Asperger-Syndrom arbeitet gezielt an der Verbesserung sozialer Interaktion durch Bewegung. Sie zeigen häufig Schwierigkeiten im Verständnis nonverbaler Signale, spontaner Kommunikation sowie in der Perspektivenübernahme. Zu Beginn der Übung werden die Jugendlichen in Zweiergruppen eingeteilt. Eine Partnerin übernimmt zunächst die Rolle der führenden Person und initiiert eine einfache Bewegung, beispielsweise sanftes Kreisen der Arme. Die zweite Person spiegelt diese Bewegung so präzise wie möglich. Nach einigen Minuten erfolgt ein Rollenwechsel. Im nächsten Schritt dürfen die Jugendlichen die Bewegungen variieren oder spielerische Impulse einbringen (z. B. ein plötzlicher Richtungswechsel oder eine verlangsamte Bewegung) oder eine improvisierte „Dialogform" integrieren (eine Jugendliche beginnt eine Bewegung, die andere antwortet mit einer eigenen Variation). Für die Tanztherapeutin ist es entscheidend, eine klare, vorhersehbare Struktur zu gewährleisten und neue Elemente behutsam einzuführen. Sie sollte die Klientinnen ermutigen, sich aktiv auf den Prozess einzulassen, und gleichzeitig unterstützende Impulse geben. Da viele Jugendliche mit Asperger-Syndrom dazu neigen, Bewegungen eher mechanisch zu spiegeln, ist es sinnvoll, sie behutsam dazu anzuregen, auch emotionale Ausdrucksformen einzubeziehen. Gleichzeitig ist es wichtig, den Fokus bewusst auf die Bewegung als Kommunikationsmittel zu lenken, ohne dabei Blickkontakt zu forcieren. Nach der praktischen Übung kann eine strukturierte Reflexion erfolgen. Fragen wie „Wie hat sich das Spiegeln angefühlt?", „Was war herausfordernd?" oder „Gab es Überraschungen?" ermöglichen es den Jugendlichen, ihre Erfahrungen zu verbalisieren und bewusster wahrzunehmen.

Diese Intervention trägt zur Verbesserung der sozialen Wahrnehmung, zur Förderung von Empathie und zur Entwicklung der Fähigkeit zur Perspektivenübernahme bei. Darüber hinaus unterstützt sie die Selbst- und Fremdwahrnehmung, während die schrittweise, feinfühlige Annäherung an soziale Interaktion hilft, Ängste in diesem Bereich abzubauen. Der Prozess des Spiegelns ermöglicht es den Jugendlichen, sich auf einer nonverbalen Ebene verstanden und wahrgenommen zu fühlen, was das Vertrauen in zwischenmenschliche Begegnungen stärken kann.

Improvisation mit kreativen Medien

Improvisation kann eine wertvolle Komponente der Tanztherapie bei ASS sein, muss jedoch sorgfältig eingeführt und strukturiert werden. Dabei ist es wichtig, mit einfachen, geleiteten Improvisationsübungen zu starten und Kinder und Jugendliche nach und nach zur Exploration innerhalb eines sicheren Rahmens zu ermutigen. Komplexität und Freiheit können schrittweise gesteigert werden.

Die Improvisation wird durch die Verwendung von kreativen Medien wie Tüchern oder Bällen erleichtert. Diese unterstützen dabei, die Aufmerksamkeit zu fokussieren und Interaktion und kreatives Spiel zu fördern. Das gemeinsame Schwingen eines Tuchs kann etwa zur Kooperation und synchronisierter Bewegung sowie zur Freude an der Bewegung beitragen.

Praxisbeispiel. „Am Schwingfestival“: In einer tanztherapeutischen Gruppe kommen Tücher oder Schals zum Einsatz, um die Klientinnen darin zu unterstützen, freie Bewegungen zu entdecken. Die Tanztherapeutin führt die Gruppe in verschiedene Bewegungsqualitäten ein, die den Umgang mit den Tüchern auf kreative Weise anregen: etwa sanftes Schweben, plötzliches Flattern, kräftiges Peitschen oder langsames Schwingen. Diese unterschiedlichen Bewegungen fordern die Kinder und Jugendlichen heraus, ihre eigenen Ausdrucksmöglichkeiten und ihre Kreativität zu erkunden. Das Tuch wird zu einem Katalysator für Selbstentfaltung und gemeinsames Erleben, da es den Klientinnen durch seine physische Präsenz und seine Bewegungsqualitäten hilft, ihre Emotionen und Körperwahrnehmung auf neue Weise auszudrücken. Sie werden ermutigt, im Raum zu experimentieren, die Tücher in unterschiedlichen Geschwindigkeiten und mit variierenden Intensitäten zu bewegen und dadurch ihren eigenen Rhythmus und Körperausdruck zu finden. In Gruppeninteraktionen (im Paar, in Kleingruppen und in der ganzen Gruppe) können die Kinder und Jugendlichen lernen, sich aufeinander abzustimmen, die Bewegungen der anderen wahrzunehmen, in Kontakt zu treten und darauf zu reagieren, wodurch Empathie und gemeinsames Erleben gefördert werden.

Diese Intervention unterstützt nicht nur den kreativen und körperlichen Ausdruck, sondern auch die Entwicklung von Teamarbeit und Kommunikationsfähigkeiten, die für Kinder im Autismus-Spektrum oder mit anderen sozialen Schwierigkeiten besonders wertvoll sind. Das Spiel mit den Tüchern bietet zudem die Möglichkeit, die Selbstwahrnehmung zu stärken, indem die Klientinnen ihren Körper und ihre Bewegungen in einer sicheren und spielerischen Umgebung erkunden können.

Praxisbeispiel. „Ich mal mir die Welt…“: Eine Klientin wird eingeladen, ein Bild zu malen (Abb. 5.4). Sie kann sich dabei völlig frei ausdrücken, ohne Vorgaben oder Einschränkungen. Selbst wenn sie nur einfache Striche oder Formen auf das Papier bringt, ist dieser kreative Ausdruck ein wertvoller Moment des Selbsttuns und der Selbstwahrnehmung. Die Therapeutin betrachtet das Bild aufmerksam, ohne es zu bewerten, und übersetzt dann die verschiedenen Elemente des Gemalten in eine Bewegungssequenz. Dabei nimmt sie einzelne Striche, Formen oder Muster des Bildes als Ausgangspunkt und setzt sie in Bewegungen um. Ein gerader Strich könnte zum Beispiel durch eine gerade, zielgerichtete Bewegung des Körpers dargestellt werden, während ein Wirbel oder eine Spirale als eine geschwungene, sich drehende Bewegung in den Raum übertragen wird. Jede noch so kleine Nuance des Bildes wird von der Therapeutin achtsam in Bewegung übersetzt. So wird das Bild in den Raum und in die Zeit übertragen – es erhält also eine körperliche und zeitliche Dimension. Dieser Prozess vermittelt der Klientin das Gefühl, wahrgenommen und verstanden zu werden. Auch wenn die Zeichnung aus simplen Strichen besteht, erkennt sie, dass ihre Ausdruckskraft respektiert wird und dass das, was sie geschaffen hat, wertvoll ist. Dies stärkt das Selbstbewusstsein und fördert das Gefühl von Kontrolle und Kreativität. Die Klientin fühlt sich in ihrer Individualität anerkannt. In einem zweiten Schritt kann die Therapeutin der Klientin schließlich auch die Möglichkeit geben, auf ihre Bewegungen zu reagieren und so mit ihr in Interaktion zu treten.

Fallbeispiel: Lillis Tanztherapie-Reise

Farbe um Farbe, Ton um Ton.

Lisa geht durch den großen, hellen Therapieraum und wirft einen Blick zu Lilli, die in einer Ecke kauert. Die Sechsjährige hält sich die Ohren zu, die Knie eng an den Körper gezogen. Ihre großen Augen mustern den Raum immer wieder misstrauisch, doch sie vermeidet jeglichen Blickkontakt. Schon seit drei Einheiten versucht Lisa, mit

Abb. 5.4 Bildgestaltung nach Bewegung: Beispiel für eine in der Tanztherapie entstandene Zeichnung einer Klientin mit ASS

Lilli in Kontakt zu kommen. Aber Lilli bleibt in ihrer eigenen Welt, fernab von den spielerischen Tanzangeboten, die Lisa ihr macht.

„Vielleicht hilft ihr ihre Lieblingsmusik?“ schlägt Lillis Mutter vor. Sie hält ihr Handy bereit, sichtlich bemüht, den Prozess zu steuern. "Zu Hause tanzt sie immer dazu."

Lisa kennt diesen gut gemeinten Vorschlag bereits. Doch sie hat schnell gemerkt: In der Therapie funktioniert das nicht. Kaum ertönt die Musik, dreht sich Lilli abrupt weg, presst sich fester in die Ecke. Ihre kleinen Hände klammern sich an den Stoff ihres Pullovers, als wolle sie sich unsichtbar machen.

Lisa schaltet die Musik aus. Sie spürt den Druck von Lillis Mutter, die am Rand des Raumes steht und angespannt beobachtet. „Sie tanzt doch immer!“, murmelt sie enttäuscht.

Aber hier ist es anders, denkt Lisa. In diesem Raum, mit all den Erwartungen, fühlt sich Lilli nicht sicher genug, um sich zu bewegen. Also versucht Lisa etwas Neues. Sie schickt Lillis Mutter aus dem Raum und setzt sich einfach auf den Boden, ohne Lilli anzusehen, ohne etwas zu sagen. Sie wartet.

Zeit vergeht. Zeit, in denen Lilli schweigt, in denen sie flüchtet, in denen sie den Raum kontrolliert, die Lichter ein- und ausschaltet, Türen öffnet und schließt. Doch dann fällt Lisa etwas auf: Lilli experimentiert immer wieder mit einer Lampe, die verschiedene Lichtfarben hat. Immer in derselben Reihenfolge wechselt sie die Farben: Rot. Blau. Grün. Gelb.

Lisa nimmt diesen Rhythmus auf. Bei Rot macht sie sich groß und bewegt sich langsam. Bei Blau stampft sie kräftig mit den Füßen. Bei Grün tanzt sie leichtfüßig wie eine Fee. Bei Gelb legt sie sich auf den Boden, schließt die Augen und „schläft“. Sie sagt nichts. Sie lässt die Bewegung für sich sprechen.

Dann passiert es. Lilli stoppt. Sie sieht zu Lisa hinüber. Noch ein Wechsel der Farben. Rot. Blau. Grün. Gelb. Und diesmal? Diesmal bewegt sich Lilli mit. Erst ein kleiner Impuls, ein kurzes Zucken ihres Fußes. Dann hebt sie die Arme, stampft mit, rollt sich schließlich auf den Boden und kuschelt sich an Lisa. Ihre Anspannung fällt ab. Und Lisa weiß: Das ist der Moment. Sie haben ein gemeinsames Ritual gefunden.

Doch die Therapie verläuft nicht linear. Manche Stunden bringen Fortschritte, andere fühlen sich an wie ein Rückschritt. An vielen Tagen läuft Lilli nur ziellos umher, will zu ihrer Mutter, öffnet Fenster, spielt mit der Asche des Kachelofens. An anderen Tagen entdeckt sie Neues. Wie an jenem Tag in der zehnten Tanztherapie-Einheit, als sie Lisas kleinen Bluetooth-Lautsprecher findet, dessen Knöpfe unterschiedliche Töne produzieren können.

Lisa bleibt ruhig. Sie beobachtet. Als Lilli beginnt, die Knöpfe auf dem Gerät zu drücken und verschiedene einfache Töne erklingen, lässt Lisa sich davon inspirieren.

Sie bewegt sich zu jedem Ton anders: mal klein und geduckt, mal hoch und weit, mal wie ein verspielter Kobold. Und Lilli? Sie schaut. Sie lacht. Und dann? Dann beginnt sie selbst, Klänge bewusst auszuwählen, um Lisas Bewegung zu steuern. Ein Spiel entsteht. Eine Verbindung.

Mit jeder Stunde entdeckt Lisa neue Seiten an Lilli. Mal ist sie ganz in sich gekehrt, dann wieder voller Entdeckungsfreude. Sie findet Gefallen daran, Muster und Abläufe zu wiederholen. Besonders liebt sie es, wenn Lisa bestimmte Geräusche zu ihren Handlungen macht. Ein Scharren für das Fensteröffnen, ein leises Summen, wenn Lilli die Lichter dimmt, ein dumpfes Klopfen, wenn sie eine Tür schließt. Lilli beginnt zu lachen, fordert die Geräusche gezielt ein und gibt sogar eigene Laute von sich. Lisa erkennt, dass hier der Schlüssel liegt: Rhythmus, Struktur und Wiederholung.

In der vierzehnten Stunde geschieht etwas Besonderes: Lilli erlaubt erstmals (klassische) Musik in der Therapie. Sie ist es, die sie ein- und ausschaltet, die sie immer wieder stoppt. Sie bestimmt. Sie gibt sich Raum. Und sie geht in Kontakt. Sie berührt Lisa sanft, nimmt ihre Hand, legt sich an sie. Ein Moment der Nähe, der Geborgenheit.

Am Ende liegen sie beide am Boden. Lilli sieht Lisa an und flüstert: „Weg“. Ein Wort, das Lisa sonst nur in Protestmomenten von ihr gehört hat und bisher bedeutete, dass Lisa die Musik oder sich selbst entfernen sollte. Doch diesmal klingt es anders. Lisa versteht: Lilli braucht eine Pause, ein Signal zum Loslassen. Sanft streicht sie ihr über die Schulter und sagt leise: „Ja. Wir können einfach nur liegen.“

Lisa atmet tief durch. Dies ist Lillis Weg. Kein linearer Fortschritt, sondern eine Spirale aus Rückzug, Annäherung, Kontrolle und Loslassen. Und Lisa begleitet sie – Schritt für Schritt, Ton für Ton, Farbe für Farbe.◀

Die Geschichte von Lilli zeigt, warum Tanztherapie für Kinder und Jugendliche im Autismus-Spektrum so wertvoll ist. Sie bietet einen Raum, in dem sich junge Menschen ohne sprachlichen Druck ausdrücken und in ihrem eigenen Tempo in Beziehung treten können. Durch Bewegungsrituale, sensorische Reize und das sensible Aufgreifen individueller Muster entsteht eine Brücke zur inneren Welt der Kinder und Jugendlichen. Tanztherapie ermöglicht es, Struktur und Freiheit zu verbinden – ein sicherer Rahmen, in dem Klientinnen Kontrolle über ihre Umgebung gewinnen und sich gleichzeitig für Neues öffnen können. Lilli fand in der Therapie nicht nur Ausdruck für ihre Bedürfnisse, sondern auch einen Weg, Kontakt zu gestalten – auf ihre Weise, in ihrem Rhythmus. Ihre Geschichte verdeutlicht, dass echte Verbindung nicht durch äußere Vorgaben entsteht, sondern durch das feinfühlige Annehmen dessen, was die Klientin uns zeigt.

5.4 Kinder und Jugendliche mit Verhaltensauffälligkeiten und Belastungsstörungen

Auch emotionale Verhaltensauffälligkeiten wie gesteigerte Angst, Reizbarkeit, emotionale Dysregulation oder Rückzug haben in den letzten Jahren zugenommen. Viele junge Menschen leiden vermehrt unter Angststörungen. Darüber hinaus kommt es immer häufiger zur Schulverweigerung. Dabei handelt es sich um ein vielschichtiges Phänomen, das nicht nur das Bildungssystem, sondern die Gesellschaft als Ganzes betrifft. Warum aber nehmen Verhaltensauffälligkeiten und somatische Belastungen immer mehr zu?

An erster Stelle stehen auch hier die gesteigerten psychischen Belastungen. Ein hoher Druck durch Schule, Familie oder soziale Medien kann diese Probleme verstärken. Kinder und Jugendliche sind oft dem Gefühl ausgesetzt, ständig „funktionieren" zu müssen, was zu Überlastung führt. Sie stehen unter Stress, gute Noten zu erzielen, während Lehrende, Eltern und auch die Schülerinnen selbst immer höhere Erwartungen an ihre schulische Leistung stellen. Darüber hinaus erhöhen digitale Medien den Druck durch Vergleiche mit anderen.

Zusätzlich können soziale Isolation und Mobbing in der Schule zu starken Ängsten führen, sodass Schülerinnen das Klassenzimmer als feindlichen Ort wahrnehmen. Darüber hinaus stehen viele Familien durch die Teuerungswelle auch unter wirtschaftlichem Druck, was mit geringeren Ressourcen für Kinder und Jugendliche einhergeht. Zerbrochene Familienstrukturen, emotionale Vernachlässigung oder eine hohe Konfliktdichte im Elternhaus verstärken das Risiko weiter (Petermann & Petermann, 2017). Die Ängste, die sich bei Kindern und Jugendlichen entwickeln, sind oft vielschichtig. Sie reichen von sozialen Ängsten über Versagensängste bis hin zu diffusen Ängsten vor Überforderung, Kontrollverlust oder dem Verlust nahestehender Personen.

Gerade in solchen Fällen ist körperzentrierte Therapie wie Tanztherapie von unschätzbarem Wert. Denn wenn Worte fehlen, wenn die Psyche sich über den Körper ausdrückt, braucht es auch einen Zugang, der genau diesen Körper wieder ins Erleben und in die Selbstwahrnehmung zurückholt. Bewegte Verfahren schaffen Räume, in denen Sicherheit spürbar wird – nicht abstrakt, sondern konkret und leiblich erfahrbar. Kinder und Jugendliche können hier wieder erleben, dass sie Kontrolle über sich und ihre Bewegungen haben. Sie lernen, den Signalen ihres Körpers zu vertrauen, und entwickeln ein neues Gefühl für Grenzen, Bedürfnisse und Selbstwirksamkeit.

Indem sie sich im geschützten Rahmen ausdrücken dürfen – nonverbal, kreativ, mit Bewegungen, die aus dem Inneren kommen –, entsteht ein Zugang zu Emotionen, die bisher keinen Raum finden durften. So kann Heilung beginnen – nicht über das Reden über das Problem, sondern durch das unmittelbare Erleben mit dem ganzen Selbst.

5.4.1 Was sind somatische Belastungsstörungen?

Somatische Belastungsstörungen bei Kindern und Jugendlichen äußern sich durch körperliche Beschwerden, für die sich keine ausreichende medizinische oder organische Ursache finden lässt. Stattdessen entstehen diese Symptome im Kontext psychischer Belastungen, innerer Konflikte oder chronischer Überforderung. Die Beschwerden sind jedoch keineswegs „eingebildet", sondern real und oft mit großem Leidensdruck verbunden. Körper und Psyche bilden hier eine untrennbare Einheit – die psychische Not findet Ausdruck über den Körper (Resch, 2019).

Typische Symptome sind wiederkehrende *Kopfschmerzen, Bauchschmerzen, Schlafstörungen, chronische Müdigkeit oder Appetitlosigkeit.* Auch funktionelle Lähmungserscheinungen – das heißt: Bewegungsstörungen ohne nachweisbaren neurologischen Befund – können auftreten. Häufig begleiten diese körperlichen Symptome psychische Reaktionen wie Ängste, depressive Verstimmungen oder starke emotionale Instabilität (Resch, 2019). Die Auswirkungen auf den Alltag der betroffenen Kinder und Jugendlichen sind oftmals erheblich: Schulabsentismus, sozialer Rückzug, Leistungsabfall und Isolation sind keine Seltenheit.

In vielen Fällen liegen die Beschwerden auf der Ebene des „Alltäglichen" – etwa in Form von chronischen Kopfschmerzen oder Bauchschmerzen, die sich medizinisch nicht eindeutig erklären lassen. Gerade solche Symptome stehen häufig in engem Zusammenhang mit schulischen oder familiären Belastungen, Mobbing, Leistungsdruck oder ungelösten emotionalen Konflikten (Petermann & Petermann, 2017). Schulverweigerung ist dabei oft keine bewusste Entscheidung, sondern eine unbewusste Schutzreaktion des Körpers, der signalisiert: Ich kann nicht mehr.

Auch psychisch bedingte Phänomene wie motorische oder verbale *Tics, Zwangshandlungen oder ausgeprägte Angststörungen* können somatoforme Anteile haben. Diese Symptome verschärfen sich meist unter psychischem Stress und sind Ausdruck eines inneren Spannungszustands, für den das Kind oder die Jugendliche keine regulierende Strategie zur Verfügung hat (Phil et al., 2011).

Ein besonders eindrückliches und gleichzeitig extremes Beispiel für eine somatische Belastungsreaktion ist die sogenannte *psychosomatische Lähmung.* In solchen Fällen verlieren Kinder oder Jugendliche plötzlich und ohne medizinisch erklärbaren Grund die Fähigkeit, bestimmte Körperteile zu bewegen – etwa die Beine oder Arme. Auch Sprache oder Mimik können betroffen sein. Diese dramatischen Symptome treten häufig im Zusammenhang mit schweren emotionalen Belastungen, traumatischen Erlebnissen oder Gewalterfahrungen auf, beispielsweise bei Vernachlässigung oder sexuellem Missbrauch (Blanz et al., 2005). Hier zeigt sich besonders deutlich, wie stark seelische Verletzungen über den Körper ausgedrückt werden können.

5.4.2 Methoden und Interventionen

Tanztherapeutische Interventionen helfen Kindern und Jugendlichen mit psychosomatischen Störungen, ihren Körper als Ausdrucks- und Regulationsmittel zu nutzen. Sie können in Einzel- oder Gruppensettings angewandt werden, je nach Symptomatik und Therapiebedarf.

Rhythmus- und Strukturtänze

Eine Möglichkeit in der therapeutischen Begleitung von Kindern und Jugendlichen mit psychosomatischen Störungen ist die Arbeit mit Rhythmus und Struktur. Rhythmus wirkt dabei nicht nur auf der körperlichen, sondern auch auf der emotionalen und neurophysiologischen Ebene regulierend und stabilisierend. Gerade bei jungen Menschen, die unter somatischen Belastungsstörungen, emotionaler Dysregulation oder Impulskontrollproblemen leiden, kann rhythmisch strukturierte Bewegung einen heilsamen Rahmen schaffen.

Kinder und Jugendliche mit psychosomatischen Symptomen erleben sich häufig als innerlich chaotisch, überfordert oder nicht „im Takt" mit ihrer Umgebung. Ein regelmäßiger, klarer Rhythmus kann dabei helfen, Orientierung und Struktur zu geben – sowohl körperlich als auch emotional. Er vermittelt Sicherheit, Vorhersehbarkeit und Wiederholung – genau das, was dysregulierte Nervensysteme brauchen, um sich zu beruhigen. Das rhythmische Bewegen kann außerdem helfen, innere Spannungen abzubauen und in eine Form der aktiven Regulation zu überführen – besonders wertvoll bei psychosomatisch bedingten Spannungszuständen, wie z. B. funktionellen Schmerzen, Tics oder Unruhe.

Darüber hinaus erfordert das Einhalten eines gemeinsamen Rhythmus Aufmerksamkeit, Kontrolle über Bewegungsimpulse und das Wahrnehmen von Pausen. Dadurch wird die exekutive Funktion – also das bewusste Steuern von Handlungen – spielerisch und körpernah geschult. Gerade bei Kindern und Jugendlichen, die impulsiv oder schnell überfordert reagieren, ist das eine wertvolle Übung, um wieder Handlungsspielraum zu gewinnen.

So verlagert die rhythmische Bewegung die Aufmerksamkeit weg vom Symptom – also dem Schmerz, der Lähmung oder der Erschöpfung – hin zu einer aktiven, positiveren Körpererfahrung. Damit wird nicht das Leiden in den Mittelpunkt gestellt, sondern das, was geht – die Bewegung, das Gefühl von Lebendigkeit, der eigene Takt.

Praxisbeispiel. „Rhythmus-Safari": Die Tanztherapeutin nutzt Klatschrhythmen oder Trommelsequenzen, die zu Beginn nachgeahmt werden, um den Klientinnen ein Gefühl der Struktur und Vorhersehbarkeit zu vermitteln. Diese rhythmischen Elemente bieten den Kindern und Jugendlichen eine visuelle und akustische Unterstützung, um sich im Moment zu fokussieren. Im weiteren Verlauf der Übung können die Klatschrhythmen oder Trommelsequenzen variiert werden, indem die Kinder und Jugendlichen eigene Variationen in den Rhythmus einbringen oder den Rhythmus spontan ändern. Dieser spielerische Ansatz ermöglicht es ihnen, die Kontrolle über ihre eigenen Bewegungen und Impulse zu üben, indem sie lernen, sich an die strukturierte Taktung zu halten und dabei zu entscheiden, wann und wie sie Änderungen vornehmen möchten. Die rhythmische Struktur gibt den Klientinnen Sicherheit und Stabilität, die sie oft in ihrem Alltag vermissen, und fördert gleichzeitig ihre Konzentration.

Da gerade Kinder und Jugendliche mit Verhaltensauffälligkeiten häufig Schwierigkeiten haben, sich an feste Strukturen zu halten, ist es entscheidend, die Therapieeinheit behutsam und schrittweise aufzubauen, ohne zu hohe Erwartungen oder Anforderungen zu stellen. Zu rigide Vorgaben können *Widerstand* hervorrufen. Dieser Widerstand ist natürlich ein wichtiger Bestandteil des Prozesses und kann tanztherapeutisch genutzt werden, doch er lenkt die Sitzung in eine andere Richtung und könnte in Gruppensettings die anderen Klientinnen stören. In solchen Momenten ist die Haltung der Tanztherapeutin von zentraler Bedeutung. Sie sollte sowohl ihr kurzfristiges Ziel für jede Einheit klar vor Augen haben, als auch in der Lage sein, flexibel auf aufkommende Emotionen einzugehen. Es ist wichtig, diese entweder unmittelbar zu beruhigen oder in einem späteren Moment zu bearbeiten. Ein fundiertes Verständnis der psychophysischen Entwicklungsprozesse von Kindern und Jugendlichen ist in diesem Kontext unerlässlich.

Praxisbeispiel. „Im Takt der Impulse“: Eine weitere Möglichkeit, Impulskontrolle in der Tanztherapie zu fördern, ist die Arbeit mit rhythmischen Bewegungssequenzen. In diesem Ansatz startet die Therapeutin mit einer einfachen bewegten Sequenz (klarer Rhythmus!), die eine Gruppe von Jugendlichen zuerst nachahmen und später selbstständig variieren darf. Indem sie den Rhythmus in Bewegungen umsetzen, wird ihr Fokus auf die Struktur der Bewegung gelenkt, was eine Stabilität in einem ansonsten oft chaotischen emotionalen Zustand schafft. Die Variation zwischen schnellen und langsamen Bewegungen fördert nicht nur die Impulskontrolle, sondern auch die Konzentrationsfähigkeit und die Fähigkeit zur Selbstregulation. Bei Jugendlichen, die unter somatischen Belastungsstörungen leiden, bietet der strukturierte Rhythmus einen sicheren Rahmen, der es ihnen erleichtert, innezuhalten, sich selbst zu beruhigen und den Körper bewusst zu erleben. Durch die Variation von Geschwindigkeit und Intensität in den Bewegungen können sie lernen, Ruhe in Stresssituationen zu finden und gleichzeitig den eigenen Körper als Aktionsinstrument wahrzunehmen, das in der Lage ist, Impulse zu kontrollieren.

Durch die Verbindung von Rhythmus und Bewegung wird nicht nur das Selbstbewusstsein gestärkt, sondern Kinder und Jugendliche erfahren auch eine Verbesserung ihrer motorischen Fähigkeiten, die häufig in einem Zusammenhang mit somatischen Störungen stehen. So eröffnen diese Beispiele zudem die Möglichkeit zur reflexiven Auseinandersetzung mit den eigenen Reaktionen und bieten die Chance, sowohl soziale als auch körperliche Impulse in einem sicheren Rahmen zu üben und zu kontrollieren.

Praxisbeispiel. „Stop-and-Go im Märchenland“: Kinder oder Jugendliche bewegen sich zu einem bestimmten Thema – etwa als Märchenfiguren oder Kriegerinnen – durch den Raum. Während sie frei und kreativ agieren, kommt es immer wieder zu einem Musikstopp, der die Klientinnen dazu anregt, blitzschnell eine Skulptur zu gestalten, die ihrer Rolle oder der gewählten Figur entspricht. Die Intervention ist besonders spielerisch und macht den meisten Kindern und Jugendlichen Spaß. Sie schafft gleichzeitig eine klare Struktur innerhalb des therapeutischen Settings. Durch die regelmäßigen Stopps und die Aufforderung, sich in einer statischen Pose zu präsentieren, wird den Klientinnen eine Art „Anker“ geboten, der ihre Aufmerksamkeit fokussiert und sie aus chaotischen oder hoch emotionalen Zuständen herausführen kann.

Stop-and-Go-Tänze sowie die tänzerische Arbeit mit Skulpturen eignen sich sehr gut für Kinder und Jugendliche mit geringer Frustrationstoleranz und unkontrollierten Wutausbrüchen oder Widerständen. Sie helfen, emotionale Aufladung zu regulieren und bieten der Gruppe eine klare Grenze, die der gezielten *Kanalisation* von Energie und Kreativität dient. Insbesondere in Gruppensituationen, in denen strukturelles Chaos oder aufgeladene Emotionen häufig auftreten können, bieten diese Interventionen eine wunderbare Möglichkeit, den Fokus zu verändern und die Gruppe in eine neue, strukturierte Richtung zu lenken. Auf diese Weise wird nicht nur der Selbstkontrolle und der Kreativität Raum gegeben, sondern auch das Miteinander gefördert, da die Klientinnen in kurzer Zeit in unterschiedliche Rollen und Ausdrucksformen eintauchen dürfen.

Der spielerische Aspekt ist dabei sehr wichtig, um den Klientinnen Freude an der Bewegung und am kontrollierten Stoppen zu ermöglichen. Da manche Kinder oder Jugendliche Stoppsignale absichtlich ignorieren, um zu provozieren, kann es auch helfen, sie etwa mit körperlichen Reizen (z. B. Berührung oder Augenkontakt) oder klaren Grenzen dabei zu unterstützen.

► **Hinweis.** *Provokatives Verhalten* ist häufig nicht als bewusste Störung gemeint, sondern kann vielmehr als – wenn auch ungeschickte – Form der Kontaktaufnahme verstanden werden. Viele dieser Kinder oder Jugendlichen haben wenig Verlässlichkeit und emotionale Stabilität in ihren bisherigen Beziehungen erlebt. Manche wuchsen mit wechselnden Bezugspersonen auf oder entwickelten unsichere Bindungsmuster, was sich in ihrem Verhalten widerspiegelt. Provokation kann in diesem Kontext als erlerntes Muster dienen, um Aufmerksamkeit zu erhalten oder sich – auf ihre Weise – bemerkbar zu machen.

Angebote wie Stop-and-Go- oder Skulpturen-Tänze bieten eine wertvolle Gelegenheit, auf nonverbaler Ebene in Beziehung zu treten, Strukturen zu vermitteln und alternative Ausdrucksmöglichkeiten zu fördern. Dabei ist es entscheidend, mit einer wertschätzenden und verstehenden Haltung zu reagieren – nicht mit Strafe oder Ausschluss, sondern mit klarer, verlässlicher Führung und echtem Interesse an den Klientinnen. So können diese

Formen des Tanzes zu einem geschützten Raum werden, in dem neue Erfahrungen von Selbstwirksamkeit und Bindung möglich werden.

Gruppenimprovisation mit Rollenwechseln

Improvisationen in der Gruppe zu unterschiedlichen Themen und Rollen sind gut für Kinder und Jugendliche mit sozialer Unsicherheit oder starkem Kontrollbedürfnis geeignet.

Praxisbeispiel. „Heute bin ich Leitwölfin“: Die Klientinnen bewegen sich frei zur Musik und zu einem vorgegebenen, spielerischen Thema (z. B. Schulfest, Sturm, Treffen von schrägen Kreaturen). Eine Klientin übernimmt für einen bestimmten Zeitraum die Rolle der „Anführerin“ und gibt Bewegungen vor. Die anderen Klientinnen folgen der Bewegung. Die Führungsrolle wechselt regelmäßig auf Signal der Tanztherapeutin (z. B. Trommelschlag, Gong, Klatschen). Bei größerer Unsicherheit kann die Gruppe auch in Paaren oder Kleingruppen unterteilt werden, um Klientinnen nicht der ganzen Gruppe „auszuliefern“. Dabei ist es auch wichtig, dass die Therapeutin selbst aktiv teilnimmt und zeigt, welche Bewegungen in der Führungsrolle möglich sind. Zusätzlich kann der Tanz mit Medien (z. B. Tücher, Bänder) ergänzt werden, um von der Person auf das Objekt zu lenken. Eine Gefahr besteht bei Kindern mit Aggressionen oder Impulskontrollstörungen, die die Führungsrolle für provokante oder destruktive Bewegungen nutzen. In diesem Fall müssen klare Regeln aufgestellt werden, die auch mit den Klientinnen besprochen oder gemeinsam kreiert werden können (z. B. Fokus auf lustige oder angenehme Bewegungen und klare Vermeidung von anstößigen Bewegungen). Alternativ kann die Führungsrolle auch auf zwei oder drei Klientinnen aufgeteilt werden, die gemeinsam eine Bewegung vorgeben. Unterstützend können Fragen der Therapeutin eingebracht werden, etwa „Wie könnte eine Bewegung aussehen, die uns Kraft gibt?“.

Praxisbeispiel. „Charakter-Zirkus“: Hier tauchen Kinder und Jugendliche in verschiedene Charaktere ein, die sie entweder selbst wählen, von der Tanztherapeutin vorgeschlagen bekommen oder gemeinsam in der Gruppe kreieren. Diese Charaktere können eine Vielzahl von Persönlichkeiten repräsentieren, wie zum Beispiel einen starken und selbstbewussten Charakter oder eine ruhige, zurückhaltende Person. Ziel ist es, durch Improvisation und Bewegung diese verschiedenen Persönlichkeiten und deren typischen Handlungsweisen und Fortbewegungsarten lebendig zu machen. Die Klientinnen tanzen durch den Raum und experimentieren mit den Bewegungen und Gesten, die die jeweilige Rolle widerspiegeln. Dabei können sie eine Rolle übernehmen, die ganz im Gegensatz zu ihrer eigenen Persönlichkeit steht, oder auch eine Charaktereigenschaft ausprobieren, die sie in ihrem alltäglichen Leben weniger ausleben. Indem die Klientinnen verschiedene Rollen und Persönlichkeiten ausprobieren, können sie nicht nur ihre selbstauferlegten Grenzen erweitern, sondern auch die Kontrolle über ihre Bewegungen und Interaktionen in einem sicheren Rahmen lockern. Diese Übung ermöglicht den Klientinnen, die verschiedenen Facetten ihres Selbst zu entdecken und auszudrücken, was zu einem stärkeren Selbstbewusstsein und einer größeren Akzeptanz ihrer eigenen Identität führen kann. Sie trägt außerdem zur Förderung von kreativer Problemlösung bei, da die Klientinnen herausgefordert werden, unterschiedliche emotionale und soziale Situationen aus der Perspektive ihrer Charaktere zu meistern.

Bewegungsdialoge

Bewegungsdialoge sind eine wirkungsvolle Methode für Kinder und Jugendliche, die Schwierigkeiten im emotionalen Ausdruck haben. Durch gezielte Bewegungsinteraktionen lernen sie, ihr Gegenüber bewusster wahrzunehmen und darauf zu reagieren, was ihre soziale Interaktion und Empathiefähigkeit stärkt (Abb. 5.5). Da der Austausch rein nonverbal erfolgt, erleben die Klientinnen keine sprachliche Überforderung, sondern können in einem geschützten Rahmen mit Mimik, Gestik und Körperbewegungen kommunizieren. Dies ermöglicht nicht nur eine spielerische und intuitive Verbindung mit anderen, sondern kann auch verdeckte emotionale Themen sichtbar machen, die sich in Worten nur schwer ausdrücken lassen. Bewegungsdialoge eröffnen damit einen sicheren und kreativen Raum für authentische Begegnungen und fördern gleichzeitig die Fähigkeit, Gefühle und Impulse bewusst wahrzunehmen und auszudrücken.

Praxisbeispiel. „Tanzende Gespräche": Zwei Kinder oder ein Kind mit der Therapeutin treten in einen bewegten Dialog. Eine Person gibt mit einer Bewegung einen Impuls, auf den

Abb. 5.5 Bewegungsdialoge helfen Kindern und Jugendlichen, ihre emotionalen Ausdrucksmöglichkeiten zu erweitern. Durch gezielte Bewegungsinteraktionen lernen sie, sich bewusster wahrzunehmen und empathischer auf ihr Gegenüber zu reagieren. Die abgebildete Szene wurden von Kindern nachgestellt und zeigt keine echten Klientinnen oder deren Diagnosen

die andere mit einer eigenen Bewegung antwortet. Dieser Austausch kann durch Nachahmung, Variation oder als bewusstes Gegenspiel erfolgen. Für Kinder oder Jugendliche, die Schwierigkeiten mit spontanen Bewegungen haben, ist es hilfreich, mit einfachen und klaren Bewegungen zu beginnen – beispielsweise durch langsame Handgesten oder rhythmisches Wippen. Die Tanztherapeutin kann unterstützend eingreifen, indem sie sanfte Bewegungsvorschläge macht oder bei Unsicherheiten eine strukturierte Bewegungsfolge anbietet. Ein Bewegungsdialog kann nicht nur spielerisch herausfordernd, sondern auch ein wertvolles Mittel zur Regulation von Impulsen sein. Zeigt ein Kind aggressive oder provokante Bewegungen, kann die Therapeutin diese in eine neue, weniger konfrontative Form umwandeln. So kann sie beispielsweise auf heftige Faustschläge mit weichen, offenen Bewegungen reagieren und den Dialog in eine ruhigere Richtung lenken. Um den Prozess zu bereichern, können außerdem verschiedene Materialien eingesetzt werden, etwa ein Ball, der sanft über den Körper rollt, Tücher oder ein elastisches Band, das Ziehen und Dehnen ermöglicht. Zusätzlich kann die Therapeutin die Bewegungen verbal begleiten, um die Körperwahrnehmung der Kinder und Jugendlichen zu unterstützen: „Spürst du, wie deine Arme sich strecken?“ oder „Wie fühlt sich die Bewegung für dich an?“ Diese gezielte Kombination aus Bewegung, taktiler Wahrnehmung und verbaler Begleitung schafft eine tiefe Verbindung zwischen Körperausdruck und innerem Erleben, wodurch Kinder und Jugendliche spielerisch lernen, ihre Impulse wahrzunehmen und zu regulieren.

Fallbeispiel: Fridas Tanztherapie-Reise

Widerstand im Rollstuhl.

Frida sitzt im Rollstuhl, obwohl ihr Körper neurologisch ganz gesund ist. Sie hält die Arme verschränkt, ihr Blick herausfordernd auf die Tanztherapeutin Lisa gerichtet. Sie ist vierzehn Jahre alt, schlank, mit einem scharfen, prüfenden Blick, der zwischen Unsicherheit und Abwehr schwankt. Lisa kennt diesen Ausdruck – sie hat ihn schon oft gesehen. Es ist eine Mischung aus Widerstand, Misstrauen und der Angst, enttäuscht zu werden.

„Ich werde sowieso nie wieder gehen. Und das hier bringt eh nichts.“ Fridas Stimme klingt kühl, fast spöttisch. Dann lacht sie – dieses kurze, unsichere Lachen, das fast etwas Herablassendes hat. Ein Lachen, das Abstand schafft, das Lisa in ihre Schranken weisen soll.

Lisa lächelt. Sie nimmt Fridas Worte hin, ohne Widerspruch oder Mitleid, ohne ihr Mut zuzusprechen, den sie nicht hören will. Stattdessen setzt sie sich auf einen Stuhl, auf Augenhöhe mit Frida, und beginnt, sich leicht im Rhythmus der Musik zu wiegen. Die Musik ist sanft, ohne Druck, ohne Aufforderung. „Du kannst gerne still sitzen bleiben, wenn du willst“, sagt Lisa beiläufig. „Ich bewege mich ein bisschen.“

Frida rührt sich nicht. Sie beobachtet Lisa, aber ihr Körper bleibt starr. Lisa hebt langsam eine Hand, dreht sie in der Luft, lässt sie wieder sinken. Ganz ohne Erwartung.

Nichts.

Dann, nach einiger Zeit, eine kaum merkliche Bewegung – Fridas Finger zucken. Lisa sieht es, sagt aber nichts. Stattdessen wiederholt sie mit übertriebener Langsamkeit genau diese Bewegung. Wieder und wieder. Als sei es das Natürlichste der Welt.

„Ah, das ist interessant", sagt sie schließlich. „Ich glaube, wir haben eine Choreografie."

Frida hebt eine Augenbraue. „Was?"

Lisa hebt wieder ihre Hand, bewegt die Finger, dieses Mal etwas größer. Frida schüttelt den Kopf, aber in ihren Augen liegt ein Funken von Neugier.

Die nächsten Sitzungen verlaufen ähnlich. Frida bewegt sich kaum, und wenn, dann nur minimal. Aber Lisa bleibt geduldig. Sie übernimmt jede noch so kleine Regung von Frida und macht sie sichtbar, ohne Druck, ohne Drängen. Manchmal ahmt sie Fridas Haltung nach – nicht, um sie zu provozieren, sondern um sie zu spiegeln: Ich sehe dich. Ich nehme dich wahr.

Oft sitzt Frida einfach nur da, schweigt, beobachtet. An manchen Tagen lacht sie wieder dieses spöttische Lachen. Aber es dauert nicht mehr so lange wie am Anfang. Dennoch bleibt sie in ihrem Widerstand. Sie sitzt da, ihre Arme oft fest über der Brust verschränkt, ihr Gesicht ausdruckslos oder genervt.

„Das ist alles lächerlich", murmelt sie irgendwann.

Lisa zuckt nur die Schultern. „Kann sein."

Frida runzelt die Stirn. Das hatte sie nicht erwartet.

„Manche Dinge sind am Anfang komisch", fügt Lisa hinzu. „Obwohl sie vielleicht Spaß machen könnten."

Frida antwortet nicht, Aber in den nächsten Minuten lässt sie die Arme sinken. Nur ein kleines bisschen.

Es dauert mehrere Einheiten. Eine Zeit voller Schweigen, voller skeptischer Blicke, voller kurzer, spöttischer Bemerkungen. Doch Lisa bleibt. Sie fordert nichts, sie erwartet nichts. Und genau das beginnt, etwas in Frida zu verändern.

Und dann, eines Tages, passiert es.

Frida bewegt zuerst ihren rechten Arm und dann ihr linkes Bein ein wenig nach vorne. Kaum merklich. Vielleicht unbeabsichtigt.

Aber Lisa sieht es.

Sie sagt nichts, aber sie macht die Bewegung nach. Leicht, spielerisch. Wiederholt sie. „Oh, das fühlt sich gut an“, sagt sie dann, als wäre es das Selbstverständlichste der Welt.

Frida schaut sie misstrauisch an. „Was machst du da?“

„Ich folge dir.“ Lisa lächelt. „Dein Körper hat mir eine Bewegung gezeigt. Also probiere ich sie aus.“

Frida verdreht die Augen. Aber ihre Arme und ihr Fuß bewegen sich erneut – dieses Mal bewusster.

Lisa bleibt in ihrem Rhythmus, lässt ihre eigenen Arme und Beine immer mehr einfließen, macht die Bewegung spielerisch größer. Frida schaut hin. Und dann, nach einem Moment des Zögerns, bewegt sie sich noch einmal.

„Das sieht komisch aus“, murmelt sie.

„Komisch gut oder komisch blöd?“ fragt Lisa grinsend.

Frida antwortet nicht, aber ein kaum sichtbares Lächeln huscht über ihr Gesicht.

Es geht langsam. Manche Tage sind besser als andere. Es gibt Momente, in denen Frida sich öffnet, und Momente, in denen sie sich wieder völlig verschließt.

Aber es gibt einen Unterschied.

Sie weiß, dass sie nicht muss. Sie weiß, dass sie hier einfach sein darf. Dass Lisa nichts von ihr erwartet.

An manchen Tagen sitzt sie einfach nur da, lehnt sich zurück und schließt die Augen. Lisa akzeptiert das. „Heute ist Ausruhtag“, sagt sie dann und macht es sich selbst gemütlich.

Und vielleicht ist genau das der Schlüssel.

Kein Druck. Kein Zwang. Kein „Du musst dich bewegen, um gesund zu werden.“

Frida darf sein, wie sie ist. Und genau deshalb beginnt sie schließlich, sich immer mehr zu bewegen.

Schritt für Schritt.◄

Fridas Geschichte verdeutlicht, wie Tanztherapie Kindern und Jugendlichen mit somatischen Belastungsstörungen und Verhaltensauffälligkeiten auf behutsame Weise neue Zugänge zu sich selbst eröffnet. In einer Welt, die oft von Erwartungen und Leistungsdruck geprägt ist, bietet die Tanztherapie einen Raum, in dem sie nichts müssen – sondern einfach sein dürfen. Es geht nicht darum, Symptome zu „beseitigen“, sondern darum, dem Körper eine Stimme zu geben, in Kontakt zu treten und langsam Vertrauen aufzubauen. Durch behutsames Spiegeln, spielerische Annäherung und das Annehmen von Widerstand als Teil des Prozesses entsteht eine neue Form der Selbstwirksamkeit. Frida durfte selbst entscheiden, wann und wie sie sich bewegt – und gerade dieses Erlauben war es, das die Veränderung möglich machte. Tanztherapie bedeutet nicht, Grenzen zu überschreiten, sondern sie zu respektieren – bis die Klientin selbst bereit ist, sie zu erweitern.

5.5 Kinder und Jugendliche mit Essstörungen

Essstörungen gehören zu den häufigsten psychischen Erkrankungen bei Jugendlichen und sind durch ein gestörtes Verhältnis zur Nahrungsaufnahme, zum Körperbild und zum Gewicht charakterisiert. Sie gehen jedoch weit über das sichtbare Verhalten hinaus und haben schwerwiegende körperliche, emotionale und psychische Folgen (Levy & Chassard, 2015).

Fehlende Bewältigungsstrategien. Was häufig übersehen wird: Essstörungen sind meist nicht das eigentliche Problem, sondern Ausdruck tiefer liegender psychischer Konflikte.

Essstörungen sind eine Reaktion von Körper und Psyche auf scheinbar unüberwindbare Belastungen, emotionale Überforderungen oder ungelöste innere Spannungen. Viele Jugendliche erleben Situationen, in denen sie keine Worte finden oder keine anderen Strategien zur Verfügung haben, um auf sich aufmerksam zu machen oder ihre Not mitzuteilen – sie beginnen, über ihren Körper zu kommunizieren. Das Essverhalten wird zu einem stummen, aber eindringlichen *Hilfeschrei*.

Nicht selten bedeutet dies, dass sich Jugendliche regelrecht in ein „Schneckenhaus“ zurückziehen. Die Kontrolle über das eigene Essverhalten und den Körper wird zum letzten Halt in einem Leben, das sich sonst unkontrollierbar anfühlt. Über den Körper wird versucht, Kontrolle, Autonomie oder auch Aufmerksamkeit zu erlangen. Selbstzerstörerisches Verhalten – wie extremes Hungern oder Erbrechen – ist oft die einzige Möglichkeit, die eigene Existenz spürbar zu machen. In vielen Fällen ist die Fähigkeit, über die eigenen Themen, Gefühle oder Auslöser zu sprechen, blockiert oder gar nicht vorhanden. Manche Betroffene sind sich ihrer inneren Konflikte selbst nicht bewusst.

Deshalb ist es im Umgang mit Essstörungen essenziell, den Blick hinter das sichtbare Symptom zu richten. Was hat das Essverhalten verändert? Wann haben die Symptome begonnen? Welche emotionalen oder familiären Belastungen gingen voraus? Wie geht das Umfeld – insbesondere Familie und enge Bezugspersonen – damit um?

Oft besteht die Schwierigkeit darin, dass Eltern oder andere Bezugspersonen die Problematik ausschließlich als individuelles „Fehlverhalten“ ihres Kindes sehen – ohne den Zusammenhang mit dem Familiensystem zu erkennen. Doch Essstörungen entstehen nie im luftleeren Raum. Sie sind immer auch ein Spiegel des Umfelds. Eine erfolgreiche Therapie muss deshalb das gesamte Familiensystem einbeziehen.

Ziel einer nachhaltigen Therapie ist daher nicht nur, das Essverhalten zu regulieren oder den körperlichen Zustand zu stabilisieren. Vielmehr geht es um eine behutsame Annäherung an die Person hinter der Störung: Wer ist sie? Welche Bedürfnisse stehen hinter ihrem Verhalten? Wie können diese auf gesunde Weise befriedigt werden? Essenziel ist es, die Klientinnen wirklich zu sehen – als Menschen mit Gefühlen, Sehnsüchten und einem großen Bedürfnis nach Zugehörigkeit, Sicherheit und Selbstwirksamkeit.

Hier setzt die Tanztherapie an, die gerade bei einer Störung, die sich so stark über den Körper ausdrückt, besonders heilsam sein kann. Sie ermöglicht eine nonverbale Annäherung an das eigene Erleben. Über Bewegung, Körperwahrnehmung und das Erleben von Ausdruck im geschützten Rahmen können Jugendliche beginnen, sich selbst wieder zu spüren – achtsam, urteilsfrei und kreativ. Es geht nicht um Leistung oder Ästhetik, sondern um die Verbindung mit sich selbst.

In der Bewegung erleben viele Jugendliche zum ersten Mal seit langem wieder, dass ihr Körper mehr ist als ein Objekt, das kontrolliert oder verändert werden muss. Sie erfahren ihn als lebendig, tragend und fähig zur Kommunikation.

Diese Erfahrung kann tiefgreifende Prozesse anstoßen:

- *Gesehen werden*: Die Klientin steht mit ihrem Ausdruck, ihrem inneren Erleben und ihren Impulsen im Mittelpunkt und wird ernstgenommen.
- *Zugang zu Bedürfnissen*: Über die Bewegung können unbewusste oder unterdrückte Bedürfnisse sichtbar und spürbar werden. Die Sprache des Körpers eröffnet neue Wege, innere Konflikte zu verstehen – oft bevor sie kognitiv greifbar sind.
- *Sicherheit und Selbstwirksamkeit*: Im geschützten Rahmen kann der Körper als sicherer Ort neu erfahren werden. Selbstwirksamkeit entsteht, wenn Jugendliche merken, dass sie sich über Bewegung ausdrücken, verändern und gestalten können.
- *Integration*: Der Körper wird in weiterer Folge nicht länger als Feind erlebt, sondern als Teil der Persönlichkeit. Das stärkt nicht nur das Körperbild, sondern auch das Selbstwertgefühl.

Tanztherapie kann so helfen, den Weg zurück in die Beziehung zum eigenen Körper und damit auch zu sich selbst zu finden. Sie öffnet einen Raum für Heilung, wo Worte fehlen – und schenkt neue Möglichkeiten, das Leben wieder aktiv zu gestalten.

5.5.1 Klassifizierung von Essstörungen

Die häufigsten Essstörungen sind:

1. *Anorexie nervosa*: Die Anorexie nervosa, auch als Magersucht bekannt, zeichnet sich durch eine erhebliche Einschränkung der Nahrungsaufnahme, eine intensive Angst vor Gewichtszunahme und eine verzerrte Körperwahrnehmung aus. Betroffene haben häufig ein stark reduziertes Körpergewicht und erleben sich selbst als übergewichtig, obwohl sie deutlich untergewichtig sind. In der Regel versuchen sie, ihr Gewicht durch extreme Diäten, exzessiven Sport oder andere Maßnahmen zu kontrollieren (Herpertz-Dahlmann, 2015).

2. *Bulimie nervosa*: Bei der Bulimie nervosa, auch als Ess-Brech-Sucht bezeichnet, kommt es zu wiederkehrenden Episoden von unkontrolliertem, übermäßigem Essen (Fressanfälle), gefolgt von unangemessenen Gegenmaßnahmen wie Erbrechen, Missbrauch von Abführmitteln oder exzessivem Sport, um die Kalorienaufnahme zu kompensieren. Obwohl die betroffenen Jugendlichen oftmals ein normales Körpergewicht aufweisen, sind sie mit ihrem Körperbild und den damit verbundenen Gefühlen tief unzufrieden (Herpertz-Dahlmann, 2015).
3. *Binge-Eating-Störung*: Bei der Binge-Eating-Störung (BED) kommt es ebenfalls zu wiederholten Fressanfällen, jedoch ohne das kompensatorische Verhalten wie Erbrechen oder exzessiven Sport, wie es bei der Bulimie der Fall ist. Betroffene leiden unter starker Scham und Schuldgefühlen aufgrund der Essanfälle, die zu einer Zunahme des Körpergewichts führen können. Diese Störung ist mit einem hohen Risiko für Übergewicht und Adipositas verbunden und geht häufig mit emotionalem Stress und unkontrollierbaren Essgewohnheiten einher (Herpertz-Dahlmann, 2015).
4. *Adipositas*: Obwohl Adipositas (Fettleibigkeit) nicht immer als klassische Essstörung betrachtet wird, gibt es eine enge Verbindung zu Störungsbildern wie der Binge-Eating-Störung, die durch unkontrollierte Essanfälle gekennzeichnet ist. Jugendliche mit Adipositas weisen oft ein gestörtes Essverhalten auf, das durch emotionales Essen, external gesteuertes Essen (d. h. Essen als Reaktion auf äußere Reize) und ein mangelndes Sättigungsgefühl geprägt ist (Hebebrand & Hinney, 2005). Adipositas ist eine chronische Erkrankung, die durch eine übermäßige Ansammlung von Körperfett gekennzeichnet ist. Die Prävalenz von Adipositas bei Kindern und Jugendlichen ist in den letzten Jahrzehnten weltweit gestiegen. Neben genetischen Faktoren spielen Bewegungsmangel, kalorienreiche Ernährung sowie psychosoziale Aspekte eine zentrale Rolle. Adipositas geht häufig mit Stigmatisierung, geringem Selbstwertgefühl und psychischen Begleiterkrankungen wie Depressionen und Angststörungen einher (Herpertz-Dahlmann et al., 2022).

5.5.2 Methoden und Interventionen

Die Tanztherapie bietet eine vielversprechende Methode, um mit Essstörungen bei jungen Klientinnen zu arbeiten. Sie fördert sowohl die körperliche als auch die emotionale Wahrnehmung und Ausdruckskraft und kann so dazu beitragen, das gestörte Verhältnis zum eigenen Körper und zu Essen zu normalisieren.

Förderung von Körperbewusstsein und Körperbild

Ein zentrales Ziel der Tanztherapie bei Essstörungen ist die Förderung eines positiven Körperbewusstseins. Die meisten Klientinnen mit Essstörungen haben eine verzerrte

Wahrnehmung ihres Körpers, die sowohl durch psychische als auch körperliche Prozesse beeinflusst wird. Tanztherapeutische Interventionen helfen, diese Wahrnehmung zu verbessern und den Körper wieder als etwas Positives zu erleben.

Durch gezielte Bewegungsübungen, bei denen Klientinnen ihren Körper auf verschiedene Weisen wahrnehmen und bewegen, können sie lernen, sich selbst in ihrer Ganzheit zu erleben. In der Praxis hat sich ein ressourcenorientierter Ansatz bewährt, der nicht auf Leistung, sondern auf Freude an der Bewegung abzielt. Dabei können Musikrichtungen gewählt werden, die den Jugendlichen gefallen, und kreative Elemente integriert werden, um Hemmungen abzubauen.

Praxisbeispiel. „Die magische Atmung“: Hierbei wird die Klientin ermutigt, ihre Bewegungen mit ihrem Atem zu synchronisieren. Sie könnte etwa die Arme heben, während sie einatmet, und senken, während sie ausatmet. Diese Übung hilft, den Körper zu entspannen und eine tiefere Verbindung zum eigenen physischen Zustand aufzubauen. Durch die Atem- und Bewegungskoordination kann die Klientin lernen, ihre körperlichen Empfindungen und Bedürfnisse besser wahrzunehmen. Dies eignet sich für Klientinnen, die zu Anspannung neigen und Schwierigkeiten haben, sich zu entspannen oder zur Ruhe zu kommen. Durch die bewusste Atmung kann die Selbstwahrnehmung gefördert und der Körper als weniger bedrohlich wahrgenommen werden. Die Intervention ist besonders hilfreich in der Arbeit mit Klientinnen, die eine hohe emotionale Belastung durch ihre Essstörung erleben und Schwierigkeiten mit dem Stressmanagement haben.

Praxisbeispiel. „Wippelig“: Das Erkunden von stabilem und labilem Gleichgewicht kann den Klientinnen helfen, das Verständnis für ihre physische und emotionale Balance zu entwickeln. Gerade in der Arbeit mit Jugendlichen, die mit Essstörungen kämpfen, können instabile Phasen als symbolisch für das emotionale Ungleichgewicht verstanden werden, das sie in ihrem Leben erleben. Indem sie lernen, in dieser Instabilität zu navigieren, entwickeln sie Strategien, um mit emotionalen Schwankungen umzugehen. Die Intervention kann als eine Reihe von Übungen gestaltet werden, die sowohl das stabile als auch das labile Gleichgewicht thematisieren. Es geht darum, dass Klientinnen erfahren, wie sich Balance anfühlt, sowohl wenn sie sich sicher und stabil fühlen, als auch wenn sie in unsicheren, instabilen Positionen sind. Die stabile Balance fördert das Vertrauen in den eigenen Körper und hilft, das Gefühl der Kontrolle und Sicherheit zu erleben. Sie unterstützt die Erkenntnis, dass Stabilität möglich ist, selbst wenn die Umgebung oder die Gefühle der Klientinnen schwanken. Wird die Balance herausgefordert (z. B. auf den Zehenspitzen gehen, in einer wackeligen Position verweilen, sich neigen) wird das Vertrauen darin gefördert, mit Unsicherheiten und Veränderungen umzugehen. Klientinnen lernen, dass sie sich auch in unsicheren Situationen wieder stabilisieren können.

Durch einen Wechsel zwischen stabilen und labilen Positionen werden innere Stärke und Resilienz angesprochen. Klientinnen werden außerdem ermutigt, bewusst im Moment zu sein und auf ihre Körperempfindungen und Grenzen zu achten. Dies fördert auch Achtsamkeit, Vertrauen in den eigenen Körper und Selbstbewusstsein. Das Erleben von körperlicher Balance hat darüber hinaus oft eine positive Wirkung auf das emotionale Gleichgewicht und kann dazu beitragen, die verzerrte Körperwahrnehmung zu korrigieren, die bei Essstörungen häufig vorhanden ist.

Arbeit mit der Körperhaltung

Auch die Arbeit mit der Körperhaltung spielt eine entscheidende Rolle. Jugendliche mit Essstörungen haben oft eine Haltung der inneren Abwehr oder des Rückzugs, die sich in einem stark angespannten oder „verkleinerten" Körper ausdrücken kann. Durch gezielte Bewegungsübungen, bei denen die Klientin ihre Haltung verändert – z. B. durch das Heben der Arme oder das Ausweiten der Brust –, kann die Körperwahrnehmung positiv beeinflusst und das Selbstvertrauen gestärkt werden.

Praxisbeispiel. „Die Haltung der Stärke": Hier geht es darum, die Körperhaltung der Klientin zu beobachten und zu erfassen. Dabei wird der Fokus auf die Ausrichtung des Körpers, den Stand der Füße, die Stellung der Schultern und des Kopfes gelegt. Ziel ist es, mit der Klientin eine „Haltung der Stärke" zu entwickeln – eine Haltung, die sowohl körperlich als auch emotional gestärkt wird. Zu Beginn wird die Klientin eingeladen, sich bewusst aufrecht hinzusetzen oder zu stehen und ihren Körper zu inspizieren, also zu erkennen, wie sie sich im Moment körperlich fühlt. Die Therapeutin könnte dann anregen, den Körper so zu bewegen, dass er sich stärker anfühlt. Dies kann durch bestimmte Bewegungssequenzen oder Haltungsänderungen geschehen, die mehr Stabilität und Selbstbewusstsein ausstrahlen. Beispielsweise kann die Klientin aufgefordert werden, sich die Hände auf die Hüften zu legen, die Schultern zurückzuziehen und den Blick nach vorne zu richten – eine Körperhaltung, die Selbstvertrauen und Stärke symbolisiert. Diese Intervention eignet sich besonders für Klientinnen mit Essstörungen, die ein verzerrtes Körperbild haben und Schwierigkeiten haben, sich in ihrem Körper stark oder selbstbewusst zu fühlen. Bei vielen Essstörungen, insbesondere bei Anorexie nervosa, erleben die Klientinnen ein starkes Gefühl der Schwäche, der Unsicherheit oder des „Verlorenseins" in ihrem Körper. Diese Übung kann helfen, eine Verbindung zu einer kraftvollen, stabilen Körperhaltung herzustellen und das Gefühl von Kontrolle und Selbstsicherheit zu fördern.

Praxisbeispiel. „Sich öffnen und (ver-)schließen": Die Klientinnen beginnen in einer leicht gekrümmten Haltung, bei der die Schultern nach vorne ziehen und die Brust sich eher „geschlossen" anfühlt. Mit einer langsamen, bewussten Bewegung werden die Arme nach außen und oben gehoben, die Schultern nach hinten gezogen und die Brust öffnet sich. Sie können sich vorstellen, wie sich mit der Öffnung der Brust ihr inneres Gefühl von Stärke, Mut und Selbstvertrauen weitet. Die Klientinnen werden angeleitet, mit jeder Ausatmung in die Bewegung zu fließen und gleichzeitig das Gefühl der Öffnung zu spüren – der Raum wird mehr, die Haltung wird aufrechter und breiter. Dies fördert eine aktivere, selbstbewusstere

Haltung und hilft, das Gefühl der „inneren Abwehr" zu lockern. Die Öffnung der Brust kann als Metapher für das „Öffnen" der inneren Haltung und das Zulassen von positiven Emotionen (wie Stärke und Akzeptanz) verstanden werden. Die Klientinnen können sich in weiterer Folge mehrmals (ver-)schließen und öffnen, um die Unterschiede wahrzunehmen – sowohl auf körperlicher als auch emotionaler Ebene.

Achtung: Da diese Intervention in Richtung *Shaping* und damit Beziehungsarbeit geht, kann sie sehr emotional werden. Es ist als Therapeutin daher wichtig, die Gruppe gut zu halten, zu regulieren und auch abzuwägen, ob die Klientinnen bereit dafür sind.

Förderung von Selbstakzeptanz

Ein weiteres zentrales Thema in der Tanztherapie bei Essstörungen ist die Förderung von Selbstakzeptanz und Selbstwertgefühl. Jugendliche mit Essstörungen neigen dazu, ihren Körper zu kritisieren und sich selbst abzuwerten. Tanztherapeutische Interventionen, die das Gefühl der Freude an der Bewegung und des persönlichen Ausdrucks fördern, können helfen, das Vertrauen in den eigenen Körper wiederherzustellen.

Eine Methode, die in diesem Zusammenhang verwendet wird, ist die Arbeit mit *positiven Affirmationen* während der Bewegung. Klientinnen können gebeten werden, sich beim Bewegen in positiven Worten über ihren Körper auszudrücken – etwa „Mein Körper ist stark", „Ich liebe meine Bewegungen" oder „Ich bin schön, so wie ich bin". Solche positiven Selbstbekundungen, kombiniert mit der Erfahrung der Bewegung, stärken das Selbstwertgefühl und helfen, negative Körperbilder zu transformieren (Levy & Chassard, 2015).

Praxisbeispiel. „Spiegel des Positiven": Die Therapeutin bewegt sich spiegelbildlich zur Klientin. Dies bedeutet, dass sie die Bewegungen der Klientin im gleichen Tempo und in der gleichen Richtung nachahmt. Die Spiegelarbeit ermöglicht es der Klientin, sich selbst im Spiegel der Therapeutin zu sehen und zu erkennen, wie sich ihre Bewegungen auf andere auswirken. Diese Methode fördert die Selbstwahrnehmung und ermöglicht es, die Kontrolle über den Körper zurückzuerlangen. Spiegeln ist gut geeignet, wenn Klientinnen Schwierigkeiten haben, ihre eigenen Bewegungen zuzulassen oder wenn sie sich emotional von ihrem Körper distanziert haben. Spiegelarbeit kann helfen, den Körper als etwas Positives zu erfahren und gleichzeitig ein Gefühl von Kontrolle und Sicherheit zu entwickeln. Es ist besonders nützlich bei der Arbeit mit jungen Klientinnen, die sich nicht wohl in ihrem Körper fühlen oder sich in ihrer Bewegung eingeschränkt erleben. Dieses „Gesehen werden" kann für Klientinnen sowohl als angenehm („Ich werde gesehen wie ich bin") als auch als unangenehm („Ich werde kritisch betrachtet und kann mich nicht verstecken") erlebt werden. Daher sollte die Tanztherapeutin immer gut im Moment sein und erkennen, in welcher Distanz sie in den Spiegelkontakt geht und dabei auch einfühlsam in der Intensität differenzieren.

Praxisbeispiel. „Mein Wohlfühlraum“: Die Klientinnen starten im Sitzen und beginnen damit, die Handflächen zu reiben, diese auf dem Körper aufzulegen, sich wahrzunehmen. Nach und nach kommen sie schließlich ins Stehen und beginnen, den Raum um sich herum zu erforschen. Wie weit ist der persönliche Raum um jede Klientin herum? Wie sieht der eigene Wohlfühlraum aus? Wie groß ist er? Dieser Raum darf durch den Körper Schritt für Schritt kreiert und imaginär kreativ gestaltet werden (z. B. mit Farbe, Einrichtungsgegenständen, Formen u. a.). Dies erfordert auch Kontakt nach außen (Thema: Raumwahrnehmung, Kinesphäre), nicht nur nach innen. Der individuelle Wohlfühlraum wird mit Körper und Geist gestaltet und darf in weiterer Folge auch immer wieder verändert werden, etwa in der Größe oder Ausstattung. Auch kreative Medien, wie Tücher oder Decken, können zum Einsatz kommen (Abb. 5.6).

Praxisbeispiel. „Einmal Zeichnung und zurück“: Ein weiterer wirkungsvoller Ansatz in der tanztherapeutischen Arbeit mit Jugendlichen besteht darin, Bewegungserlebnisse in gemalte Bilder zu übersetzen – und diese Bilder anschließend erneut in Bewegung zu bringen. Dieser kreative Prozess fördert eine vertiefte Auseinandersetzung mit dem eigenen Erleben, die oft weit über das hinausreicht, was im Gespräch möglich ist. Die körperliche Erfahrung wird zunächst über intuitives, emotionsgeleitetes Gestalten auf Papier sichtbar gemacht – ohne Leistungsdruck oder Anspruch auf künstlerisches Können. Es geht darum, die in der Bewegung erlebten Themen und Gefühle unmittelbar auszudrücken. So kann etwa auf eine Spiegelsequenz in der Gruppe – in der sich zwei Jugendliche durch Bewegungen gegenseitig spiegeln – eine freie Gestaltungsphase folgen. Dabei entstehen teils abstrakte,

Abb. 5.6 Wohlfühlraum gestalten: Indem sich Klientinnen kreativ erleben, erfahren sie Selbstwirksamkeit, Freude und Stärke. Die abgebildete Szene wurden von Kindern nachgestellt und zeigt keine echten Klientinnen oder deren Diagnosen

teils sehr konkrete Bilder, die einen individuellen Zugang zu inneren Prozessen eröffnen. Im nächsten Schritt werden einzelne Aspekte der Bilder – wie Linien, Farbverläufe, symbolische Gegenstände oder dargestellte Figuren – erneut in Bewegung übersetzt.

Diese Rückführung in den Körper bringt häufig neue Perspektiven, emotionale Vertiefung oder spontane Erinnerungen hervor. Durch diesen zyklischen Prozess von Bewegung – Bild – Bewegung können Gefühle benannt, innere Themen bewusster wahrgenommen und körperlich durchlebt werden. Die Jugendlichen erfahren sich dabei nicht nur als gestaltende, sondern auch als reflektierende Individuen. Zugleich lassen sich aus den Erfahrungen in der Bewegung therapeutische Impulse ableiten: Wie kann ich mit dem, was sich gezeigt hat, weiter umgehen – im sicheren Rahmen der Therapie und langfristig auch im Alltag? Die bewusste Verbindung von Erleben, Ausdruck und Verarbeitung unterstützt Jugendliche in ihrer Selbstwahrnehmung, stärkt ihre Selbstwirksamkeit und bietet neue Wege im Umgang mit sich selbst.

Der Blick der am Bild (Abb. 5.7) zu sehenden gezeichneten Figur ist traurig und verzweifelt. Tränen laufen über das Gesicht. Neben dem Spiegel stehen zwei Zahnbürsten in einem Becher – ein kleines, alltägliches Detail, das zugleich intime Nähe und mögliche Beziehungsthemen andeutet. Auffällig ist die rote Jacke, die das Mädchen auf dem Bild trägt: Auf ihr ein Bär mit Krone – ein möglicherweise ambivalentes Symbol für Stärke und Schutz, aber auch für kindliche Verletzlichkeit. Das Bild ist nicht geplant oder intellektuell gesteuert entstanden, sondern aus der Körpererfahrung im Spiegelkontakt heraus – und entfaltet durch seine emotionale Dichte eine starke therapeutische Wirkung.

Für die Tanztherapeutin ist es in solchen Momenten zentral, Raum für Resonanz zu schaffen, ohne zu überfordern. Die Jugendlichen dürfen erzählen – müssen es aber nicht.

Abb. 5.7 „Mein bewegtes Ich": Ein eindrucksvolles Beispiel zeigt das Bild einer Jugendlichen, die sich nach einem „Spiegeltanz" selbst im Spiegel gemalt hat

Manchmal entstehen Worte erst im Nachgang oder während einer erneuten Bewegung. Die Therapeutin kann einzelne *Aspekte aus dem Bild* aufgreifen und vorschlagen, sie erneut tänzerisch zu erforschen: Wie bewegt sich das Mädchen im roten Mantel? Wie fühlt es sich an, mit Tränen im Gesicht zu stehen? Wie könnte sich der Bär auf der Jacke bewegen? – Diese Rückführung vom Bild in den Körper erlaubt eine weitere Schicht der Verarbeitung.

Die Arbeit mit dieser Bild-Bewegungs-Bild-Dynamik fördert nicht nur das Körperbewusstsein, sondern ermöglicht eine tiefere, oft unbewusste emotionale Auseinandersetzung. Innere Themen – wie Selbstbild, Beziehung, Kontrolle, Scham oder Nähe – können sich in symbolischer Form zeigen, bevor sie sprachlich greifbar werden. Gerade bei Jugendlichen mit Essstörungen, bei denen das Verhältnis zum eigenen Körper häufig von Ambivalenz, Kontrolle oder Entfremdung geprägt ist, eröffnet dieser Zugang eine neue, nicht-bedrohliche Möglichkeit zur Selbstbegegnung.

Zugleich stärkt die kreative Arbeit auch Ressourcen: Die Jugendlichen erleben sich als fähig, etwas auszudrücken – mit Bewegung, mit Farbe, mit Bild. Es geht nicht um künstlerisches Talent, sondern um das Erlauben innerer Bilder, das Ernstnehmen eigener Gefühle und das Wieder-in-Kontakt-Kommen mit dem Körper als Ausdrucksraum. So entstehen nicht nur therapeutische Erkenntnisse, sondern auch Momente echter Selbstwirksamkeit – und genau diese sind in der Arbeit mit dieser Zielgruppe von zentraler Bedeutung.

Langsame und achtsame Bewegung

Langsame Bewegungen erfordern eine erhöhte Wahrnehmung und fördern die Selbstbeobachtung. Gleichzeitig hat Langsamkeit eine heilende Wirkung, da sie hilft, emotionale Spannungen abzubauen und den Körper in einem ruhigen Zustand zu erleben. Insbesondere für Jugendliche mit Essstörungen, die oft von raschen, hektischen Gedanken und Verhaltensmustern geprägt sind, kann die Langsamkeit ein Weg zur inneren Ruhe und Selbstakzeptanz sein.

Praxisbeispiel. „Die Entdeckung der Langsamkeit“: Diese tanztherapeutische Intervention ist ein tiefgehender Prozess, der sowohl das Körperbewusstsein als auch die Wahrnehmung von inneren und äußeren Zuständen fördert. Die Klientinnen beginnen in einem neutralen Tempo mit schlichtem Gehen im Raum. Sie sollen sich bewusst Zeit nehmen, ihr eigenes Tempo zu finden und zu beobachten, wie es sich anfühlt. Ist das Gehen eher fließend oder stockend? Wie fühlt sich der Kontakt zum Boden an? Anschließend wird das Tempo der Bewegung schrittweise verändert, von schnell über langsam bis hin zu plötzlichen Stopps. Im nächsten Schritt bewegen sich die Klientinnen freier und tänzerischer im Raum, wobei das Tempo noch variabel ist. Erst danach wird der Fokus zunehmend auf langsame, fließende Bewegungen gelegt und diese mit der Atmung abgestimmt. Die Klientinnen werden eingeladen, sich vorzustellen, wie ihre Bewegungen „wachsen“ und „fließen“, und jede Bewegung ganz bewusst zu spüren. Dabei geht es auch immer mehr darum, sich auf

Abb. 5.8 Achtsamkeit in Bewegung: Das eigene Bewegungstempo erkunden und erfahren, wie sich Langsamkeit auf Körperwahrnehmung und innere Zustände auswirkt. Durch bewusst verlangsamte, fließende Bewegungen entsteht Raum für spürende Präsenz, feine Körperwahrnehmung und achtsame Selbstbegegnung. Die abgebildete Szene wurden von Kindern nachgestellt und zeigt keine echten Klientinnen oder deren Diagnosen

Details der Bewegung zu konzentrieren. Wie fühlt sich der Körper bei jeder einzelnen Bewegung an? Wie verändert sich der Körper, wenn er sich langsam bewegt? Welche Körperteile werden bewusst wahrgenommen? Wie wirkt sich die Langsamkeit auf den inneren Zustand aus? Die bewusste Verlangsamung der Bewegungen hilft den Klientinnen, ihren Körper intensiver wahrzunehmen und sich selbst achtsamer zu begegnen (Abb. 5.8).

Bei dieser Intervention kommt das *Polaritätsprinzip* zum Tragen – ein Konzept, das in der Tanztherapie genutzt wird, um die Dynamik zwischen unterschiedlichen, gegensätzlichen Bewegungsqualitäten und inneren Zuständen zu erforschen und integrativ zu erleben bzw. zu bearbeiten. Ziel ist es, die Polarität zwischen diesen Gegensätzen bewusst zu spüren, zu verstehen und kreativ zu nutzen. Dabei wird davon ausgegangen, dass bestimmte Bewegungsqualitäten oder körperliche Zustände in Gegensätzen existieren (z. B. Bewegung vs. Ruhe, Spannung vs. Entspannung, Ausdehnung vs. Zusammenziehen) und dass die bewusste Auseinandersetzung mit diesen Kontrasten zur Entwicklung eines ausgewogenen und gesunden Körper- und Selbstgefühls beitragen kann. Diese Polaritäten betreffen nicht nur den physischen Körper, sondern auch emotionale und psychische Prozesse.

Praxisbeispiel. „Rückkehr zum Ich“: Bei dieser Intervention geht es darum, den Körper durch langsame Bewegungen wahrzunehmen. Die Klientin wird dazu angeleitet, den Körper in seiner Gesamtheit zu spüren, beginnend mit den Füßen und hoch bis zum Kopf. Sie wird ermutigt, jede Körperregion einzeln wahrzunehmen und zu bewegen, z. B. mit den Fingern oder den Schultern. Die Bewegungen können im Sitzen oder im Stehen durchgeführt werden. Wichtig dabei ist, dass die Klientin nicht unter Druck gesetzt wird, sondern sich in ihrem eigenen Tempo bewegt. Diese Intervention ist hilfreich für Kinder und Jugendliche, die Schwierigkeiten haben, ihren Körper zu spüren oder die ein verzerrtes Körperbild haben. Die achtsame Bewegung fördert die Rückkehr zur eigenen Körperwahrnehmung und schafft ein sicheres Umfeld, um das Körpergefühl zu normalisieren.

Ausdruck von Gefühlen und Emotionen

Ein weiterer wichtiger Aspekt ist der Ausdruck von Gefühlen und Emotionen. Essstörungen sind immer mit unerfüllten emotionalen Bedürfnissen und ungelösten Konflikten verbunden. Tanztherapie ermöglicht es, Gefühle durch Bewegung auszudrücken, ohne dass dabei verbale Sprache erforderlich ist. Die Körperbewegung kann ein Ventil für intensive Emotionen wie Angst, Scham oder Wut sein, die häufig in Verbindung mit Essstörungen auftreten.

Praxisbeispiel. „Gefühlsmonster": In diesem Karten-Rollenspiel erschafft eine Klientin ein individuelles „Gefühlswesen" oder „Angstwesen", indem sie aus einer Vielzahl von Karten verschiedene Köpfe, Körper, Beine und Accessoires kombiniert. Welchen Gesichtsausdruck hat das Monster? Welche Füße entsprechen dieser gemeinen Wut im Bauch? Und was für ein Kopfschmuck passt eigentlich zu meinem Problem? Sobald das Wesen vollständig ist, beginnt die Klientin, sich in dessen Rolle zu bewegen: Ist das Monster schwer und langsam oder leicht und hüpfend? Bewegt es sich vorsichtig oder stürmisch? Wird es durch tonnenschwere Hüte oder Sträflingskugeln in der Bewegung behindert? Durch diese körperliche Exploration kann sie spielerisch unterschiedliche emotionale Zustände erfahren und ausdrücken. Sie kann ausprobieren, wie sich ihr Wesen in verschiedenen Situationen verhält: Ist es mutig oder ängstlich? Freundlich oder wild? Die Tanztherapeutin unterstützt sie dabei, sich in die Rolle hineinzuversetzen, die verschiedenen Aspekte der Figur auszuprobieren und spielerisch neue Perspektiven auf eigene Gefühle und Herausforderungen zu gewinnen. So können wertvolle Erkenntnisse darüber gewonnen werden, welche inneren Ängste, Wünsche, Bedürfnisse oder Stärken sich in der gebauten Figur widerspiegeln. In weiterer Folge wird das Gefühlsmonster dann schrittweise verändert werden und darf neue Seiten (und Sichtweisen) zeigen.

Praxisbeispiel. „Raum der Wünsche": Eine weitere gute Möglichkeit ist die Arbeit mit imaginären Räumen, die durch Bewegung und Gestik gestaltet werden. Die Klientin wird eingeladen, mit ihren Händen und ihrem Körper einen eigenen Raum um sich herum zu erschaffen (z. B. werden die Hände dabei zu Pinseln und der Boden zu Farbtöpfen). Sie entscheidet dabei intuitiv über dessen Größe, Form, Grenzen und Ausstattung. Ist ihr Raum weit und offen oder eng und schützend? Bewegt sie sich darin frei oder vorsichtig? Wie viel Platz nimmt sie für sich ein? Die Gestaltung dieses imaginären Raums kann symbolisch für ihre emotionalen Bedürfnisse stehen: Braucht sie Schutz oder Weite? Struktur oder Freiheit? Durch diese körperliche Erfahrung kann die Klientin erspüren, welche Emotionen mit ihrem Raum verbunden sind. Möchte sie ihn verändern? Braucht sie mehr Raum für sich oder fühlt sie sich von zu viel Weite überfordert? Die Therapeutin begleitet diesen Prozess mit gezielten Impulsen und Reflexionsfragen, um die Klientin in ihrer Selbstwahrnehmung zu unterstützen.

Die Intervention fördert nicht nur den Ausdruck von Gefühlen, sondern stärkt auch das Erleben von Selbstwirksamkeit. Die Klientin erfährt, dass sie aktiv Einfluss auf ihren persönlichen Raum nehmen kann – eine wertvolle Erkenntnis, die sich auf ihr Verhältnis zum eigenen Körper und zu ihren persönlichen Grenzen übertragen lässt. Durch die tänzerische Gestaltung und Reflexion entsteht eine Verbindung zwischen innerem Erleben und äußerem Ausdruck, die es ermöglicht, sich selbst auf neue Weise wahrzunehmen und anzunehmen.

5.5.3 Was ist bei der therapeutischen Arbeit wichtig?

Bei der Arbeit mit Klientinnen mit Essstörungen ist eine behutsame, respektvolle und geduldige Herangehensweise entscheidend. Es ist bedeutsam, dass die Klientinnen sich nicht dazu gedrängt fühlen, sich zu bewegen oder sich ihren Ängsten direkt zu stellen, wenn sie noch nicht bereit sind. Die Tanztherapie sollte stets im Einklang mit dem jeweiligen therapeutischen Konzept und dem Fortschritt der Klientinnen stattfinden. Entscheidend dabei ist:

- Geduld mit der Klientin und den eigenen Fortschritten zu haben. Essstörungen sind langwierig und komplex.
- Die Klientin niemals zu etwas zu drängen, was sie nicht will oder in dem Moment nicht bewältigen kann.
- Ein sicheres Umfeld zu schaffen, in dem die Klientin ihre Gefühle und Ängste ausdrücken kann, ohne sich bedroht oder bewertet zu fühlen.
- Den Körper in kleinen, behutsamen Schritten wieder als etwas Positives wahrzunehmen.

Bei Klientinnen mit Essstörungen sollten keine Themen oder Übungen eingesetzt werden, die zu einer verstärkten Angst oder einem noch negativen Körpergefühl führen könnten. Auch extreme Bewegungsformen oder zu intensive körperliche Belastungen sollten vermieden werden, da sie möglicherweise traumatische Erinnerungen an frühere Ernährungsgewohnheiten oder Diäten hervorrufen können.

Gruppentherapie oder Einzeltherapie?

Die Frage, ob Einzel- oder Gruppentherapie sinnvoller ist, hängt von der jeweiligen Klientin und ihren Bedürfnissen sowie von den Rahmenbedingungen ab. In der Gruppe kann es hilfreich sein, die Erfahrungen und Emotionen mit anderen zu teilen und sich einander zu unterstützen. Jedoch kann es für Klientinnen mit schweren Essstörungen und stark ausgeprägten Körperängsten oft sinnvoller sein, zunächst in einer Einzeltherapie zu arbeiten, um das Selbstbewusstsein und die Sicherheit zu stärken, bevor sie sich auf Gruppendynamiken einlassen.

5.5.4 „Sonde(r)nfall": Bewegung mit Sondenernährung

Ein besonderes therapeutisches Anliegen ergibt sich, wenn Klientinnen aufgrund ihres körperlichen Zustands zusätzlich ernährt werden und daher permanent einen Infusionsständer mit sich führen. Dies schränkt automatisch die Bewegungsfreiheit ein und verstärkt das Gefühl der Abhängigkeit. Gleichzeitig bietet die Situation aber auch eine Möglichkeit, kreativ und spielerisch mit dieser Einschränkung umzugehen und sie in die tanztherapeutische Arbeit einzubinden.

Anstatt den Infusionsständer nur als notwendiges medizinisches Hilfsmittel zu betrachten, kann er in der Therapie als *Partner oder spielerisches Element* einbezogen werden:

- *Der Infusionsständer als Begleiter* – Die Klientin kann erkunden, wie sich die Bewegungen des eigenen Körpers übertragen, wenn sie den Infusionsständer führt oder sich von ihm führen lässt. Das kann spielerisch als "Führung und Folgen" umgesetzt werden.
- *Interaktion mit dem Objekt* – Der Ständer kann als imaginärer Tanzpartner genutzt werden, wobei verschiedene Bewegungen ausprobiert werden: sanfte Drehungen, Kreise, Schieben und Ziehen im Raum.
- *Rhythmus und Dynamik* – Der Infusionsständer kann rhythmisch bewegt werden, um die Wahrnehmung des eigenen Körpers in der Bewegung zu erweitern. Beispielsweise können Klientinnen ihn leicht anschubsen und beobachten, wie er sich bewegt.
- *Der Infusionsständer als Symbol* – In der Therapie kann darüber reflektiert werden, welche Rolle der Infusionsständer im Leben der Klientin spielt: Ist er eine Last, ein Schutz, eine Grenze oder sogar ein Freund? Diese Reflexion kann in Bewegungsbilder und/oder gemalte Bilder übertragen werden.

Häufig bewegen sich Jugendliche mit Sondenernährung nur minimal und schieben ihren Infusionsständer mehr oder weniger bloß neben sich her. Hier kann es hilfreich sein, gemeinsam neue Fortbewegungsmöglichkeiten zu erforschen. Beispielsweise kann sich die Therapeutin selbst einen Infusionsständer organisieren und gemeinsam mit den Klientinnen ausprobieren, wie es ist, den Infusionsständer mit beiden Händen zu bewegen, ihn sanft um sich drehen zu lassen oder ihn bewusst als Zentrum ihrer Bewegung einzusetzen. Dabei kann die Therapeutin auch Bewegungsspiele einbringen. Zusätzlich ist es hilfreich, den Fokus bewusst auf andere Körperteile zu lenken. Indem Beine, Arme oder der Kopf gezielt in Bewegung gebracht werden, kann die Aufmerksamkeit vom Infusionsständer weggelenkt und der Bewegungsspielraum erweitert werden.

Fallbeispiel: Lenas Tanztherapie-Reise

Mein Körper gehört mir.

Lena ist 15 Jahre alt und fühlt sich, als wäre sie in ihrem eigenen Körper gefangen. Es ist, als würde sie sich jeden Tag in einem fremden Körper aufhalten, der nicht zu ihr gehört. „Ich fühle mich einfach … schwach“, sagt sie leise, als sie in den Raum tritt. Ihr Blick bleibt auf den Boden gerichtet, ihre Schultern hängen, ihre Beine sind eng zusammen, als wolle sie sich selbst davor bewahren, in den Raum einzutreten – als wolle sie sich unsichtbar machen. Es fühlt sich an, als ob sie sich selbst nicht mehr spürt.

Die Tanztherapeutin Lisa schaut sie mit einer Mischung aus Empathie und Geduld an. „Schön, dass du da bist“, sagt sie ruhig. Ihre Stimme klingt warm, einladend. Lena zuckt mit den Schultern. „Ich fühle mich … leer. Und irgendwie nicht mehr stark.“ Ihre Stimme klingt zerbrechlich, fast wie ein Flüstern.

Lisa nickt und sagt leise: „Lass uns langsam anfangen. Wir nehmen uns Zeit.“ Sie bittet Lena, sich ruhig hinzustellen und tief in den Bauch zu atmen. „Spür mal einfach den Boden unter deinen Füßen.“

Lena tut es widerwillig. Sie schließt ihre Augen, atmet tief ein, doch ihre Schultern bleiben angespannt, ihre Hände auf ihren Oberschenkeln verkrampft. Sie ist angespannt, als ob jede Bewegung oder jeder Gedanke, der mit ihrem Körper zu tun hat, eine Bedrohung für sie darstellt.

„Stell dir vor, du würdest dich langsam aufrichten“, sagt Lisa sanft. „Als ob deine Wirbelsäule von unten nach oben wachsen würde – wie ein Baum, dessen Wurzeln tief in die Erde reichen und dessen Äste sich dem Himmel zuwenden.“ Lena schüttelt den Kopf. „Das geht nicht“, murmelt sie. „Ich kann mich nicht aufrichten.“

Lisa lächelt ruhig und sagt: „Wir machen das langsam. Wenn du dich dazu bereit fühlst, kannst du einfach einen kleinen Schritt in diese Richtung machen.“ Sie selbst stellt sich aufrecht hin, nimmt die Haltung ein und zeigt Lena, wie die Wirbelsäule ganz leicht wachsen kann, ohne Druck, ohne Zwang.

Zögerlich bewegt sich Lena. Ihr Kopf bleibt gesenkt, ihre Schultern angespannt. Doch sie spürt etwas – vielleicht ist es der Raum, den Lisa ihr gibt, vielleicht ist es das Vertrauen, das in dieser Stille liegt. Langsam richtet sie sich ein kleines Stück auf. Es fühlt sich fremd an, aber nicht ganz unangenehm. Ihr Körper widersetzt sich, doch für einen Moment bleibt sie einfach in dieser Haltung.

„Gut, Lena“, sagt Lisa mit einem Lächeln, „jetzt spür, wie die Erde dich stützt. Deine Füße sind fest auf dem Boden, sie tragen dich. Du bist nicht allein in deinem Körper. Du darfst da sein.“ Lena atmet tief ein, dann noch einmal. Ein kleines Gefühl von Stabilität beginnt in ihr zu wachsen, ganz zart, wie ein Hauch von Hoffnung. Ihre Haltung bleibt noch ein Moment lang unsicher, doch sie merkt, dass sie nicht ganz so schwer auf ihren Schultern lastet wie vorher.

„Stell dir vor, du würdest deine Arme ausbreiten, als ob du die Luft um dich herum einfangen würdest. Du darfst dir Raum nehmen, Lena, du kannst wachsen.", sagt Lisa in einer anderen Einheit.

Lena schaut sie an, zögert. Ihre Arme heben sich langsam, sehr langsam, als ob jeder Finger zu schwer ist. Aber dann spürt sie etwas anderes – als ob ihre Arme von innen heraus sanft nach oben gedrückt werden. „Ich kann das … irgendwie“, flüstert sie leise, fast erstaunt. Ihre Arme bewegen sich höher, bis sie fast den Himmel berühren. Es fühlt sich immer noch unsicher an, aber auch anders – ein Gefühl, als ob der Körper anfangen könnte, sich selbst zu befreien, als ob sie den Raum um sich herum plötzlich ein wenig mehr spüren könnte.

„Du darfst dir Raum nehmen, Lena“, wiederholt Lisa. „Du darfst dich öffnen.“

Lena lässt die Arme wieder sinken, doch dieses Mal fühlt sich der Moment anders an. Sie hat etwas gespürt – ein zartes Gefühl von Stärke, von Präsenz. Sie schaut auf ihre Hände, als würde sie sie das erste Mal wirklich sehen. Sie fühlt den Boden unter ihren Füßen, und es fühlt sich nicht mehr so schwer an.

In den kommenden Wochen wird die Arbeit mit der Körperhaltung zu einem festen Bestandteil ihrer Sitzungen. Immer wieder arbeitet Lena daran, ihre Haltung zu verändern – in kleinen, achtsamen Schritten. Sie bemerkt, wie ihre Bewegungen immer weicher, aber auch stabiler werden. Am Anfang fällt es ihr schwer, den Körper in dieser aufrechten, offenen Haltung zu halten. Aber mit jeder Sitzung spürt sie ein kleines Stück mehr Stärke.

Eines Tages, als Lisa Lena wieder darum bittet, ihre Arme auszustrecken, bemerkt Lena erstmals, dass ihre Arme nicht mehr zögerlich nach oben gehen, sondern mit einer klareren, ruhigeren Bewegung. „Ich fühle mich irgendwie… nicht mehr so klein“, sagt sie fast ungläubig. „Irgendwie gehört mein Körper wieder ein bisschen mehr mir.“

Es gibt auch Tage, an denen die Veränderung schwieriger ist. Tage, an denen Lena wieder das Gefühl hat, dass ihr Körper gegen sie arbeitet, dass sie wieder in ihren alten Mustern gefangen ist. Doch Lisa ist immer da, ermutigt sie, die Dinge langsam zu nehmen, ohne Druck. Sie spiegelt die kleinsten Veränderungen und Fortschritte und erinnert Lena daran, dass es okay ist, wenn der Weg nicht immer geradlinig ist.

„Du bist auf dem richtigen Weg“, sagt Lisa in einer Sitzung, als Lena wieder in ihre alte, zusammengesunkene Haltung zurückzufallen droht. „Es gibt keinen falschen Weg, Lena. Es gibt nur deinen Weg.“

Und Stück für Stück, Sitzung für Sitzung, beginnt Lena mehr und mehr zu glauben, dass ihr Körper nicht nur ein Gefängnis ist, sondern auch ein Ort, der ihr gehört – ein Ort, den sie wieder erobern kann. Sie ist nicht mehr nur das Mädchen, das sich in ihrem Körper verloren hat. Sie ist ein Mädchen, das sich langsam wieder spürt, das gelernt hat, dass der Weg zu Stärke nicht von Perfektion abhängt, sondern von der Akzeptanz und der kleinen, kraftvollen Veränderung, die in jedem Moment liegt.◄

Lenas Entwicklung verdeutlicht, wie Tanztherapie Jugendlichen mit Essstörungen dabei unterstützen kann, sich ihrem Körper behutsam wieder anzunähern. Essstörungen sind oft geprägt von einem tiefen Gefühl der Entfremdung, von Kontrolle und dem Wunsch, den eigenen Körper zu beherrschen oder zu verändern. Tanztherapie bietet hier einen anderen Zugang: keinen Kampf gegen den Körper, sondern eine behutsame Annäherung an ihn. Durch achtsame Bewegungen, bewusste Körperwahrnehmung und das Erleben von Stabilität und Raum kann nach und nach ein neues Körpergefühl entstehen – nicht als etwas, das perfekt sein muss, sondern als etwas, das sein darf. Lena durfte spüren, dass ihr Körper nicht nur eine Last ist, sondern auch eine Quelle von Kraft und Selbstbestimmung sein kann. Und genau das macht Tanztherapie so wertvoll: Sie eröffnet Wege, um sich selbst im eigenen Körper wiederzufinden – Schritt für Schritt, Atemzug für Atemzug.

5.6 Kinder und Jugendliche mit Traumafolgestörungen

Eine posttraumatische Folgestörung bezeichnet eine tiefgreifende psychische Reaktion auf extrem belastende oder überwältigende Erlebnisse, die das emotionale, psychische und körperliche Wohlbefinden einer Person stark beeinträchtigen können. Traumatische Erlebnisse sind nicht nur auf physische Gewalt oder Missbrauch beschränkt, sondern können auch durch andere schwerwiegende Erfahrungen entstehen, wie Vernachlässigung, Zeuge von Gewalt zu werden oder plötzliche Verluste. Insbesondere bei Kindern und Jugendlichen kann ein Trauma das gesamte Entwicklungspotenzial beeinflussen und zu langfristigen psychischen, physischen und sozialen Störungen führen (Gabbard, 2014).

Traumafolgestörungen entstehen, wenn das Kind und Jugendliche nach einem traumatischen Ereignis nicht in der Lage sind, eine gesunde Verarbeitung des Erlebten zu entwickeln. Betroffene zeigen oft Symptome wie Angst, Schlafstörungen, Flashbacks, Wutausbrüche, emotionale Taubheit, Rückzug, aber auch aggressives oder selbstzerstörerisches Verhalten. Besonders problematisch ist, dass sie in vielen Fällen Schwierigkeiten haben, ihre Gefühle zu regulieren und sich mit ihrem Körper in einer gesunden Weise zu verbinden (Briere & Scott, 2012).

Ein Trauma kann *verschiedene Formen* annehmen (Ogden et al., 2006):

- *Akute Traumata*: Ein einmaliges, plötzliches Ereignis wie ein Unfall oder eine Naturkatastrophe.
- *Chronische Traumata*: Wiederholte belastende Ereignisse, wie anhaltender Missbrauch oder Vernachlässigung.
- *Komplexes Trauma*: Mehrere verschiedene traumatische Ereignisse, häufig in der Kindheit, die langfristige Auswirkungen auf das Selbstbild und das Vertrauen in andere Menschen haben.

5.6.1 Körperliche Manifestationen von Traumata

Traumata hinterlassen nicht nur seelische, sondern auch tiefgehende körperliche Spuren. Kinder und Jugendliche, die oft nicht über ihre Erfahrungen sprechen können oder wollen, zeigen Traumafolgen häufig durch ihren Körperausdruck (Abb. 5.9). Tanztherapie bietet hier eine wertvolle Möglichkeit, um Stabilisierung, Ressourcenaktivierung und neue Ausdrucksformen zu fördern.

Traumatisierte Kinder und Jugendliche können verschiedene *körperliche Symptome* aufweisen, die aus einer erhöhten Stressbelastung des Nervensystems resultieren. Darunter:

Abb. 5.9 Der Körper spricht: Traumatische Erfahrungen zeigen sich häufig in Körpersprache und Haltung – in Spannung, Fragmentierung oder abgespaltenen Bewegungsmustern. Der Körper erinnert, auch wenn das Erlebte noch keinen sprachlichen Ausdruck findet. Die abgebildete Szene wurden von Kindern nachgestellt und zeigt keine echten Klientinnen oder deren Diagnosen

- *Bewegungseinschränkungen und Fragmentierung einzelner Körperteile*: Bewegungslosigkeit des Kopfes, eines Armes oder anderer Gliedmaßen, asynchrone oder abrupte Bewegungen.
- *Vegetative Symptome*: Herzrasen, Schwitzen, Zittern oder Verdauungsprobleme (Rothschild, 2000).
- *Schlafstörungen und chronische Schmerzen*: Kopfschmerzen, Muskelverspannungen oder andere psychosomatische Beschwerden (Rothschild, 2000).
- *Fragmentierung von Erinnerungen*: Gefühl, vom eigenen Körper getrennt zu sein (Dissoziation); emotionale und körperliche Empfindungen werden isoliert gespeichert (Ogden et al., 2006).

Durch den gezielten Einsatz von Bewegung in der Tanztherapie können diese fragmentierten Empfindungen integriert und verarbeitet werden, was zu einer verbesserten körperlichen und emotionalen Gesundheit der Klientinnen beiträgt (van der Kolk, 2015).

5.6.2 Tanztherapeutische Arbeit bei Traumata

Tanztherapie ermöglicht traumatisierten jungen Menschen, nonverbal Ausdruck für ihre inneren Erlebnisse zu finden, ihre Körperwahrnehmung zu verbessern und Ressourcen zu aktivieren, die zur Stabilisierung und Heilung beitragen. Gleichzeitig erfordert die tanztherapeutische Arbeit mit dieser Zielgruppe ein hohes Maß an Sensibilität, klare Grenzen und ein Bewusstsein für mögliche Risiken wie Retraumatisierung.

Ressourcen vor Verarbeitung. Bei der tanztherapeutischen Arbeit stehen nicht die direkte Aufarbeitung des Traumas im Vordergrund, sondern die Förderung von Sicherheit und Stabilität sowie die Entwicklung von Ressourcen.

Dazu können *folgende Methoden* hilfreich sein:

- *Rhythmus und Wiederholung*: Strukturierte Bewegungsabläufe können Sicherheit geben und helfen, Selbstregulation zu erlernen (Meekums, 2002).
- *Bodenkontakt und Erdung*: Durch Bewegungen, die den Körper bewusst mit dem Boden verbinden, kann das Körperbewusstsein gestärkt werden.
- *Spiegelungstechniken*: Durch achtsame Nachahmung der Bewegungen der Klientin kann ein nonverbaler Dialog entstehen, der Bindung und Vertrauen fördert.
- *Ressourcenaktivierung*: Spielerische, kreative Elemente stärken positive Körpererfahrungen und ermöglichen die (Wieder-)Entdeckung von Lebensfreude.

- *Atemarbeit*: Gezielte Atemübungen können helfen, das autonome Nervensystem zu regulieren und Panikzustände zu reduzieren (Porges, 2011).

Traumatische Erlebnisse können das Sprachzentrum hemmen, Erinnerungen fragmentieren und das Verstehen der eigenen Emotionen erschweren (Ogden et al., 2006). Tanztherapie bietet eine alternative Ausdrucksmöglichkeit und erlaubt es den Betroffenen, ihre inneren Erlebnisse zu kommunizieren, ohne Worte finden zu müssen. Das kann dabei helfen, festgehaltene Spannungen zu lösen und ein Gefühl der Kontrolle zurückzugewinnen. Zudem fördert Tanztherapie die Integration von Körper und Geist, was essenziell für die Verarbeitung traumatischer Erlebnisse ist.

Wichtig ist, dass der Fokus der tanztherapeutischen Arbeit nicht auf der Konfrontation mit traumatischen Erfahrungen und Gefühlen liegt, sondern auf Stabilisierung, Ressourcenaktivierung und kreativer Selbstwirksamkeit. Stabilisierung kann etwa durch lustvolle Bewegungsspiele, kreatives Gestalten, Entspannungsübungen, die Arbeit mit Medien wie Decken oder Tüchern oder Rollenspiele erreicht werden. Emotionen dürfen dabei immer da sein (meist zeigen sie sich recht schnell in Form von Wut oder Traurigkeit), werden aber nicht forciert verarbeitet.

Nach einer ersten Phase der Stabilisierung und des Ausdrucks können gezielte Interventionen zur Reflexion und Weiterentwicklung eingesetzt werden:

- *Integration durch Gespräche*: Nach den Bewegungssequenzen können Reflexionsrunden oder kreative Methoden (z. B. Zeichnen von Bewegungsspuren) dabei helfen, das Erlebte bewusst zu verarbeiten.
- *Verankerung neuer Bewegungsmuster*: Wiederholte positive Bewegungserfahrungen helfen, alternative Handlungsstrategien zu verinnerlichen. Dies kann durch spielerische Wiederholungen und Ritualisierungen unterstützt werden.
- *Verbindung zur Alltagsbewältigung*: Die Therapeutin kann gemeinsam mit den Klientinnen Strategien entwickeln, wie Bewegung im Alltag genutzt werden kann, um mit Stress und Emotionen umzugehen.

Sensibilitäten in der Arbeit mit traumatisierten Klientinnen

Die Arbeit mit traumatisierten Klientinnen verlangt von der Tanztherapeutin ein hohes Maß an Sensibilität. Traumatisierte Kinder und Jugendliche reagieren häufig auf bestimmte Bewegungen oder Berührungen mit starkem Widerstand oder Angst. Insbesondere in der Anfangsphase ist es wichtig, keine Bewegung zu forcieren, die zu intensiv oder invasiv wirkt. Jede Interaktion mit dem Körper muss in einem Tempo erfolgen, das der Klientin genügend Raum für Selbstbestimmung lässt.

Auch sollte die Therapeutin den Raum so gestalten, dass er für die Klientin sicher wirkt. Das bedeutet, dass die Atmosphäre respektvoll und empathisch ist, dass keine plötzlichen oder belastenden Bewegungsaufforderungen gemacht werden und dass die Klientin jederzeit die Möglichkeit hat, sich zurückzuziehen oder eine Pause zu machen.

Die *Grenze* der Tanztherapie wird erreicht, wenn die Klientinnen so stark traumatisiert sind, dass sie jegliche körperliche Bewegung mit extremen Ängsten oder Flashbacks assoziieren. In diesen Fällen ist es notwendig, die Therapie mit anderen psychotherapeutischen Verfahren zu kombinieren oder einen behutsamen, körperlich wenig herausfordernden Einstieg zu wählen (Ogden et al., 2006).

Grundsätzlich birgt die tanztherapeutische Arbeit mit traumatisierten Klientinnen bestimmte Risiken, die Tanztherapeutinnen stets bewusst sein müssen. Eine der größten Herausforderungen ist die Gefahr der *Retraumatisierung*, wenn körperliche Erinnerungen zu direkt thematisiert werden und dadurch eine Überforderung auslösen können (Levine, 1997). Ebenso können traumatisierte Kinder und Jugendliche mit herausforderndem Verhalten reagieren, etwa in Form von Aggressionen, Widerständen oder Fluchtimpulsen (Perry & Szalavitz, 2008).

Auch für die Therapeutinnen selbst kann die Arbeit mit dieser Zielgruppe belastend sein. Die Konfrontation mit tiefgreifenden Traumata und die oft langsamen, kaum sichtbaren Fortschritte, können Gefühle der Überforderung oder Frustration hervorrufen. Daher ist es essenziell, dass Therapeutinnen nicht nur über fundiertes Wissen im Bereich Trauma verfügen, sondern auch ihre eigene emotionale Belastung reflektieren und sich durch Supervision oder Intervision begleiten lassen.

Berührung und Körperkontakt – wichtige Grenzen achten

Für viele Klientinnen (insbesondere mit Missbrauchserfahrungen) ist Berührung ein besonders *sensibles Thema*. Negative Erlebnisse in der Vergangenheit können dazu führen, dass körperlicher Kontakt Angst oder Abwehrreaktionen auslöst. Deshalb ist es in der Tanztherapie essenziell, äußerst achtsam mit dem Aspekt „Berührung" umzugehen und Körpergrenzen stets zu respektieren. Es gibt bewährte Methoden, um taktile Reize in die therapeutische Arbeit zu integrieren, ohne direkten Hautkontakt herzustellen – beispielsweise durch den Einsatz von Tüchern, Bällen oder Decken.

Um eine sichere und unterstützende Umgebung für traumatisierte Klientinnen zu schaffen, können *folgende Prinzipien* hilfreich sein:

- Klare Grenzen und Strukturen schaffen Sicherheit und Orientierung.
- Weniger Fokus auf Emotionen, mehr auf Erleben und Stabilisierung.
- Geduld und Flexibilität sind entscheidend, da die tanztherapeutische Arbeit oft unvorhersehbar verläuft und sich Struktur nur begrenzt aufrechterhalten lässt.

5.6.3 Methoden und Interventionen

Tanztherapie unterstützt dabei, den Körper wieder zu integrieren und Vertrauen in den eigenen physischen Ausdruck zurückzugewinnen.

Körperwahrnehmung und Integration

Traumatisierte Kinder und Jugendliche erleben oft eine *Fragmentierung* ihrer Körperwahrnehmung. Der Körper wird als fremd oder als Bedrohung wahrgenommen, was zu einem sehr schwachen Gefühl von Selbstwirksamkeit führen kann. In der Tanztherapie wird gezielt an der Körperwahrnehmung gearbeitet, indem die Klientinnen bewegt begleitet werden. Sie lernen, ihren Körper bewusst wahrzunehmen und zu spüren, dass er sicher ist.

Praxisbeispiel. „Rock´n´rolling“: Die Arbeit mit Decken bietet eine tiefgehende und zugleich sanfte Möglichkeit, Kindern und Jugendlichen mit posttraumatischer Belastungsstörung einen sicheren Erfahrungsraum zu eröffnen. Das Einrollen in eine Decke ermöglicht es den Klientinnen, einen gleichmäßigen, dosierbaren Druck sowie Berührungskontakt auf ihrem Körper zu spüren. Dieser physische Reiz kann beruhigend wirken, das Körperbewusstsein fördern und ein Gefühl von Halt, Begrenzung und Sicherheit vermitteln – zentrale Aspekte, die für traumatisierte Kinder und Jugendliche oft schwer zugänglich sind. Je nach Bedürfnis kann die Enge individuell angepasst werden – von lockerem Einhüllen bis zu einem festen Kokon. Dies stärkt das Gefühl der Selbstwirksamkeit und Kontrolle. Alternativ oder ergänzend können Tücher verwendet werden, um mit verschiedenen Texturen, Gewichten und Druckintensitäten zu experimentieren. Von der Tanztherapeutin dürfen in weiterer Folge auch Ideen für die kreative Gestaltung eingebracht werden. So kann die Decke etwa zu einem Zelt oder einer Höhle gestaltet werden und dieser geschützte Rückzugsraum dazu genutzt werden, um sich zu sammeln oder über Bewegungen aus dem Inneren heraus mit der Außenwelt in Kontakt zu treten. Auch der Übergang vom Kokon (ganz eingerollt) zum Schmetterling (die Decke als Flügel) lässt sich mit der Decke spielerisch-kreativ gestalten. Außerdem eignet sich die Decke für diverse Verwandlungsspiele und kann die Kinder und Jugendlichen zu verschiedenen bewegten Rollen inspirieren – wenn sich die Decke etwa in einen königlichen Umhang, eine Rüstung oder Feenflügel verwandelt (Abb. 5.10).

Die Arbeit mit Decken unterstützt auch bei *regressivem Verhalten*, wie es bei traumatisierten Kindern und Jugendlichen häufig auftritt. Regression – also das Zurückfallen in frühere Entwicklungsstadien – dient oft als Schutzmechanismus, um mit überwältigenden Gefühlen oder inneren Unsicherheiten umzugehen. In solchen Momenten sehnen sich die Betroffenen nach Geborgenheit, Halt und Struktur, wie sie typischerweise in frühen Kindheitsphasen erlebt (oder vermisst) wurden. Die Decke dient in diesem Kontext nicht nur als physische Hülle, sondern auch als symbolisches Schutzfeld – eine Art „sicherer Mutterleib“ oder „Nest“, das regressives Verhalten nicht pathologisiert, sondern liebevoll auffängt und begleitet. Sie ermöglicht es den Klientinnen, sich zurückzuziehen, klein zu machen oder sich wie ein Baby einzurollen, ohne bewertet zu werden. Diese Form der Selbstregulation kann helfen, emotionale Spannungen abzubauen und das Gefühl von innerer Sicherheit wiederherzustellen.

Abb. 5.10 Die Decke als kreatives Medium lädt zu fantasievollen Bewegungen, spielerischem Ausdruck und freudvoller Interaktion ein. Auch in Gruppensettings, in denen Themen wie Ausgrenzung, Unsicherheit oder mangelndes Vertrauen im Vordergrund stehen, kann die Decke eine verbindende Brücke schlagen. Die abgebildete Szene wurden von Kindern nachgestellt und zeigt keine echten Klientinnen oder deren Diagnosen

Praxisbeispiel. „Körperdetektivinnen“: Übungen im Liegen können dabei unterstützen, den Körper als Ganzes wahrzunehmen und Sicherheit zu spüren. Die Kinder oder Jugendlichen legen sich dabei auf den Boden und beginnen mit sanften Bewegungen, etwa strecken, dehnen, kreisende Bewegungen oder rollen. Das bewusste Spüren des Bodens fördern zusätzlich die Wahrnehmung der eigenen Körpergrenzen. Dabei wird isolierte Bewegung oder die Bewegung einzelner Körperteile oft als heilsam empfunden, da die Reduktion Druck rausnehmen kann („ich muss nicht nachdenken oder kreativ sein und mich auch nicht anstrengen“). Darüber hinaus unterstützt die Fokussierung auf reine Körperempfindung die Stabilisierung (weg vom Fühlen). Auch ein bewusstes Anspannen und Entspannen der Muskeln kann dabei helfen, Körperempfindungen gezielt wahrzunehmen und zu regulieren (Jacobson, 1938).[1] In weiterer Folge könnte die gezielte Anspannung und anschließende bewusste Entspannung auch in Bewegung weitergeführt werden, um Körperkontrolle, Regulation und Stabilisierung weiter zu fördern.

Praxisbeispiel. „Bodylullaby“: Sanfte, gleichmäßige Bewegungen helfen, das Nervensystem zu regulieren und Entspannung zu fördern. Wiegebewegungen sind eine bewährte

[1] Die Progressive Muskelentspannung nach Jacobson (PMR) ist eine bewährte Methode zur Förderung von Körperwahrnehmung und Entspannung. Sie kann in die Tanztherapie integriert werden, um Kindern und Jugendlichen mit Traumata zu helfen, Spannungen abzubauen und sich wieder sicher in ihrem Körper zu fühlen (Jacobson, 1938).

Methode, um das autonome Nervensystem zu regulieren und Entspannung zu fördern. Sie greifen die natürlichen Rhythmen des Körpers auf und vermitteln ein Gefühl von Geborgenheit. Möglich ist auch eine Kombination von rhythmischen Bewegungen mit Atemübungen, um die Selbstregulation zu fördern.

Bewegung und Ausdruck als Kommunikationsmittel

Viele traumatisierte Kinder und Jugendliche haben gelernt, ihren authentischen Ausdruck zu unterdrücken oder sich zu verstellen. Tanztherapie kann dabei helfen, über Bewegung neue Ausdrucksmöglichkeiten zu finden.

Praxisbeispiel. „Elemental": Zur Förderung der ganzheitlichen Körpererfahrung kann die Bewegung durch kreative Ansätze unterstützt werden. Eine Gruppe von Kindern bewegt sich abwechselnd wie Wasser (fließend), Feuer (dynamisch, plötzlich), Erde (stabil, stark) und Luft (leicht, allmählich), um verschiedene Körperwahrnehmungen zu aktivieren. Daraus können auch neue tänzerische Geschichten entwickelt oder sogar präsentiert werden. Musik unterschiedlicher Tempi und Intensitäten unterstützt dazu das Erleben von Körperzusammenhängen und Emotionen (Kestenberg & Buelte, 1999).

Praxisbeispiel. „Und wenn sie tanzen…": Die Therapeutin legt verschiedene Bilder mit bekannten und weniger bekannten Märchenfiguren im Raum aus und lädt eine Gruppe von Jugendlichen dazu ein, sich zu dem Bild zu setzen, das sie am meisten anspricht. Anschließend schlüpft jede Jugendliche in die Rolle, die das Bild für sie vermittelt, um spielerisch neue Ausdrucksformen zu erproben. Dabei können eine eigene Gangart, eine Körperhaltung, ein Ausdruck des Gesichts und weitere Details entwickelt werden, die in weiterer Folge reflektiert werden.

Praxisbeispiel. „Geschichtenbäume": In der tanztherapeutischen Arbeit kann das Bild des Baumes eine kraftvolle Ressource für depressive Jugendliche darstellen. Es verknüpft Körpererfahrung mit imaginiertem Wachstum und ermöglicht eine behutsame Auseinandersetzung mit den Themen Verwurzelung, Aufrichtung und Verbindung. Die Übung beginnt in der liegenden Position. Die Jugendlichen tasten ihr Umfeld, erspüren den Boden unter sich und nehmen Kontakt mit ihrer eigenen Körperlichkeit auf. Ausgehend von der Vorstellung fruchtbarer, dunkler Erde entsteht ein Bild der Verwurzelung: Die Füße oder andere Körperbereiche imaginieren Wurzeln, die tief in den Boden wachsen und Halt geben. In einem allmählichen Prozess richtet sich der Körper nach oben aus – zunächst in kleinen Bewegungen, etwa durch ein leichtes Anheben eines Fingers oder Arms. Nach und nach werden weitere Körperteile einbezogen, bis sich die Klientinnen aufrichten, erst ins Sitzen, dann ins Stehen. Das Aufrichten geschieht in Verbindung mit der Vorstellung des Baumes, der sich dem Licht entgegenstreckt und in seinem eigenen Tempo wächst. Die Weite und Expansion des Körpers werden durch die Metapher der Baumkrone erfahrbar: Die Arme breiten sich als Äste aus, erforschen Raum und Bewegungsspielräume. Die Stabilität der

Abb. 5.11 „Mein bewegter Baum": In der tanztherapeutischen Arbeit eröffnet das Motiv „Baum" oft einen bewegenden Zugang zu inneren Ressourcen

Wurzeln bleibt dabei spürbar, während gleichzeitig Flexibilität für Fortbewegung entsteht (hier eignet sich auch die Vorstellung von bekannten Fantasyfilmen, in denen sich Bäume bewegen). In der nächsten Phase wird der Einzelbaum Teil eines Waldes. Die Jugendlichen erleben sich nicht isoliert, sondern eingebettet in eine Gemeinschaft von Bäumen. Sie können in Interaktion treten, Äste berühren, sich verschlingen oder bewusst Abstand halten. Die Wahl der Bewegungen bleibt individuell, um ein Gefühl von Selbstbestimmung und spielerischer Exploration zu ermöglichen. In der abschließenden Reflexion kann besprochen werden, welche Klientin welcher Baum war und in wie weit dieser Baum die aktuelle Befindlichkeit widerspiegelt. Auch das Malen des eigenen Baumes kann unterstützend sein und die Erfahrung noch bewusster machen (Abb. 5.11).

Resilienzförderung und Wiederherstellung der Kontrolle

Ein zentrales Ziel der Tanztherapie ist es, Kindern und Jugendlichen ein Gefühl der Selbstwirksamkeit zurückzugeben. Traumatisierte Kinder erleben oft Kontrollverlust über ihren Körper und ihre Umwelt. In der Therapie können sie durch bewusstes Bewegen wieder Einfluss auf ihren Körper nehmen und dadurch ihre Resilienz stärken. Übungen, die eine aktive Gestaltung des eigenen Bewegungsflusses ermöglichen, helfen dabei,

Kontrolle zurückzuerlangen. Durch festgelegte Abfolgen von Bewegungen oder das Entwickeln eigener Bewegungssequenzen lernen Kinder und Jugendliche, Entscheidungen über ihren Körper zu treffen. Dies stärkt nicht nur ihre Körperwahrnehmung, sondern auch ihr Vertrauen in die eigene Handlungsfähigkeit.

Praxisbeispiel. „Mission: Meine Superkraft": Kinder in einer tanztherapeutischen Gruppe werden dazu ermutigt, zum Thema „Meine Superkräfte" verschiedene Bewegungsqualitäten zu nutzen, um den Raum bewusst wahrzunehmen und Kontrolle über ihre Bewegungen zu gewinnen. Sie können verschiedene Geschwindigkeiten und Ebenen ausprobieren, um den Bewegungsfluss zu regulieren. Aus den dabei erlebten Bewegungen können sie anschließend eigene Bewegungsabläufe entwickeln und auch präsentieren. Dies kann spielerisch als „Superkraft-Bewegung" oder „Mein stärkster Schritt" umgesetzt werden.

Praxisbeispiel. „Tanz mal vor!": Therapeutin und Klientin wechseln sich in der Bewegungsführung ab, sodass die Klientin lernen kann, nicht nur auf die Anleitung der Therapeutin zu reagieren, sondern aktiv die Bewegung zu gestalten. Diese Übung kann nicht nur die Kontrolle über den Körper, sondern auch das Vertrauen in sich selbst und die eigenen Fähigkeiten fördern.

Tanztherapeutische Arbeit bei Fragmentierung

Traumatisierte Kinder und Jugendliche haben oft Schwierigkeiten, ihren Körper als zusammengehörig und integriert wahrzunehmen. In der Tanztherapie wird durch achtsame Bewegungen und gezielte Wahrnehmungsübungen daran gearbeitet, den Körper wieder als Einheit zu erfahren (Abb. 5.12). Ganzkörperliche Bewegung ermöglicht es Klientinnen, abgespaltene Körperteile und Empfindungen wieder bewusst wahrzunehmen und in ein ganzheitliches Körperbild zu integrieren. Dies unterstützt die Verarbeitung von traumatischen Erinnerungen und fördert die psychische Stabilität.

Praxisbeispiel. „Check-in im Körperhotel": Kinder oder Jugendliche werden angeleitet, ihren Körper durch sanfte Bewegungen bewusst wahrzunehmen, um ein Gefühl der Ganzheit (Kohärenz) zu fördern und den Fokus auf die Körperempfindung zu legen. Daraus können sich Bewegungen entwickeln, die den Klientinnen Freude machen und etwa ein Gefühl von Stärke vermitteln, um positive Körpererfahrungen zu fördern. Möglich ist dabei auch ein taktiles Feedback: Wenn beispielsweise der Kopf steif ist, während sich der Rest des Körpers bewegt, kann durch sanfte Berührung oder leichten Druck an Schultern oder Kopf die Wahrnehmung dieses Bereichs gefördert werden.

Praxisbeispiel. „Der Körper als Landkarte": In dieser kreativen und ressourcenorientierten Methode wird der Körper symbolisch als eine individuelle Landkarte betrachtet. Mithilfe von farbigen Tüchern, Bändern oder anderen Materialien werden bestimmte Körperbereiche sichtbar markiert – beispielsweise Hände, Schultern, Bauch oder Füße. Diese

Abb. 5.12 Der Körper als Einheit: Achtsame Bewegung fördert die ganzheitliche Wahrnehmung des Körpers und unterstützt dabei, abgespaltene Körperteile und Empfindungen wieder zu integrieren. Die abgebildete Szene wurden von Kindern nachgestellt und zeigt keine echten Klientinnen oder deren Diagnosen

Markierungen dienen als Ankerpunkte für Bewegung und Aufmerksamkeit. In der folgenden Bewegungssequenz werden die markierten Körperteile gezielt in tänzerische Ausdrucksformen eingebunden. Die Kinder und Jugendlichen werden eingeladen, aus dieser Erfahrung heraus „Körpergeschichten" zu erfinden: kleine narrative Sequenzen, in denen jedes markierte Körperteil eine eigene Rolle übernimmt, vielleicht als mutige Heldin, ruhender Baum oder neugierige Entdeckerin. Diese spielerische Form des Körpererlebens unterstützt die bewusste Wahrnehmung und emotionale Integration vernachlässigter oder traumatisch besetzter Körperbereiche.

Durch die Verbindung von Bewegung, Imagination und spielerischem Erzählen wird ein sicherer Raum geschaffen, in dem Kinder und Jugendliche ihre Körpergrenzen erkunden, Ausdruck finden und neue Bedeutungen entwickeln können. Gleichzeitig fördert die Methode die Selbstwirksamkeit, das kreative Denken sowie das Vertrauen in die eigene Körperwahrnehmung – zentrale Ressourcen im Umgang mit den Folgen traumatischer Erfahrungen.

Praxisbeispiel. „Räume dich frei": Die Methode des „Verraumens" kann u. a. eingesetzt werden, um unterschiedliche Bewegungsqualitäten (und innere Zustände oder Persönlichkeitsanteile) in abgegrenzten Räumen zu erkunden. Dabei werden mit Seilen oder Tüchern im Raum drei Teilbereiche geschaffen und in jedem der Teilräume wird eine andere Bewegungsqualität umgesetzt. So kann der erste Raum für langsame, fließende Bewegungen stehen, zur Förderung der Achtsamkeit und Selbstwahrnehmung. Im zweiten Raum erfolgen z. B. plötzliche, dynamische Bewegungen, um Impulse auszudrücken und Spontanität zu erleben. Im dritten Raum herrschen Stillstand bzw. minimale Bewegungen zur Erfahrung von Ruhe und Selbstregulation. Auf diese Weise haben Kinder und Jugendliche selbst Kontrolle darüber, für welche Bewegungsqualität sie sich entscheiden und werden spielerisch zu Wechseln und neuen Erfahrungen angeregt. Auch das Verweilen ausschließlich im Stillstand-Raum ist aktive Teilnahme und eine selbstbestimmte Entscheidung. Diese Intervention ermöglicht es, neue Bewegungsmuster zu erlernen, emotionale Zustände über Körperbewegung zu erforschen und eine Verbindung zwischen Innenwelt und äußerer Bewegung zu schaffen.

Fallbeispiel: Pauls Tanztherapie-Reise

Tanz als Brücke zum Vertrauen.

Paul sitzt in der Ecke des Raumes, die Knie angezogen, den Blick stur aus dem Fenster gerichtet. „Ich will nicht hier sein", murmelt er, ohne Lisa eines Blickes zu würdigen.

Lisa nickt, als hätte sie nichts anderes erwartet. Sie kennt diesen Widerstand. Er ist eine Mauer, aus Angst und Misstrauen errichtet.

„Okay", sagt sie ruhig. „Dann setzen wir uns einfach hin."

Stille.

Paul zuckt nicht einmal. Doch Lisa bleibt geduldig. Sie weiß, dass er da ist. Dass er hört. Dass sein Inneres nach etwas schreit, das er selbst nicht in Worte fassen kann.

Nach einigen Minuten beginnt sie, langsam mit den Händen Bewegungen zu machen – als würde sie eine unsichtbare Kugel in der Luft drehen. Keine Aufforderung, keine Erwartungen. Nur Bewegung.

Paul reagiert nicht.

In der nächsten Einheit ist es dasselbe. Und in der übernächsten auch. Aber Lisa lässt sich nicht beirren.

Erst als sie, scheinbar beiläufig, mit schnellen, kämpferischen Bewegungen beginnt – ein angedeuteter Fauststoß in die Luft, ein rasches Ausweichen – wird Paul hellhörig.

„Kennst du das?" fragt sie, ohne ihn direkt anzusehen.

Er zögert. „Das ist… ein Kampf."

Lisa nickt. „Genau. Man kann kämpfen, ohne zu verletzen."

Paul schnaubt, doch seine Finger zucken. Er will es ausprobieren. Vorsichtig steht er auf. Dann macht er eine schnelle, wilde Bewegung in die Luft. Lisa tut es ihm nach. Ein Funke flammt in seinen Augen auf.

Und so beginnt es.

Paul kämpft mit ihr, immer ein bisschen mehr. Aber Lisa ist achtsam. Sie spiegelt seine Bewegungen – und wandelt sie dann langsam ab. Wenn er mit voller Wucht ausholt, nimmt sie seine Energie auf, dämpft sie, leitet sie um. Manchmal lässt sie ihn angreifen und weicht im letzten Moment sanft aus. Sie zeigt ihm, dass Kraft nicht immer rohe Gewalt sein muss.

Doch immer wieder kommt der Rückzug. Nach wilden, energiegeladenen Kämpfen sackt Paul oft einfach auf den Boden, starrt ins Leere, murmelt: „Ich will nicht mehr." Dann sitzt er nur da, scheinbar unberührbar.

Lisa lässt ihn. Sie setzt sich ein Stück entfernt hin, malt Kreise mit den Fingern auf den Boden oder wiegt sich sanft hin und her, als wäre ihr Körper ein Pendel im Wind. Sie weiß, dass er hinsieht, auch wenn er tut, als würde er es nicht tun.

Dann, an einem Tag, der scheint wie jeder andere, sagt Paul plötzlich: „Kann ich malen?"

Lisa sieht überrascht auf. „Natürlich."

Er nimmt einen Stift und kratzt damit seine Wut auf das Papier, schwarze, harte Striche. Dann rote. Wild, chaotisch. Als das Blatt voll ist, schmeißt er es weg. Lisa hebt es nicht auf. Sie weiß: Das ist sein Prozess.

Es dauert Wochen, bis Paul beginnt, auch ruhigere Bewegungen auszuprobieren. Anfangs widerwillig. Als Lisa einmal vorschlägt, eine Bewegung langsam zu machen, verdreht er die Augen. „Langsam ist langweilig."

Doch sie bleibt dran. Manchmal, wenn er erschöpft ist, lässt sie ihn einfach atmen. Oder sie summt eine Melodie, die sanft durch den Raum schwebt. Paul beginnt, sich Lieder zu wünschen. Erst aggressive, dann langsamere. Lisa lässt ihn mitentscheiden.

Ein Wechselspiel entsteht. Paul beginnt, sich auf sie einzulassen. Nicht immer, nicht jedes Mal, aber immer öfter. Er erkennt, dass er nicht nur kämpfen muss, um gesehen zu werden. Dass da jemand ist, der ihn so wahrnimmt, wie er ist – ohne Angst, ohne Strafe, ohne Zwang.

Und irgendwann, an einem Tag, an dem Paul gerade besonders ruhig ist, passiert es. Er bewegt sich auf Lisa zu, ganz sanft, hebt langsam die Hände, formt einen Kreis in der Luft – so wie sie es damals getan hat. Beide sagen nichts. Aber Lisa lächelt ihm zu.

Paul beginnt, mehr Vertrauen zu fassen. Manchmal sitzt er schon in der Mitte des Raumes, wenn Lisa hereinkommt. Er wartet nicht mehr nur ab, sondern fragt: „Was machen wir heute?"

Lisa spürt, dass sich etwas verändert. Sie schlägt ihm vor, eine gemeinsame Choreografie zu entwickeln – eine Mischung aus seinen kämpferischen Bewegungen und ihren sanften Impulsen. Paul lacht. „Tanzen ist nichts für mich."

„Kämpfen ist auch eine Form von Tanz", erwidert Lisa.

Paul denkt nach. Schließlich nickt er. „Aber nur, wenn ich auch bestimmen darf."

Lisa stimmt zu. Sie beginnen, eine Abfolge zu erarbeiten. Erst ist Paul ungeduldig, will alles schnell und heftig. Doch Lisa bremst ihn, lenkt ihn sanft. Immer wieder erinnert sie ihn daran, auf seinen Atem zu hören, seine Bewegungen bewusst zu spüren.

Mit der Zeit wird aus dem Chaos ein Fluss. Paul entdeckt neue Arten, sich auszudrücken. Manchmal schließt er sogar kurz die Augen, spürt nach. Das Kämpfen weicht langsam etwas anderem – einer Form der Kontrolle, die nichts mit Gewalt zu tun hat.

Eines Tages, nach einer intensiven Stunde, bleibt Paul stehen, atmet tief durch und sagt leise: „Das fühlt sich gut an."

Lisa lächelt. „Ja. Du findest deine eigene Sprache."

Paul nickt. Zum ersten Mal wirkt er nicht mehr so rastlos. Er hat etwas gefunden, das bleibt.◄

Pauls Geschichte verdeutlicht, wie tief sich traumatische Erlebnisse im Körper verankern können – als Starre, als ständige Alarmbereitschaft oder als impulsiver Drang nach Kontrolle. Tanztherapie schafft genau hier einen sicheren Raum, in dem Bewegungen zunächst Ausdruck für innere Konflikte sein können, sich aber nach und nach wandeln dürfen. Ohne Druck, aber mit achtsamer Begleitung kann der Körper neue Erfahrungen machen: von Kontrolle zu Selbstbestimmung, von Starre zu Bewegung, von Abwehr zu Vertrauen. Für Paul wurde der Tanz ein Weg, seine Emotionen nicht nur im Kampf auszudrücken, sondern auch im Fluss der Bewegung zu spüren. Stück für Stück konnte er entdecken, dass seine Kraft nicht nur in der Wut liegt – sondern auch in der bewussten, selbstbestimmten Gestaltung seines eigenen Ausdrucks.

5.7 Kinder und Jugendliche mit Depression (und Suizidalität)

Depressionen zählen zu den häufigsten psychischen Erkrankungen im Kindes- und Jugendalter und können schwerwiegende Auswirkungen auf die Entwicklung und das Wohlbefinden der Betroffenen haben (Thapar et al., 2012). Neben den klassischen Symptomen wie anhaltender Traurigkeit, Interessenverlust und sozialem Rückzug kann es auch zu suizidalen Gedanken und Handlungen kommen, die ein erhöhtes Risiko für Suizidversuche oder -vollzüge darstellen. Eine Metaanalyse von Hawton et al. (2021) zeigt, dass bis zu 50 % der Jugendlichen mit schwerer Depression Suizidgedanken entwickeln.

Die Prävalenz von Depressionen bei Kindern und Jugendlichen hat in den letzten Jahrzehnten zugenommen. Laut epidemiologischen Studien leiden etwa 3 bis 10 % aller Kinder und Jugendlichen an depressiven Störungen (Brent & Maalouf, 2015). Die Ursachen sind multifaktoriell: Neben genetischen Faktoren spielen neurobiologische Prozesse, familiäre Belastungen, traumatische Erfahrungen und soziale Isolation eine Rolle (Thapar et al., 2012). Die Symptome reichen von gedrückter Stimmung, Interessenverlust und Antriebslosigkeit bis hin zu kognitiven Einschränkungen und psychosomatischen Beschwerden. Es ist essenziell, diese multifaktoriellen Ursachen zu erkennen, um präventive Maßnahmen zu entwickeln und betroffene Kinder und Jugendliche adäquat zu unterstützen.

Bewegung gegen Depression. Körperliche Aktivität spielt eine entscheidende Rolle in der Behandlung von Depressionen bei Kindern und Jugendlichen.

Studien zeigen, dass regelmäßige Bewegung depressive Symptome signifikant reduzieren kann. Sie fördert die Ausschüttung von Neurotransmittern wie Serotonin und Dopamin, die für die Regulierung der Stimmung verantwortlich sind, führt zu einer Reduktion von Entzündungsprozessen, die mit depressiven Symptomen assoziiert sind und zu einer Verbesserung der Neuroplastizität und Stärkung des Hippocampus (Zahl et al., 2020).

Trotz dieser Vorteile stellt die Integration von Bewegung in den Alltag depressiver Kinder und Jugendlicher eine Herausforderung dar. Depressionen gehen meist mit Antriebslosigkeit, Müdigkeit und einem verminderten Selbstwertgefühl einher, was die Motivation zur körperlichen Aktivität beeinträchtigt. Zudem können negative Gedankenmuster und sozialer Rückzug die Teilnahme an Gruppenaktivitäten erschweren (Zahl et al., 2020). Auch erleben viele depressive Kinder und Jugendliche ein Gefühl der Entfremdung von sich selbst und ihrer Lebensgeschichte. Positive Erfahrungen aus der Vergangenheit werden oft ausgeblendet oder sind schwer zugänglich. Hier setzt die Tanztherapie an, indem sie durch kreative Elemente einen niedrigschwelligen Zugang zur Bewegung bietet und gleichzeitig das Selbstbewusstsein stärkt. Sie kann dabei helfen, Ressourcen aus der eigenen Biografie bewusst zu machen und sie auf körperlicher Ebene erfahrbar zu machen.

Eine zentrale Methode dabei ist etwa die Arbeit mit somatischen Ressourcen:

5.7.1 Somatische Ressourcen

Somatische Ressourcen sind körperlich verankerte Erfahrungen von Sicherheit, Kraft, Freude oder Verbundenheit. Sie sind tief im Nervensystem gespeichert und können durch gezielte Körperwahrnehmung und Bewegung aktiviert werden (Ogden et al., 2006). Während psychische Ressourcen oft mit Gedanken oder Erinnerungen verbunden sind, beziehen sich somatische Ressourcen auf das direkte körperliche Erleben – z. B. eine Bewegung, die sich stabil und kraftvoll anfühlt, oder eine Haltung, die Sicherheit vermittelt.

Die Arbeit mit somatischen Ressourcen in der Tanztherapie ist für Kinder und Jugendliche mit Depression von großer Bedeutung, da depressive Symptome häufig mit einer eingeschränkten Körperwahrnehmung und einem verminderten emotionalen Ausdruck einhergehen. Somatische Ressourcen umfassen körperliche Empfindungen, Bewegungen und Körpererfahrungen, die genutzt werden, um emotionale Prozesse zu unterstützen und zu regulieren.

Aus der Neurobiologie ist bekannt, dass positive körperliche Erfahrungen die Aktivierung des parasympathischen Nervensystems fördern, das für Entspannung und Regeneration zuständig ist (Porges, 2011). Durch wiederholte somatische Ressourcenarbeit kann das Nervensystem so lernen, sich schneller in einen Zustand von Sicherheit und Wohlbefinden zu versetzen. Positiven Auswirkungen sind:

- *Unmittelbare Wirkung auf das Nervensystem*: Körperliche Bewegungen können emotionale Zustände direkt beeinflussen. Offene, expansive Bewegungen können positive Emotionen verstärken (Shafir, 2016).
- *Anker für schwierige Momente*: Indem Klientinnen lernen, gezielt körperliche Ressourcen zu aktivieren, gewinnen sie Werkzeuge für den Umgang mit belastenden Situationen.
- *Wiederverbindung mit der eigenen Geschichte*: Depressive Jugendliche erleben sich oft als abgeschnitten von positiven Erinnerungen. Somatische Ressourcenarbeit kann dabei helfen, diese Erinnerungen auf einer tieferen Ebene wieder spürbar zu machen.
- *Stärkung von Selbstwirksamkeit und Eigenkompetenz*: Wenn Klientinnen erleben, dass sie über den Körper positiven Einfluss auf ihre Emotionen nehmen können, wird ein Gefühl der Selbstwirksamkeit gefördert.

Die Arbeit mit somatischen Ressourcen in der Tanztherapie bietet Kindern und Jugendlichen mit Depression einen ganzheitlichen therapeutischen Ansatz, der nicht nur emotionale und kognitive, sondern auch körperliche und soziale Aspekte der Heilung berücksichtigt. Die Förderung von Selbstregulation, Körperwahrnehmung und sozialer Integration trägt wesentlich zur Stabilisierung und langfristigen Verbesserung der psychischen Gesundheit bei.

5.7.2 „Ich spüre nichts" – Angst vor Gefühlen

Kinder und Jugendliche mit Depression – ebenso wie viele Erwachsene – berichten häufig, dass sie „nichts spüren“. Diese Aussage ist jedoch selten wörtlich zu verstehen, sondern vielmehr Ausdruck einer tiefen Angst davor, zu viel zu spüren oder überwältigt zu werden, insbesondere von ihren eigenen Gefühlen. In diesem Zusammenhang werden die Begriffe „spüren“ und „fühlen“ häufig synonym verwendet.

In der Tanztherapie kann genau hier angesetzt werden: Durch gezielte körperliche Erfahrungen lässt sich bewusst machen, dass sehr wohl Empfindungen vorhanden sind. Eine Möglichkeit besteht darin, die Klientin beispielsweise für eine längere Zeit den

Arm in die Höhe strecken zu lassen oder die Hände kräftig aneinander reiben zu lassen. Diese einfachen Bewegungen erzeugen unweigerlich körperliche Reaktionen – sei es Anspannung, Wärme, ein Kribbeln oder Erschöpfung. Solche Empfindungen sind nicht vermeidbar, sie treten ganz natürlich auf und können als Brücke dienen, um wieder in Kontakt mit sich selbst zu kommen.

Tanztherapeutische und körperorientierte Ansätze arbeiten mit dieser Bewusstmachung in kleinen, behutsamen Schritten. Indem das Spüren wieder zugelassen wird, entsteht allmählich auch der Zugang zum Fühlen. Denn Depression bedeutet nicht, dass keine Gefühle vorhanden sind – vielmehr sind diese oft verdrängt, abgespalten oder werden aktiv vermieden. Was für die Betroffenen als „nichts spüren" erscheint, ist in Wahrheit eine Schutzstrategie vor emotionaler Überforderung. Die körperliche Erfahrung kann diesen Schutzmechanismus sanft hinterfragen und neue Wege zum Erleben und Ausdruck von Gefühlen eröffnen.

5.7.3 Besonderer Umgang mit Suizidalität

Der Umgang mit suizidalen Kindern und Jugendlichen erfordert besondere Sensibilität und Achtsamkeit seitens der Therapeutin. Zentral sind Stabilisierung, Krisenintervention und die Klärung des akuten Gefährdungsgrades. Zunächst ist daher eine gründliche Diagnostik essenziell, um das Ausmaß der Suizidalität zu erfassen und entsprechende Maßnahmen einzuleiten. Hierbei sollten standardisierte Instrumente und strukturierte Interviews eingesetzt werden, um eine valide Einschätzung zu gewährleisten.

In der therapeutischen Arbeit stehen die Stabilisierung und Sicherheit der Betroffenen im Vordergrund. Dies kann durch die Förderung von Körperwahrnehmung, Selbstwirksamkeit und emotionaler Ausdrucksfähigkeit erreicht werden. Kleine, erfahrbare Erfolgserlebnisse in Bewegung und Tanz können etwa dysfunktionale Gedankenmuster herausfordern (Stärkung der Selbstwirksamkeit).

Es ist jedoch wichtig, dass die Therapeutin ihre eigenen Kompetenzen realistisch einschätzt und bei Bedarf interdisziplinäre Unterstützung hinzuzieht. Supervision und kontinuierliche Weiterbildung sind hierbei unerlässlich, um die eigene Handlungssicherheit zu stärken und den Klientinnen eine adäquate Unterstützung bieten zu können. Bei akuter Suizidalität eignet sich Tanztherapie ohne zusätzliche therapeutische Begleitung nur bedingt und stößt sicher an Grenzen.

5.7.4 Methoden und Interventionen

Die Tanztherapie setzt als bewegungsbasierte, körperorientierte Methode an, um affektive, kognitive und soziale Ressourcen zu aktivieren und depressive Symptome zu reduzieren. Tanz- und bewegungstherapeutische Übungen können etwa Ängste reduzieren und die Achtsamkeit bei Jugendlichen fördern. Durch gezielte Bewegungsübungen wird die Aufmerksamkeit auf den eigenen Körper gelenkt, was das Körperbewusstsein stärkt und helfen kann, aus dem Grübeln herauszukommen. Auch freie, improvisierte Bewegungen ermöglichen es den Klientinnen, ihre Emotionen nonverbal auszudrücken und zu verarbeiten.

Dabei können folgende *tanztherapeutische Ansätze* hilfreich sein:

- *Strukturierte Bewegungsabläufe*: Klare, vorhersehbare Bewegungssequenzen können Sicherheit vermitteln und helfen, innere Stabilität zu fördern.
- *Ressourcenorientierte Arbeit*: Durch das Hervorheben von individuellen Stärken und Fähigkeiten kann das Selbstwertgefühl gestärkt und Hoffnung vermittelt werden.
- *Integration von Entspannungstechniken*: Atemübungen und sanfte Bewegungen tragen zur Reduktion von Anspannung und Stress bei.

Körperwahrnehmung und somatische Ressourcen

Ein zentraler Fokus der Tanztherapie ist die Schulung der Körperwahrnehmung. Depressive Jugendliche erleben ihren Körper oft als schwer oder entfremdet. In der Tanztherapie geht es darum, eigene Ressourcen bewusst zu aktivieren, um das Gefühl von Sicherheit und Selbstwirksamkeit zu stärken, etwa durch Spiegeln, Atemtechniken oder Bodenarbeit.

Praxisbeispiel. „Die mit dem Boden tanzt": Rollen, Wiegen und sanfte Druckpunkte helfen dabei, sich zu erden und zu spüren. Die Bewegung mit unterschiedlichen Auflagepunkten fördert das Körperbewusstsein. Klientinnen können beginnen, allmählich mehr Körperkontakt mit dem Boden zuzulassen, dem Boden zu vertrauen und sich auf neue Empfindungen einzulassen. Etwa, indem eine Klientin mit kleineren Gewichtsverlagerungen experimentiert, was sie in ihrer Körperwahrnehmung stärkt. Durch ein Wiegen, Schwingen oder Wippen am Boden können außerdem Entspannungsmomente erfahren werden (Abb. 5.13).

Praxisbeispiel. „Auf Zeitreise": Ressourcen aus der eigenen Lebensgeschichte können in die tanztherapeutische Arbeit eingebaut werden. Die Klientin wählt einen positiven Moment aus der Vergangenheit aus und stellt ihn durch Bewegung dar. Diese Methode ermöglicht es depressiven Jugendlichen, positive Erinnerungen aus ihrer Vergangenheit nicht nur gedanklich, sondern vor allem körperlich zu erleben. Durch Bewegung wird die Erinnerung nicht nur bewusst gemacht, sondern als somatische Ressource verankert. Die Therapeutin lädt die Klientin ein, sich einen Moment in ihrem Leben vorzustellen, in dem sie sich glücklich, sicher oder stark gefühlt hat. Falls dies schwerfällt, kann dir Therapeutin unterstützende Frage stellen (z. B. „Gibt es eine Erinnerung an eine besondere Begegnung oder einen Erfolgsmoment?", „Gab es eine Bewegung, die du als kleineres Kind gerne gemacht hast?"). Die Klientin wird dazu angeleitet, möglichst mit geschlossenen Augen in die Erinnerung einzutauchen und in sich hinein zu spüren: Wo im Körper ist das positive Gefühl spürbar? Gibt es

Abb. 5.13 Bodenkontakt und Erdung: Ein Tanz mit dem Boden kann dabei unterstützen, den Körper mehr zu spüren und Vertrauen zu entwickeln. Die abgebildete Szene wurden von Kindern nachgestellt und zeigt keine echten Klientinnen oder deren Diagnosen

eine Wärme, ein Kribbeln oder eine andere Empfindung? Falls die Erinnerung ambivalente Gefühle auslöst, wird bewusst zurückgegangen, bis eine ausschließlich positive Erinnerung gefunden wird. Danach kann das Gefühl in Bewegung gebracht werden (z. B. „Wenn dieses Gefühl eine Bewegung wäre – welche wäre es?“). Die Bewegung kann von einer Körperstelle oder vom ganzen Körper ausgehen und in weiterer Folge verstärkt, wiederholt und variiert werden. Am Ende kann die Erfahrung auch gemalt und als persönliche Ressource gespeichert werden.

Emotionale Ausdrucksfähigkeit fördern

Depressiven Kindern und Jugendlichen fällt es meist schwer, Emotionen zu verbalisieren. Sie können durch Tanz, Bewegung und Kreativität gut darin unterstützt werden, sich (nonverbal) auszudrücken und ihre emotionale Ausdrucksfähigkeit zu fördern.

Praxisbeispiel. „Welten-Tanz“: Die Therapeutin unterstützt eine Gruppe von Jugendlichen dabei, eine Choreographie zu einem bestimmten bildlichen Thema (z. B. „Licht und Schatten“, „Fantasywelten“) zu kreieren. Dabei werden Elemente wie fließende, unterbrochene oder stockende Bewegungen integriert, um Gefühle von Wachstum, Blockaden und Übergänge darzustellen. Durch Reflexion können Parallelen zum eigenen Leben erkannt und neue Ausdrucksformen erfahren werden.

Praxisbeispiel. „Spiegelspüren“: Partnerarbeit zur Förderung sozialer Interaktion. Zwei Jugendliche stehen sich gegenüber und beginnen im Wechsel, die Bewegungen des anderen nachzuahmen. Dieses wechselseitige Spiegeln fördert Aufmerksamkeit und soziale Resonanz. Durch Variationen (z. B. Führung und Nachfolge wechseln) entsteht eine spielerische Dynamik, die kommunikative Fähigkeiten stärkt. Dabei stehen auch Fragen im Zentrum: Wie fühlt es sich an, gespiegelt zu werden? Wurde ich von meinem Gegenüber richtig verstanden? Fällt es mir leicht, mich auf meine Partnerin einzulassen und ihr zu folgen?

Praxisbeispiel. „Wenn Arme flüstern“: Klientinnen mit Depressionen sagen oft, dass sie „nichts spüren“. Die Therapeutin kann dazu die Klientin auffordern, langsam einen Arm zu heben und ihn für eine bestimmte Zeit zu halten. Währenddessen wird sie angeleitet, auf Empfindungen wie Spannung, Wärme oder Zittern zu achten. Ziel ist es, bewusst zu machen, dass Spüren immer da ist, auch wenn es zunächst nicht bewusst wahrgenommen wird. Die taktile Wahrnehmung kann etwa auch durch Reiben der Hände, leichtes Klopfen oder ein Streichen über Arme und Beine aktiviert werden, was die Klientin dabei unterstützt, schrittweise ein Gefühl für den eigenen Körper zu entwickeln. Ein Wechsel zwischen Spannung und Entspannung unterstreicht weiters die Unterschiede in der Körperempfindung.

Stabilisierende Interventionen

In Krisensituationen liegt der Fokus auf Sicherheit und Regulation. Gefühle von Unsicherheit und innerer Unruhe sind bei depressiven Klientinnen meist präsent und stabilisierende Maßnahmen helfen, diesen Zustand zu beruhigen und ein Gefühl von Kontrolle und Sicherheit zu etablieren. Dies bildet die Grundlage für weiterführende therapeutische Prozesse, in denen tieferliegende Themen bearbeitet werden können.

Praxisbeispiel. „Tastsinn trifft Innensinn“: Durch sanfte Berührungen wie Eigenmassage, Partnerinnenmassage oder das Halten eines Gegenstandes (z. B. Ball, Stoff oder Kuscheltier) können Klientinnen ihre sensorische Wahrnehmung verbessern. Dies fördert das Körperbewusstsein und kann beruhigend wirken. Sowohl Übungen alleine (z. B. Selbstberührungen, wie das sanfte Umarmen des eigenen Körpers oder Abklopfen) als auch gemeinsame taktile Übungen (z. B. eine Klientin legt ihre Hand auf den Rücken einer anderen und begleitet deren Bewegung, ohne eigene Impulse zu setzen) können beruhigend auf das parasympathische Nervensystem wirken, welches für Ruhe und Entspannung zuständig ist (Bräuninger, 2014). Taktile Übungen mit einer Partnerin fördern zusätzlich den Aufbau von Vertrauen und die Fähigkeit, sich zu öffnen. Die begleitete Klientin kann sich wahrgenommen und unterstützt fühlen, was das Gefühl von Isolation mindern kann. Gleichzeitig ist es auch wichtig zu wissen, dass Aufgaben dieser Art auch Stress auslösen können, insbesondere wenn Berührungen als unangenehm empfunden werden. Daher ist es wichtig, die individuellen Grenzen und Komfortzonen der Klientinnen stets zu respektieren und diese Methoden erst einzusetzen, wenn eine Gruppe bereits vertrauter ist.

Praxisbeispiel. „Swing it softly“: Schwingende Bewegungen (z. B. Wiegen des Körpers oder schwingende Armbewegungen) haben eine rhythmische und repetitive Qualität, die beruhigend auf das Nervensystem wirkt. Sie fördern ein Gefühl von Sicherheit und Geborgenheit, da der Körper in einen harmonischen Bewegungsfluss kommt. Dies kann Spannungen lösen und das emotionale Wohlbefinden steigern. In der tanztherapeutischen Praxis können solche Bewegungen genutzt werden, um den Zugang zu tieferliegenden Emotionen zu erleichtern, die Ausdrucksfähigkeit zu fördern und in ein positives Spüren zu kommen. Die Bewegungen können einzeln oder in Gruppen durchgeführt werden. Das Schwingen unterstützt außerdem die ganzkörperliche Bewegung, die oft als überraschend positiv und angenehm wahrgenommen wird.

Ressourcenaktivierung und Perspektivenarbeit

Depressive Jugendliche erleben oft einen Verlust von Sinn und Zukunftsperspektive. Gefühle von Hoffnungslosigkeit, Ohnmacht und innerer Leere prägen ihr Erleben. Tanztherapeutische Arbeit setzt hier gezielt an, indem sie über Bewegung und Körpererfahrung einen Zugang zu inneren Kraftquellen eröffnet. Die Arbeit mit (somatischen) Ressourcen bedeutet, die individuellen Stärken, positiven Erinnerungen und unterstützenden inneren Bilder der Klientinnen zu aktivieren und durch Bewegung erlebbar zu machen. Perspektivenarbeit ergänzt diesen Prozess, indem sie das Erleben von Zukunftsperspektiven fördert und so den Blick über den aktuellen Zustand hinaus erweitert.

Depressionen gehen häufig mit einer verminderten Eigenwahrnehmung und einem eingeschränkten Bewegungsrepertoire einher. Bewegungsmuster wirken dabei starr, reduziert oder ausdruckslos. Durch gezielte Interventionen, die ressourcenstärkende Bewegungen fördern, kann das Erleben von Lebendigkeit und Selbstwirksamkeit gestärkt werden. Dabei wird das Prinzip der „Embodiment"-Forschung genutzt, die belegt, dass Körperhaltungen, Gesten und Bewegungen direkt mit emotionalem Erleben verknüpft sind (Shafir, 2016).

Praxisbeispiel. „Schutzraum zum Mitnehmen": Hier geht es um Bewegungen, die Sicherheit und Geborgenheit ausdrücken – und die anschließende Gestaltung dieses „Raumes". Die Jugendlichen werden angeleitet, durch Bewegung einen inneren sicheren Ort zu gestalten. Dies kann eine bestimmte Haltung, ein imaginärer Raum oder eine umhüllende Bewegung sein. Durch Wiederholung wird dieses Körpergefühl als Ressource verankert, die Stabilität gibt und in belastenden Situationen genutzt werden kann. Die Intervention wird mit einer Körperwahrnehmungsübung eingeleitet (z. B. durch Fokus auf den Atem) und die Klientinnen werden anschließend Schritt für Schritt durch eine Körperreise an ihren sicheren Ort herangeführt („Stelle dir einen Ort vor, an dem du dich besonders geborgen und geschützt fühlst"). Falls dies schwerfällt, können Impulse gegeben werden (z. B. ein Lieblingsplatz als Kind, ein Ort in der Natur, ein imaginärer Raum). Die Jugendlichen werden dann eingeladen, mit Bewegungen zu experimentieren, welche die Sicherheit und Geborgenheit ausdrücken. Dies kann sich etwa durch eine geschlossene, umhüllende Haltung (z. B. sich selbst umarmen oder berühren), eine langsame, wiegende Bewegung, eine stabile, erdende Standhaltung oder eine Bewegung ausdrücken, die Grenzen setzt (z. B. eine klare Armbewegung nach

Abb. 5.14 „Mein persönlicher Schutzraum“: Das Malen des persönlichen Raumes, der davor in der Bewegung entstanden ist, verstärkt das innere individuelle Bild und die Erfahrungen, und kann so noch mehr zu einem „Anker“ werden, der auch in Alltagssituationen unterstützt

außen, um den eigenen Raum zu markieren). Zum Abschluss und zur Reflexion eignet sich auch die bildliche Darstellung (Malen, Ton) des eigenen Schutzraumes (Abb. 5.14).

Praxisbeispiel. „Tanz der Luftschlösser“: Die Klientinnen werden ermutigt, ihren persönlichen Raum mit imaginären Bewegungen zu gestalten. Sie können sich vorstellen, wie groß ihr Raum ist, welche Form er hat, welche Farben oder Materialien ihn ausmachen. Durch Bewegungen wie „malen“ in der Luft oder „gestalten und bauen“ mit dem Körper (z. B. die Arme sind ein großer Pinsel, die Füße tauchen in Farbeimer und hinterlassen Spuren, der ganze Körper baut um) kann dieser Raum bewusst kreiert und erfahren werden. Die Kinder und Jugendlichen wiederholen die für sie stimmigen Bewegungen anschließend mehrfach, um das Körpergefühl mit dem persönlichen und sicheren Raum zu verbinden. Durch regelmäßiges Wiederholen kann diese Ressource langfristig im Körpergedächtnis verankert werden. Es eignet sich auch sehr gut, mit dem Malen eines Bildes abzuschließend, sodass Erfahrung und persönlicher Raum auch visualisiert werden.

Durch die gezielte Verkörperung von Sicherheit wird hier das Gefühl der Selbstregulation gestärkt. Die Arbeit mit der Kinesphäre fördert die Wahrnehmung persönlicher Grenzen und Autonomie. Wiederholte Bewegungen, die Sicherheit vermitteln, können langfristig das Nervensystem beruhigen und als Coping-Strategie in Stresssituationen eingesetzt werden (Ogden et al., 2006).

Fallbeispiel: Marlenes Tanztherapie-Reise

Zurück in die Lebendigkeit.

Marlene sitzt auf dem Boden des Therapieraums, die Knie angezogen, den Blick auf einen Punkt am Boden geheftet. Ihre Schultern hängen, ihr Atem ist flach. Lisa, die Tanztherapeutin, setzt sich vorsichtig ein paar Meter von ihr entfernt hin. Sie sagt nichts, wartet. Marlenes Mutter hat ihr erzählt, dass sie sich seit dem Tod ihres Vaters immer mehr zurückgezogen hat. Schule? Nein. Freunde? Sind nicht mehr da. Bewegung? Nur das Nötigste. Meistens liegt sie im Bett. Müde. Leer.

Lisa beobachtet sie. Ihr Körper erzählt bereits eine Geschichte. Ihre Schultern, die nach unten ziehen, als würde eine unsichtbare Last auf ihnen liegen. Ihre Hände, die lose auf den Knien ruhen, ohne Spannung, ohne Lebendigkeit. Ihr Kopf, leicht gesenkt. Lisa spürt die Schwere im Raum, die Traurigkeit, die fast greifbar ist.

„Marlene", sagt sie schließlich leise. Sie hebt den Blick nicht, aber sie weiß, dass sie zuhört. „Ich bin da. Du musst nichts tun. Ich bleibe hier."

Die ersten Sitzungen verlaufen ähnlich. Lisa drängt sie nicht. Sie erzählt ihr von der Tanztherapie, von Bewegung als Sprache, von ihrem Körper, der immer mit ihr spricht – auch, wenn es sich so anfühlt, als würde er schweigen. Sie beschreibt, was sie sieht: „Deine Schultern sind ganz tief. Vielleicht fühlen sie sich schwer an?" Marlene reagiert kaum. Manchmal zuckt sie mit den Schultern, ein winziges Zeichen, dass sie sie wahrnimmt.

Lisa setzt sich manchmal hinter sie, legt vorsichtig eine Hand auf ihren Rücken. Keine Bewegung, nur ein warmer, präsenter Kontakt. Manchmal spürt sie, wie Marlenes Atem ein wenig tiefer wird. Manchmal lehnt sie sich unbewusst ein wenig in ihre Hand. Manchmal nicht.

Nach einigen Sitzungen beginnt Lisa, kleine Bewegungsimpulse zu geben. Sie reibt ihre Hände aneinander, bis Wärme entsteht. „Möchtest du das mal ausprobieren?" Marlene reagiert nicht. Also macht sie es einfach weiter, leise, behutsam. Nach einer Weile hebt Marlene ihre Hände, reibt sie einmal aneinander – dann lässt sie sie wieder sinken. Ein erster Funke.

In einer der Sitzungen lädt Lisa Marlene ein, sich einen sicheren Ort vorzustellen. „Ein Ort, an dem du dich wohl fühlst. Vielleicht ein Ort aus deiner Erinnerung, vielleicht ein erfundener." Marlene schüttelt den Kopf. „Gibt's nicht", murmelt sie.

„Dann bauen wir einen", sagt Lisa sanft. „Mit Bewegung."

Sie steht auf, macht einen Schritt zur Seite, dann einen weiteren. „Ich baue meinen sicheren Ort gerade. Ein Schritt – das ist meine Grenze. Ein Kreis – mein Raum. Magst du mitmachen?"

Marlene beobachtet sie aus den Augenwinkeln. Dann, nach einer Weile, schiebt sie ihren Fuß einen halben Zentimeter zur Seite. Fast unsichtbar. Aber Lisa sieht es. Ein erster Schritt.

Es dauert ein paar weitere Sitzungen, bis Marlene beginnt, sich anders im Raum zu bewegen. Zuerst ist es nur ein kurzes Heben der Schultern, dann eine winzige Drehung des Kopfes. Aber es ist mehr als vorher. Lisa nimmt alles wahr, spiegelt es. „Du hast gerade deinen Kopf gedreht. Ich mach das auch mal." Sie dreht ihren Kopf zur Seite, langsam, bewusst. Marlene schaut zu. Und bewegt auch ihren Kopf noch einmal.

Dann, eines Tages, kommt ein Moment, den Lisa nicht erwartet hat. Sie legt wieder ihre Hand auf ihren Rücken, sanft, ohne Druck. Und plötzlich richtet Marlene sich ein kleines bisschen auf. Ganz leicht. Lisa nimmt ihre Hand weg, aber Marlene bleibt so. Zum ersten Mal seit Wochen hebt sie ihren Brustkorb ein Stück an, als würde sie sich dem Raum öffnen.

„Marlene, du bewegst dich", sagt Lisa leise.

Sie atmet tief ein. Und dann – ganz leise – sagt sie: „Ich dachte, ich kann das nicht mehr."

Marlene beginnt, sich mehr zu spüren. Sie merkt, dass sie nicht nichts fühlt – im Gegenteil. Sie fühlt viel. Sehr viel. Und das macht ihr Angst.

„Was ist, wenn ich nie wieder glücklich sein darf?", fragt sie Lisa eines Tages. „Mein Papa ist weg. Wenn ich mich gut fühle, dann heißt das, dass ich ihn vergesse."

Lisa nickt verständnisvoll. „Darf ich dir eine Idee zeigen?"

Marlene zuckt mit den Schultern. Das ist mittlerweile ihre Art zu sagen: „Vielleicht."

Lisa stellt sich hin, beginnt langsam, mit ihrem Oberkörper zu schwingen. Ein leichtes Vor und Zurück, wie eine Welle. „Manchmal kann Bewegung helfen, Gefühle zu verstehen. Ich bewege gerade meine Traurigkeit. Sie ist nicht weg, aber sie ist auch nicht fest. Sie kann sich verändern."

Marlene beobachtet. Dann, vorsichtig, wie um sich selbst zu testen, lehnt sie sich ein kleines Stück nach vorne, dann zurück. Vor. Zurück.

„Das ist komisch", murmelt sie.

„Was ist komisch?"

„Dass das hilft."

Sie macht weiter. Ihre Bewegung wird größer. Dann hebt sie plötzlich den Kopf. „Ich spüre das in meinem Bauch."

Lisa lächelt. „Ja. Du spürst."

Nach weiteren Sitzungen beginnt Marlene, sich selbst Bewegungen auszudenken. Manchmal ganz kleine, ein Finger, der zuckt. Manchmal größere – ein Kreis mit dem Arm, ein Schritt zur Seite. Sie entdeckt, dass ihr Körper ihr gehört. Dass sie entscheiden kann, ob sie sich bewegt oder nicht. Dass sie nicht von der Traurigkeit festgehalten werden muss.

Eines Tages sagt sie zu Lisa: „Ich glaube, ich will wieder in die Schule."

Lisa schaut sie an. „Warum?"

Sie überlegt kurz. Dann sagt sie: „Weil ich es kann."

Und dann dreht sie sich, fast spielerisch, um die eigene Achse. Nur einmal. Aber es ist genug.◀

Marlene zeigt, wie tief Depressionen den Körper beeinflussen – als Starre, als Rückzug, als Gefühl der Abwesenheit. Tanztherapie setzt an diesem Punkt an, indem sie nicht nur die Sprache des Körpers nutzt, sondern ihn auch sanft ins Erleben zurückführt. Ohne Druck, ohne Forderung – nur mit dem Angebot, sich selbst wieder zu spüren. Bewegung wird dabei zum Ausdrucksmittel, das keine Worte braucht: Ein kleines Heben der Schultern, ein sanftes Vor- und Zurückschwingen kann schon der erste Schritt sein, um wieder in Kontakt mit sich selbst zu kommen. Für Marlene bedeutete Tanztherapie, dass sie langsam entdecken durfte, dass sie nicht in ihrer Traurigkeit gefangen bleiben muss. Dass Bewegung nicht nur eine Last, sondern auch ein Mittel der Veränderung sein kann. Und vor allem: dass sie selbst die Kontrolle darüber hat, wie und wann sie sich bewegt – ein Gefühl, das ihr langsam die Kraft zurückgab, ihren eigenen Weg weiterzugehen.

5.8 Der Mensch ist keine triviale Maschine

Die Tanztherapie ist eine unglaublich vielseitige und wirkungsvolle Methode, die nahezu jeder Zielgruppe zugutekommen kann. Durch die Verbindung von Bewegung, Ausdruck und Emotion bietet sie einen einzigartigen Zugang zur inneren Welt der Kinder und Jugendlichen – unabhängig von ihren Diagnosen oder Verhaltensmustern. Doch gerade diese Vielfalt macht es unerlässlich, dass die Tanztherapeutin mit Achtsamkeit, Feingefühl und Fachkompetenz entscheidet, welche Methode oder Intervention im jeweiligen Moment passend ist. Es gibt keine universelle Technik, die für alle Klientinnen gleichermaßen geeignet ist.

Die in diesem Kapitel vorgestellten Beispiele und Methoden sollen daher nicht als starre Regeln verstanden werden, sondern als Inspiration und Orientierung. Sie zeigen Möglichkeiten auf, die sich für Zielgruppen mit bestimmten Diagnosen bewährt haben, finden aber natürlich in vielen Kontexten Anwendung oder sind in anderen völlig unpassend. Die Grenzen zwischen den Diagnosen und Verhaltensweisen sind oft fließend, und was für ein Kind mit Essstörung heilsam sein kann, könnte ebenso in einer Gruppe mit

Kindern mit Verhaltensauffälligkeiten wirken. Gleichzeitig kann eine Intervention, die sich bei einer bestimmten Zielgruppe bewährt hat, in einem anderen Fall Widerstand oder Frust auslösen.

Daher ist es essenziell, sich immer wieder bewusst zu machen: Therapie ist kein mechanischer Prozess, und der Mensch ist keine triviale Maschine, bei der dieselbe Intervention immer das gleiche Ergebnis hervorruft. Jede Klientin, jede Gruppe bringt eine neue Dynamik mit sich: ein unbeschriebenes Blatt, das mit individuellen Bewegungen, Emotionen und Entwicklungen gefüllt wird. Hier liegt die Kunst und das Besondere der Tanztherapie – in der intuitiven Verbindung zwischen Therapeutin und Klientin, im bewussten Wahrnehmen der Bedürfnisse des Gegenübers und in der Fähigkeit, mit kreativer Flexibilität darauf einzugehen. So entstehen immer wieder neue, einzigartige Prozesse, die nicht nur auf etablierten Methoden beruhen, sondern auch von der persönlichen Note der Therapeutin getragen werden. Die hier vorgestellten Ansätze sind daher eine wertvolle Unterstützung, die – kombiniert mit Empathie, Erfahrung und der individuellen Handschrift der Therapeutin – zu einem ganz eigenen, lebendigen Zauber werden können.

Literatur

Aithal, S., Karkou, V., Makris, S., Karaminis, T., & Powell, J. (2021). A Dance Movement psychotherapy intervention for the wellbeing of children with an Autism Spectrum disorder: A pilot intervention study. *Frontiers in Psychology, 12,* Article 588418.

American Psychiatric Association. (2013). *Diagnostic and Statistical Manual of Mental Disorders* (5th ed.). APA Publishing.

Barkley, R. A. (2014). *Attention-Deficit Hyperactivity Disorder: A Handbook for Diagnosis and Treatment* (4th ed.). Guilford Publications.

Blanz, B., Remschmidt, H., Schmidt, M., & Warnke, A. (2005). *Psychische Störungen im Kindes- und Jugendalter. Ein entwicklungspsychopathologisches Lehrbuch.* Schattauer.

Brent, D. & Maalouf, F. (2015). *Depressive disorders in childhood and adolescence.* WILEY Online Library

Bräuninger, I. (2014). *Aktuell aus der Forschung: Tanz- und Bewegungstherapie mit Kindern. körper – tanz – bewegung, 2. Jg.* Ernst-Reinhardt-Verlag.

Briere, J., & Scott, C. (2012). *Principles of trauma therapy: A guide to symptoms, evaluation, and treatment.* SAGE Publications Inc; Revised, Expanded Edition.

Diamond, A. (2012). Executive functions. *Annual Review of Psychology, 64.*

Gabbard, G. O. (2014). *Psychodynamic psychiatry in clinical practice* (5. ed.). American Psychiatric Publishing.

Hanna, J. L. (2014). *Dancing to Learn: The Brain's Cognition, Emotion, and Movement.* Rowman & Littlefield Publishers.

Hawton, K., et al. (2021). Suicide and self-harm in adolescents. *The Lancet, 398*(10304), 1054–1067.

Hebebrand, J., & Hinney, A. (2005). *Adipositas bei Kindern und Jugendlichen: Grundlagen und Klinik.* Springer.

Herpertz-Dahlmann, B. (2015). *Essstörungen im Kindes- und Jugendalter.* Kohlhammer.

Hinshaw, S. P., & Scheffler, R. M. (2014). *The ADHD explosion: Myths, medication, money, and today's push for performance.* Oxford University Press.

Jacobson, E. (1938). *Progressive Relaxation.* University of Chicago Press.
Karkou, V., & Sanderson, P. (2006). *Arts Therapies: A Research-Based Map of the Field.* Churchill Livingstone.
Kestenberg Amighi, J., Loman, S., Lewis, P., & Sossin, K. M. (2018). *The meaning of movement: Developmental and clinical perspectives of the Kestenberg Movement Profile.* Routledge.
Levine, P. (1997). *Waking the Tiger: Healing Trauma.* North Atlantic Books.
Levy, F., & Chassard, D. (2015). *Tanztherapie bei Essstörungen: Ein integrativer Ansatz.* Thieme.
Meekums, B. (2002). *Dance Movement Therapy: A Creative Psychotherapeutic Approach.* SAGE Publications.
Ogden, P., Minton, K., & Pain, C. (2006). *Trauma and the body: A sensorimotor approach to psychotherapy.* W. W. Norton & Company.
Perry, B. D., & Szalavitz, M. (2008). *Der Junge, der wie ein Hund gehalten wurde: Was traumatisierte Kinder uns über Leid, Liebe und Heilung lehren können.* Beltz.
Phil, C., Duncan, M., Fidler, R., & Healy, Z. (2011). *Understanding Pathological Demand Avoidance Syndrome in Children: A Guide for Parents. Teachers and Other Professionals.* Jessica Kingsley Publishers.
Pontone, M., Vause, T., & Zonneveld, K. L. M. (2020). Benefits of recreational dance and behavior analysis for individuals with neurodevelopmental disorders: A literature review. *Behavior Interventions, 36*(2).
Porges, S. W. (2011). *The Polyvagal Theory: Neurophysiological Foundations of Emotions, Attachment, Communication, and Self-Regulation.* W. W. Norton & Company.
Resch, F. (2019). *Psychosomatische Erkrankungen bei Kindern und Jugendlichen.* Springer.
Rothschild, B. (2000). *The Body Remembers: The Psychophysiology of Trauma and Trauma Treatment.* W. W. Norton & Company.
Shafir, T. (2016). Emotion Regulation Through Movement: Unique Sets of Movement Characteristics are Associated with and Enhance Basic Emotions. *Frontiers in Psychology, 6,* 2030.
Szatmari, P. (2004). *A Mind Apart: Understanding Children with Autism and Asperger Syndrome.* Taylor & Francis.
Thapar, A., Collishaw, S., & Pine, D. S. (2012). Depression in adolescence. *The Lancet, 392*(10161).
van der Kolk, B. A. (2015). *The Body Keeps the Score: Brain, Mind, and Body in the Healing of Trauma.* Penguin LLC US.
Zahl, D. L., et al. (2020). Depression and body image in adolescents. *Journal of Adolescent Health, 67*(4).

Bewegte Kreativität

6

Ausdruck, Freude und Selbstwirksamkeit im kreativen tanztherapeutischen Prozess

6.1 Was ist Kreativität?

Kreativität und Gestaltung spielen eine zentrale Rolle in der Tanz- und Ausdruckstherapie mit Kindern und Jugendlichen.

Förderung der Selbstwirksamkeit. Durch die Möglichkeit, sich kreativ zu erfahren und körperlich auszudrücken, erleben Klientinnen eine gesteigerte Selbstwirksamkeit und Heilsamkeit.

Die Integration kreativer Medien und der spielerische Zugang zur Bewegung fördern nicht nur die Selbstregulation, sondern auch soziale Kompetenzen, emotionale Ausdrucksfähigkeit und Lebensfreude. Dieses Kapitel beleuchtet die Bedeutung von Kreativität in der Tanztherapie unter Einbezug wissenschaftlicher Erkenntnisse und Praxisbeispiele.

Neurobiologisch betrachtet ist *Kreativität* ein komplexer Prozess, der mehrere Gehirnregionen umfasst, insbesondere den präfrontalen Kortex, das Default Mode Network (DMN) und das dopaminerge Belohnungssystem (Beaty et al., 2016). Der präfrontale Kortex spielt eine entscheidende Rolle bei der Steuerung von Assoziationen und der Generierung neuer Ideen. Das DMN ist etwa auch für das spontane Tagträumen und das freie Assoziieren verantwortlich, was kreative Einfälle begünstigt. Zudem wird Kreativität durch die Ausschüttung von Dopamin verstärkt, was erklärt, warum kreative Aktivitäten oft mit Freude und Motivation verbunden sind (Flaherty, 2005).

Unterschiede in der Kreativität lassen sich auf genetische Faktoren, Umweltbedingungen und individuelle Erfahrungen zurückführen. Forschungen zeigen, dass einige Menschen eine höhere neuronale Konnektivität zwischen verschiedenen Hirnregionen aufweisen, was ihre Fähigkeit zur kreativen Problemlösung verbessert. Zudem fördern

T. Fritsch, *Tanztherapie mit Kindern und Jugendlichen*,
https://doi.org/10.1007/978-3-662-71836-0_6

ein unterstützendes Umfeld, kulturelle Einflüsse und frühzeitige kreative Erfahrungen die Entwicklung kreativer Denkweisen (Sawyer, 2012). In der Forschung wird Kreativität häufig mit Tests wie dem Torrance Test of Creative Thinking (TTCT) oder dem Remote Associates Test (RAT) gemessen (Runco & Acar, 2012). Diese Tests erfassen divergentes Denken, also die Fähigkeit, auf ungewöhnliche und vielfältige Lösungswege zu kommen. In der Bewegungsforschung werden kreative Ausdrucksformen oft durch Beobachtung und Analyse von Bewegungsexperimenten bewertet.

In der Tanztherapie zeigt sich Kreativität durch die *Entwicklung neuer Bewegungsabläufe*, die freie Improvisation und die Gestaltung von Bewegungssequenzen. Die Arbeit mit kreativen Materialien wie Tüchern, Stöcken oder Bällen eröffnet zusätzliche Ausdrucksmöglichkeiten und fördert die Bewegungsfreude. Durch den spielerischen Zugang werden Hemmungen abgebaut, und es entstehen neue Bewegungsmuster, die Selbstwirksamkeit und emotionale Regulation unterstützen.

6.1.1 Warum ist Kreativität so wichtig?

Kreativität ist eine fundamentale menschliche Fähigkeit, die *Problemlösung, Anpassungsfähigkeit und Ausdrucksfähigkeit* fördert. Sie ermöglicht es, neue Wege zu finden, um Emotionen zu verarbeiten, Erfahrungen zu integrieren und sich selbst auszudrücken. Besonders bei Kindern und Jugendlichen spielt kreatives Spiel als elementarer Antrieb eine entscheidende Rolle in der kognitiven, emotionalen und sozialen Entwicklung. Sie unterstützt die Vorstellungskraft, das divergente Denken und die Fähigkeit, mit Herausforderungen flexibel umzugehen.

Kinder und Jugendliche sind von Natur aus kreativ. Ihre Vorstellungskraft ist besonders lebendig, und sie haben eine große Freude am Experimentieren und Entdecken. Kreativität hilft ihnen, ihre Identität zu entwickeln, ihre Umgebung zu erkunden und mit ihren Gefühlen umzugehen. So können kreative Aktivitäten auch das Selbstbewusstsein und die Resilienz stärken, da sie den jungen Menschen die Möglichkeit geben, sich auf ihre eigene Art und Weise auszudrücken.

Kreativität kann durch verschiedene Methoden gefördert werden. Offene Aufgabenstellungen, Improvisation, das Bereitstellen von Materialien und ein wertfreies Umfeld, in dem Fehler als Lernchancen gesehen werden, sind einige Möglichkeiten. Tanztherapie bietet hier einen idealen Raum, um Kreativität zu aktivieren, da sie eine nonverbale Ausdrucksform ermöglicht, die intuitiv und spielerisch ist. Durch angeleitete Improvisation, Gruppeninteraktion und das Einbinden von Musik, Fantasie, Gestaltung und Requisiten wird der kreative Prozess gefördert.

Kreative Bewegungssequenzen in der Tanztherapie bieten die Gelegenheit, sich spielerisch mit dem eigenen Körper auseinanderzusetzen und alternative Bewegungsmuster zu erforschen. Zusätzlich ist das Erzählen von Geschichten durch Bewegung ein zentraler Aspekt. Durch die Gestaltung und Kreation von bewegten Narrativen erfahren Kinder und Jugendliche eine tiefere Verbindung zu sich selbst und anderen. Die Erfahrung, eigene Themen oder Geschichten, Texte oder Bilder durch Tanz auszudrücken, stärkt das Selbstbewusstsein, da die Klientinnen aktiv und kreativ an der Entwicklung beteiligt sind. Das Erzählen durch Bewegung fördert die kognitive Entwicklung und erhöht die Freude an körperlichem Ausdruck.

Auch die Einbindung *kreativer Materialien* wie Bälle, Tücher, Stöcke, Schachteln oder Decken bereichert die tanztherapeutische Praxis ungemein. Solche Hilfsmittel regen die Gestaltungs- und Experimentierfreude an und ermöglichen neue Bewegungserfahrungen. Besonders Kinder und Jugendliche profitieren von der spielerischen Nutzung dieser Objekte, da sie spielerische Möglichkeiten zur nonverbalen Kommunikation und zum freien Ausdruck bieten.

Die Arbeit mit kreativen Medien und unkonventionellen Bewegungsmustern hilft auch dabei, festgefahrene emotionale oder körperliche Zustände zu verändern. Widerstände können durch spielerische Annäherung aufgelöst werden, indem neue Handlungsoptionen erprobt werden. Gerade für Jugendliche, die sich in einer Phase der Identitätsfindung befinden, kann diese Herangehensweise unterstützend wirken und helfen, emotionale Blockaden zu lösen.

Tanztherapie mit kreativen Elementen kann darüber hinaus auch Lustlosigkeit und Müdigkeit entgegenwirken. Der spielerische Zugang zur Bewegung aktiviert intrinsische Motivation und regt die Fantasie an.

Bereich	*Positive Auswirkungen der kreativen Tanztherapie*
Entwicklung	• Fördert die körperliche, emotionale und kognitive Entwicklung • Stärkt die Ausdrucksfähigkeit und emotionale Intelligenz • Unterstützt die Integration von Sinneswahrnehmungen und Motorik
Resilienz	• Erhöht die Fähigkeit, mit Stress und Herausforderungen umzugehen • Fördert emotionale Regulation und Selbstberuhigung Unterstützt die Verarbeitung von Traumata durch kreative Ausdrucksmöglichkeiten
Selbstwirksamkeit	• Stärkt das Vertrauen in die eigenen Fähigkeiten und den eigenen Körper • Fördert Eigeninitiative und Problemlösungskompetenzen • Unterstützt die Entwicklung von Autonomie und Identitätsfindung
Soziale Kompetenz	• Fördert Empathie und soziale Interaktion • Stärkt die Fähigkeit zur Zusammenarbeit und Konfliktlösung • Unterstützt die Integration in Gruppen und den Aufbau sicherer Beziehungen
Freude & Spiel	• Fördert Kreativität und Spontaneität • Ermöglicht einen positiven Zugang zum eigenen Körper • Stärkt das Wohlbefinden durch Freude an der Bewegung und nonverbale Kommunikation

6.2 Intermediale Arbeit nach Anna Halprin

Die intermediale Arbeit nach Anna Halprin (US-amerikanische Tänzerin, Choreografin und Therapeutin, 1920–2021) ist ein künstlerisch-therapeutischer Ansatz, der verschiedene Ausdrucksformen – Tanz, Zeichnung, Stimme und Schreiben – miteinander verbindet. Im Mittelpunkt steht die kreative Verbindung von Körper und Ausdruck, mit dem Ziel, persönliche Erfahrungen, Emotionen und innere Prozesse sichtbar und gestaltbar zu machen (Ross & Schechner, 2007). Halprin war eine der einflussreichsten Pionierinnen auf diesem Gebiet und ihre Arbeit war stark von humanistischen und somatischen Prinzipien geprägt, insbesondere von der Idee, dass jeder Mensch eine einzigartige Bewegungsweise besitzt, die Ausdruck seiner Lebenserfahrungen ist (Levy, 1992).

Ein zentraler Bestandteil von Halprins Arbeit ist der von ihr und ihrer Tochter Daria entwickelte *Life/Art Process®* – ein geschütztes Verfahren, das sich durch die systematische Verbindung von Kunst und Leben auszeichnet. Dabei wird Bewegung als primäres Ausdrucksmittel genutzt, um persönliche Themen kreativ zu erkunden. Der Begriff Life/Art Process® ist rechtlich geschützt und darf nur von ausgebildeten Life/Art Process®-Practitionern angeboten werden (Halprin, 1995). Die Integration von Zeichnen, Schreiben oder Stimmausdruck in den therapeutischen Prozess stellt eine fundierte Erweiterung der tanztherapeutischen Arbeit dar. Gleichzeitig verweist die Methode auf Möglichkeiten der fachlichen Weiterbildung für Therapeutinnen, die sich tiefer mit dieser Form der intermedialen Arbeit befassen möchten.

Für die tanztherapeutische Arbeit mit Kindern und Jugendlichen eröffnet die *intermediale Herangehensweise* vielfältige Möglichkeiten: Sie spricht unterschiedliche Wahrnehmungskanäle an und fördert kreatives Handeln sowie nonverbale Ausdrucksformen. Für junge Menschen, die sich in psychischen oder sozialen Entwicklungsprozessen befinden, kann die Kombination von Bewegung, Bild und Stimme einen niedrigschwelligen Zugang zur inneren Welt bieten, insbesondere da sie oft intuitiv mit verschiedenen Medien arbeiten. In der Praxis bedeutet dies die Kombination von Tanz mit anderen Medien wie Malerei, Musik oder kreativem Schreiben, um verschiedene Zugänge zur Selbsterfahrung und Verarbeitung von Erlebnissen zu ermöglichen.

Der *intermediale Ansatz* bietet zahlreiche Vorteile, insbesondere:

- Erweiterung der Ausdrucksmöglichkeiten: Klientinnen können Erlebnisse auf verschiedenen Ebenen verarbeiten.
- Tiefere Integration persönlicher Erfahrungen: Durch das Wechselspiel zwischen den Medien entstehen neue Perspektiven auf persönliche Themen.
- Förderung der Kreativität und Selbstwirksamkeit: Die Möglichkeit, verschiedene Medien zu nutzen, stärkt das Vertrauen in die eigenen Ausdrucksformen.

Praxisbeispiel. Ein Gruppenprozess beginnt mit einer freien Bewegungsübung. Anschließend malen die Klientinnen ihre Gefühle und Bewegungen auf Papier. Danach formulieren sie in kurzen Sätzen oder Gedichten ihre Erlebnisse, oder gehen erneut zu den Bildern in Bewegung. Die abschließende Reflexion in der Gruppe stärkt das Selbstvertrauen und die soziale Integration.

Halprin sah den Tanz als eine universelle Sprache, die über das rein Körperliche hinausgeht. Sie betonte, dass Bewegung nicht nur ausgebildeten Tänzerinnen vorbehalten ist, sondern jedem Menschen innewohnt (Halprin, 1995). Ihre Prinzipien sind nach wie vor aktuell und bieten Tanztherapeutinnen vielseitige Impulse für die eigene Praxis. Der ganzheitliche Zugang ermöglicht eine Verbindung von Bewegung, Kunst und Schreiben und damit eine umfassende therapeutische Begleitung. Besonders wertvoll ist die Arbeit in der Ressourcenarbeit: Durch die intermedialen Methoden können junge Klientinnen ihre Stärken und Ressourcen erkennen und sich weiterentwickeln.

6.3 Kreative Medien und Interventionen

Kreativität ist ein wesentliches Element in der Tanztherapie mit Kindern und Jugendlichen. Durch den gezielten Einsatz von kreativen Materialien und Methoden kann die psychische, körperliche und soziale Entwicklung nachhaltig gefördert werden.

Die folgenden Beispiele sind nur ein Ausschnitt aus einem immensen Spektrum kreativer Möglichkeiten. Sie sollen die Fantasie der Tanztherapeutin anregen und bieten viel (Spiel)Raum für weitere Ideen und Ergänzungen.

Kreative Methoden in der Tanztherapie wirken auf verschiedenen Ebenen:

1. Körperlich: Verbesserung der Motorik, Körperkontrolle und Wahrnehmung.
2. Emotional: Zugang zu Gefühlen und deren Ausdrucksmöglichkeiten.
3. Kognitiv: Entwicklung von Problemlösungskompetenzen und Vorstellungskraft.
4. Sozial: Stärkung der Interaktionsfähigkeit in Gruppenprozessen.

Insbesondere die Nutzung kreativer Medien wie Tücher, Stöcke, Schachteln oder Stühle eröffnet vielfältige Ausdrucksmöglichkeiten. Durch kreative Materialien wird ein nonverbaler und vor allem spielerischer Zugang geschaffen, der ihnen ermöglicht, innere Erlebnisse sichtbar und spürbar zu machen.

6.3.1 Die Magie der Tücher und Decken: Spiel, Verwandlung und Interaktion

Praxisbeispiel. Ein 10-jähriges Mädchen, das sich schwer konzentrieren kann, erhält große Tücher zur Auswahl. Sie beginnt ein Tuch zu schwingen, sich darin einzuhüllen und es als eine Art „Schutzraum“ zu nutzen. Dies hilft ihr, sich zu erden, ihre Wahrnehmung zu fokussieren und spielerisch in Bewegung zu kommen.

Tanz mit großen Tüchern

Große Tücher als kreatives Medium (Anm.: Chiffontücher oder Jongliertücher sind nicht gut geeignet) bereichern die tanztherapeutische Arbeit mit Kindern und Jugendlichen auf sehr vielfältige Weise. Sie regen die Fantasie an, fördern die Freude an Bewegung und schaffen einen spielerischen Zugang zur Interaktion (Abb. 6.1). Unter der behutsamen Anleitung der Tanztherapeutin entdecken die jungen Klientinnen, dass Tücher weit mehr sind als bloße Accessoires für einen leichten Tanz. Vielmehr erweisen sie sich als vielseitige, expressive und interaktive Gestaltungselemente, die sowohl Leichtigkeit als auch Stärke vermitteln und den therapeutischen Prozess auf kreative Weise bereichern.

Abb. 6.1 **Der freie Tanz mit Tüchern** fördert bei Kindern und Jugendlichen Ausdruckskraft, Kreativität und Spielfreude. Die leichten Stoffe regen zu fantasievollen Bewegungen und Verwandlungen an und eröffnen einen geschützten Raum für emotionalen und körperlichen Ausdruck. Im gemeinsamen Spiel entstehen Verbindung und ein lebendiges Gruppenerlebnis. Die abgebildete Szene wurden von Kindern nachgestellt und zeigt keine echten Klientinnen oder deren Diagnosen

Tücher können mit verschiedenen Bewegungsqualitäten eingesetzt werden:

Sie lassen sich etwa schwingen, peitschen, ziehen, flattern oder werfen und bieten dadurch eine breite Palette an Ausdrucksmöglichkeiten. Sie sind nicht nur ein Medium für sanfte, fließende Bewegungen, sondern können ebenso als kraftvolle Ausdrucksmittel dienen. Nach den Prinzipien von Laban ermöglichen sie ein differenziertes Bewegungsspektrum, das von zarten, fliegenden Bewegungen bis hin zu spielerischen Kampfelementen reicht.

Darüber hinaus bieten Tücher eine Vielzahl an Möglichkeiten für Verwandlung und Symbolik. Sie können zu Flügeln werden, die Kinder in Fantasiewesen wie Feen oder magische Tiere verwandeln. Sie dienen als Zaubermäntel, Schutzumhänge oder fliegende Teppiche, die zu bewegten imaginären Reisen einladen. Tücher ermöglichen das Verstecken und Wiederauftauchen und unterstützen damit spielerisch das Erleben von Sichtbarkeit, Grenzen und Selbstwahrnehmung.

Auch für Kinder und Jugendliche mit traumatischen Erfahrungen bieten Tücher eine behutsame Möglichkeit, sich dem Ausdruck von Gefühlen und sozialen Interaktionen zu nähern. Sie können als Schutzsymbole oder imaginäre Begleiter fungieren und eine Atmosphäre von Geborgenheit und Sicherheit schaffen. Im geschützten Rahmen der Tanztherapie können sie spielerisch genutzt werden, um neue Erfahrungen mit Nähe, Distanz und sozialen Rollen zu machen.

Im zwischenmenschlichen Kontakt entfalten Tücher ebenfalls eine ganz besondere Wirkung: So können sie als Brücke zwischen zwei Personen dienen, als Tanzpartnerin, Freundin oder als Medium für spielerische Konflikte. Dadurch unterstützen sie das Erleben und Erforschen sozialer Dynamiken in einem geschützten Raum.

Tanz mit Decken

Neben Tüchern können auch Decken eingesetzt werden. Diese bieten zusätzliche Möglichkeiten, beispielsweise zum Bau von Höhlen oder Schutzräumen. Sie sind strapazierfähiger und können in dynamischeren Interaktionen verwendet werden, etwa indem junge Menschen sich gegenseitig ziehen oder mit ihnen spielerisch rangeln. Ihre stabile Beschaffenheit macht sie zu einem zusätzlichen Kraftmedium, das den Ausdruck von Energie, Widerstand und Unterstützung ermöglicht.

Decken sind außerdem ein wertvolles Medium zur *Unterstützung regressiver Prozesse.* Das Einrollen in eine Decke oder das behutsame Zudecken kann ein tiefes Gefühl von Schutz und Geborgenheit vermitteln. Die Grenze der Decke zu spüren, bietet Sicherheit und Orientierung, während sie gleichzeitig sanfte Berührung ermöglicht, ohne direkte körperliche Nähe von einer anderen Person erfordern zu müssen. Dies kann besonders hilfreich sein für Kinder und Jugendliche, die Berührung als überwältigend empfinden oder noch nicht bereit für direkten Kontakt sind.

Das Einhüllen in eine Decke kann ein Gefühl der Rückkehr in stabilere Zeiten hervorrufen und damit regressiven Bedürfnissen Raum geben. Oft besteht bei den Betroffenen ein tiefes Bedürfnis nach Kontakt, Fürsorge, Berührung und Liebe – Bedürfnisse, die mithilfe der Decke als Übergangsobjekt sanft genährt werden können.

Darüber hinaus eröffnen auch Decken vielfältige kreative und spielerische Möglichkeiten im tanztherapeutischen Prozess. Sie können etwa als Königinnenmantel getragen werden und dadurch Rollenspiele anregen, als Kokon dienen, aus dem ein Kind wie ein Schmetterling „schlüpfen" kann, oder sich in Flügel verwandeln, die Weite und Freiheit symbolisieren (Abb. 6.2). Decken können zwischen zwei Kindern oder Jugendlichen als verbindendes Kontaktmedium genutzt werden und fördern so soziale Interaktion und Beziehungsaufbau. Auch die Verwandlung in ein Fantasiewesen oder die Nutzung der Decke als fliegender Teppich, als Schutzhülle oder als improvisiertes Haus regen die Vorstellungskraft an und unterstützen ein freies, selbstbestimmtes Ausdruckserleben.

Tücher und Decken sind also weit mehr als bloße Tanzaccessoires. Sie eröffnen Kindern und Jugendlichen in der Tanztherapie einen geschützten, kreativen Raum, in dem sie sich spielerisch ausdrücken, ihre Vorstellungskraft entfalten und neue soziale Interaktionen erproben können. Durch ihre Vielseitigkeit bieten sie eine wertvolle Ressource zur Unterstützung emotionaler Prozesse und zur Förderung der individuellen Ausdrucksfähigkeit.

Decken bieten vielfältige kreative Möglichkeiten in der Tanztherapie – als Königsmantel, Kokon, Flügel oder fliegender Teppich regen sie Fantasie, Bewegung und soziale Interaktion an.

Abb. 6.2 Dynamische Interaktionen: Decken bieten vielfältige kreative Möglichkeiten in der Tanztherapie – als Königinnenmantel, Kokon, Flügel, Zauberumhang oder fliegender Teppich regen sie Fantasie, Bewegung und soziale Interaktion an. Die abgebildete Szene wurden von Kindern nachgestellt und zeigt keine echten Klientinnen oder deren Diagnosen

6.3.2 Schachteln als Medium für Rollenspiele und Gestaltung

Praxisbeispiel. Eine Gruppe von 5- bis 8-jährigen Kindern nutzt riesige Schachteln, um Höhlen und Verstecke zu bauen. Ein Kind zieht sich in eine Schachtel zurück, während ein anderes anklopft und einen Zugang zu einem „geheimen Raum“ sucht.

Große bis riesige Schachteln bieten Raum für Rückzug, Selbstregulation und kreatives Gestalten. Vor allem in der tanztherapeutischen Arbeit mit Kindern sind Schachteln ein wertvolles Element. Sie bieten nicht nur physische Strukturen zum Bauen und Gestalten, sondern regen auch die Fantasie an und laden zu interaktiven, bewegten Spielen ein. Kinder nutzen Schachteln intuitiv, um sich eigene sichere Räume zu schaffen, sich zu verstecken oder zu verwandeln. So können sie Schachtel „anziehen“, sie sich über den Kopf stülpen und blind bewegen, sie zur Fortbewegung nutzen (rutschen, gleiten, hüpfen) und kreative Höhlen und Häuser bauen, die zu tänzerischen Rollenspielen einladen. Diese selbsterschaffenen Schutzräume ermöglichen es ihnen, sich zurückzuziehen, gleichzeitig aber auch spielerisch in Kontakt mit anderen zu treten.

Die Schachteln lassen sich gut in das therapeutische Setting integrieren: So können die individuellen „Häuser“ der Kinder von anderen etwa tänzerisch besucht und umtanzt werden. Es kann innerhalb der Schachteln getanzt werden, und bei entsprechender Stabilität sind auch Bewegungen auf den Schachteln möglich.

Ein weiterer bedeutender Aspekt der Arbeit mit Schachteln ist ihr Potenzial für *Verkleidung und Rollenspiel.* Kinder verwandeln sich mithilfe von Schachteln in Roboter, Ritter mit Schutzausrüstung oder andere Fantasiewesen. Diese spielerischen Transformationen sind therapeutisch hochrelevant, da sie tiefere emotionale und psychologische Prozesse sichtbar machen.

Die gewählten Rollen der Kinder sind oft eng mit ihren inneren Bedürfnissen und Erlebnissen verknüpft. Die Figuren, die sie erschaffen, spiegeln ihre Wünsche, unerfüllten Sehnsüchte und ihre persönliche Geschichte wider. In der tanztherapeutischen Arbeit können diese Charaktere weiterentwickelt werden: Die Gangart der gewählten Figur, ihre Ziele, Träume und Wünsche, ihr Ausdruck und ihr Verhalten können durch Bewegung und Tanz erforscht und erweitert werden. Dies ermöglicht den Kindern, sich in einer geschützten, spielerischen Form mit ihren eigenen Emotionen auseinanderzusetzen.

Die Arbeit mit Schachteln kann somit als wertvolle Brücke genutzt werden, um verborgene Emotionen sichtbar zu machen und therapeutisch zu bearbeiten.

Das kreative Arbeiten unterstützt dabei nicht nur die Fantasie und das Ausdrucksvermögen der Kinder und Jugendlichen, sondern dient auch dem Vertrauensaufbau. Sie bieten Sicherheit und Stabilität, ermöglichen Selbstwirksamkeit und fördern das kindliche Bedürfnis nach Spiel und Gestaltung. In einer therapeutischen Beziehung sind diese Elemente essenziell, da sie eine tragfähige Basis für weiterführende therapeutische Prozesse schaffen.

6.3.3 Mit Stühlen tanzen: Freudvolles Spiel mit Struktur

Praxisbeispiel. Eine 14-jährige schüchterne Jugendliche, die sich wenig zutraut, nimmt an einem therapeutischen Gruppentanz mit Stühlen teil. Durch das Balancieren, Besteigen und rhythmische Bewegen der Stühle in einer choreografischen Sequenz entwickelt sie mehr Selbstvertrauen.

Stühle sind ein weiteres äußerst vielseitiges Medium in der tanztherapeutischen Arbeit mit Kindern und Jugendlichen. Sie bieten eine Vielzahl an Einsatzmöglichkeiten, die von *spielerischen Elementen* bis hin zu tiefgehenden therapeutischen Prozessen reichen. Das kann dabei helfen, Selbstbewusstsein aufzubauen, die eigene Präsenz und Selbstwirksamkeit zu stärken und die Resilienz zu fördern.

Die Art und Weise, wie sich Kinder und Jugendliche auf, unter oder mit Stühlen bewegen, gibt darüber hinaus wertvolle Einblicke in ihre Persönlichkeit und Bedürfnisse. Tanztherapeutinnen können durch die Beobachtung und Interaktion mit den Klientinnen tiefer gehende Erkenntnisse über deren innere Prozesse gewinnen.

Stühle bieten Struktur, Halt und gleichzeitig kreativen Freiraum. Sie ermöglichen sowohl *individuelle Bewegungsforschung* als auch gemeinschaftliche Interaktionen. Das Balancieren, Kippen oder Umfunktionieren eines Stuhls eröffnet neue Perspektiven und Bewegungsmöglichkeiten. Stühle eignen sich sowohl für kreative Skulpturen-Tänze, wilde Stuhl-Choreographien oder zur Unterstützung von müden oder bewegungseingeschränkten Klientinnen. Sie können gekippt, balanciert, auf den Kopf gestellt, gehoben oder als Verkleidungsmaterial genutzt werden – beispielsweise um sich in einen Roboter oder eine Schildkröte zu verwandeln. Auch kooperative Tänze lassen sich mit Stühlen hervorragend gestalten: Gemeinsam auf einem Stuhl Skulpturen zu formen oder synchronisierte Stuhltänze zu entwickeln, erfordert Kooperation, Anpassung und Körperspannung.

Ein weiterer wichtiger Einsatzbereich von Stühlen ist ihre Verwendung als *choreografisches Medium*, insbesondere für Jugendliche. Rhythmische und kreative Bewegungen mit Stühlen können dabei helfen, Freude an der Bewegung zu wecken und Ausdrucksmöglichkeiten zu erweitern.

Zudem können Stühle für ruhigere, *introspektive therapeutische Settings* genutzt werden – etwa in einem Sitzkreis, in dem Interaktion und Kommunikation auch ohne große Bewegung stattfinden können. So wird eine sichere und strukturierte Umgebung geschaffen, in der Kommunikation, Interaktion und Bewegung gleichermaßen Platz finden. Besonders für Klientinnen mit eingeschränkter Mobilität oder in sensiblen therapeutischen Prozessen kann der Stuhl als vermittelndes Element dienen. Die Vielseitigkeit dieses Mediums zeigt, dass es weit über seine Alltagsfunktion hinausgeht und eine bedeutende Rolle im kreativen, interaktiven und therapeutischen Prozess spielt.

6.3.4 Mit Stöcken fließen: Durch Raum und Zeit

Praxisbeispiel. Eine Gruppe von bereits miteinander vertrauten 12-jährigen Jugendlichen erhält in einer tanztherapeutischen Einheit BUDO-Stöcke, um verschiedene Raumrichtungen und Rhythmen zu erforschen. Sie arbeiten mit Partnerinnen zusammen, um synchrone Bewegungen zu entwickeln, gemeinsam zu gestalten und mit den Möglichkeiten der Interaktion und Bewegung durch Stöcke zu experimentieren.

Rattanstöcke sind ein wirkungsvolles Medium in der Tanztherapie, das sowohl physische als auch psychische Prozesse unterstützen kann. Sie helfen, Bewegungen zu strukturieren, Resilienz zu fördern, Balance zu schulen und den Fluss in der Bewegung zu erleichtern. Dabei geht es nicht nur um den körperlichen Ausdruck, sondern auch um die Entwicklung einer inneren Haltung von Anpassungsfähigkeit, Flexibilität und Offenheit für Veränderungen sowie die Verbindung zwischen innerer Balance und äußerer Bewegung.

Die kurzen, leichten Stöcke kommen aus dem Kampfsport (*BUDO-Stöcke*), splittern nicht und sind ideal für rhythmische, fließende und koordinative Bewegungen. Aufgrund ihrer Dynamik eignet sich dieses Medium besonders für stabile Gruppen und ist erst ab einem Alter von etwa zehn Jahren empfehlenswert.

Die tanztherapeutische Arbeit mit Stöcken kann tiefgehende Prozesse der Selbstwahrnehmung und Entwicklung anregen. Sie veranschaulicht, dass Veränderung nicht nur möglich ist, sondern auch aktiv gestaltet werden kann. Der bewusste Umgang mit dem Stock kann das Verständnis fördern, dass es stets alternative Wege gibt – sei es in der Bewegung, im Denken oder im Alltag. Diese Erkenntnis unterstützt Kinder und Jugendliche dabei, sich mit neuen Möglichkeiten auseinanderzusetzen, starre Muster zu lösen und sich mit mehr Offenheit und Flexibilität auf das Leben einzulassen.

Stöcke können auf verschiedene Weise in die tanztherapeutische Praxis integriert werden:

- *Fließende Bewegungen*: Durch schwingende, kreisende oder wellenförmige Bewegungen mit den Stöcken kann Balance und Entspannung sowie eine Lockerung der Muskulatur erreicht werden.
- *Strukturierung von Raum und Zeit*: Die Stöcke dienen als Orientierungshilfe für den eigenen Körper im Raum und unterstützen ein bewusstes Raumempfinden sowie die direkte und indirekte Arbeit mit dem Antrieb Raum. Bewegung kann außerdem klarer und gezielter strukturiert werden, indem die Interaktion mit den Stöcken Impulse für das zeitliche Erleben gibt. Die Stöcke können auch symbolisch für Abgrenzung, Kontakt, Verbindung oder Konflikt stehen – dies ermöglicht eine kreative Bearbeitung innerer Themen.
- *Resilienz und psychische Flexibilität*: Der Umgang mit den Stöcken erfordert und fördert Anpassungsfähigkeit und Flexibilität. In der Auseinandersetzung mit Bewegungsmustern zeigt sich, ob jemand an gewohnten Strukturen festhält oder sich auf

neue (und vielleicht nicht ideale) Möglichkeiten einlassen kann. Dies kann metaphorisch auf den Alltag übertragen werden: Welche inneren Widerstände bestehen gegen Veränderung? Wo kann mehr Anpassungsfähigkeit entstehen?

- *Koordination und Balance*: Die Stöcke erfordern eine bewusste Steuerung der Bewegungsabläufe und unterstützen die Schulung von Gleichgewicht und Koordination. Dies hat nicht nur positive Auswirkungen auf die körperliche Stabilität, sondern auch auf das innere Gleichgewicht und die emotionale Regulation.
- *Rhythmus und Konzentration*: Die präzise Koordination in der Gruppe oder im Paar fordert Fokus, Konzentration und Präsenz. Der Klang der aufeinandertreffenden Stöcke gibt darüber hinaus unmittelbares akustisches Feedback. Der Rhythmus wird „hörbar", was die Motivation steigert und das Gefühl für Timing stärkt.

Rhythmus ist eine universelle Ausdrucksform des Menschen, tief verwurzelt im Körper und in der neurobiologischen Organisation des Gehirns. In der Tanztherapie mit Kindern und Jugendlichen eröffnet die gemeinsame Rhythmusarbeit mit Stöcken ein besonders wirkungsvolles Feld, in dem Bewegung, Klang, soziale Interaktion und innere Regulation auf vielschichtige Weise miteinander verwoben sind. Das Erleben und Erzeugen eines gemeinsamen Rhythmus wirkt regulierend auf das autonome Nervensystem – insbesondere auf den Parasympathikus, der für Entspannung, Regeneration und innere Ruhe zuständig ist (Porges, 2011).

Entgegen der häufigen Annahme, dass der Einsatz von Stöcken sich primär für die Arbeit mit dem Laban-Antrieb „Kraft" eignet, zeigt die Praxis, dass dies oft nur bedingt zutrifft. Das liegt daran, dass impulsive, kraftvolle Bewegungen mit Stöcken in vielen Fällen zu chaotischen und unkontrollierten Mustern führen, die wenig Wohlbefinden erzeugen. Stattdessen eignen sich die Stöcke besser zur bewussten Gestaltung von Raum- und Zeitqualitäten. Der gezielte Einsatz dieser Parameter unterstützt eine klare Strukturierung von Bewegung und eröffnet darüber hinaus ein differenziertes Erleben von Dynamik und Fluss.

Strukturiertes Vorgehen ist dabei in jedem Fall essenziell: So sollte schon die Vergabe der Stöcke zu Beginn rituell erfolgen, ebenso die Bewegung im Raum, wodurch *Achtsamkeit und Kontrolle* geschult werden.

Der Tanz mit Stöcken ermöglicht ein tieferes Verständnis für *Resilienz*, indem der Umgang mit Herausforderungen spielerisch erfahrbar wird. Personen mit hoher Resilienz passen sich flexibel an die Bedingungen des Raumes an und nutzen ihn optimal, während weniger resiliente Personen häufig zurückhaltender sind und äußere Bedingungen als Hindernis wahrnehmen. Durch gezielte therapeutische Arbeit mit den Stöcken kann Resilienz gestärkt werden, indem Klientinnen lernen, sich neuen Bewegungsmöglichkeiten (und Alltagssituationen) zu öffnen.

Darüber hinaus können die Stöcke als Verlängerung der Arme oder Beine genutzt oder für Body-Percussion und Interaktionsspiele eingesetzt werden. Besondere Bedeutung kommt auch der Arbeit im Paar zu, wo sich über die Stöcke Verbindung, Abgrenzung und

Koordination ausdrücken lassen. Zudem können sie für rhythmische Gruppenübungen genutzt werden, die die Konzentrationsfähigkeit und das gemeinschaftliche Empfinden stärken. Neurowissenschaftliche Studien zeigen, dass synchronisierte Bewegungen und gemeinsame Rhythmen die neuronale Aktivität im Gehirn positiv beeinflussen, was sich wiederum auf die emotionale Regulation und die soziale Verbundenheit auswirkt (Porges, 2011).

6.3.5 Seile (ent)spannen: Verbindung und Beziehung

Praxisbeispiel. Eine Gruppe von Jugendlichen nutzt ein langes Seil, um gemeinsame Bewegungen zu koordinieren. Sie bewegen sich als eine Einheit, halten das Seil straff oder lassen es locker, um ihre Anpassungsfähigkeit und Kooperation zu testen.

Das Medium Seil ist in der tanztherapeutischen Arbeit ein vielseitiges und dynamisches Instrument zur Förderung von Gruppendynamik, Kommunikation und Beziehungsfähigkeit. Durch die physische Verbindung, die es zwischen Klientinnen schafft, entstehen Möglichkeiten für nonverbale Kommunikation, das Erleben von Führen und Folgen sowie das Entwickeln von Flexibilität und Anpassungsfähigkeit.

In Gruppenprozessen zeigt sich, dass sich durch das gemeinsame Halten und Bewegen des Seils spontane Rollenmuster, Beziehungsdynamiken und Konfliktfelder herauskristallisieren (Abb. 6.3).

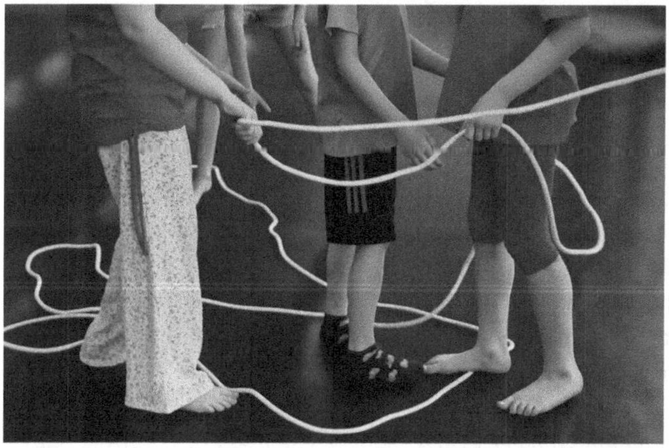

Abb. 6.3 **Seile sind Beziehungsmedien**: Ein langes Seil in der Gruppe eröffnet Raum für kreatives Miteinander – zugleich macht es subtile Dynamiken, Nähe-Distanz-Erleben und potenzielle Ausgrenzungsmechanismen sichtbar und therapeutisch bearbeitbar. Die abgebildete Szene wurden von Kindern nachgestellt und zeigt keine echten Klientinnen oder deren Diagnosen

Das Arbeiten mit einem *langen, weichen Seil* in Gruppen bringt verschiedene gruppendynamische Prozesse zum Vorschein:

- *Führen und Folgen*: Eine oder mehrere Klientinnen übernehmen von Natur aus die Leitung und geben Tempo sowie Richtung vor, während andere sich anpassen oder Widerstand leisten.
- *Kooperation und Anpassungsfähigkeit*: Das Medium fordert von der Gruppe, sich in einem gemeinsamen Rhythmus zu bewegen und gegenseitig auf Impulse zu reagieren.
- *Widerstand und Compliance*: Es gibt Klientinnen, die sich der kollektiven Bewegung entziehen (z. B. durch Erstarren oder bewusste Gegenbewegungen), während andere sich vollkommen anpassen.

Bei älteren Jugendlichen können diese Aspekte danach durch therapeutische Reflexion sichtbar gemacht und bearbeitet werden. So erlaubt es die Methode, unbewusste Rollenmuster zu erkennen und zu hinterfragen, um alternative Handlungsstrategien zu entwickeln.

Praktische Übungen mit einem langen Seil in der Gruppe können etwa sein:

- *Freie Bewegung mit dem Seil*: Die Gruppe erhält die Aufgabe, sich mit dem Seil zu bewegen, ohne den Kontakt zu verlieren. Es entstehen spontan Bewegungsmuster, die Aufschluss über bestehende Dynamiken geben.
- *Führen und Folgen*: Eine Klientin führt durch Bewegung das Seil an, während die anderen folgen. Die Rollen können wechseln, um unterschiedliche Erfahrungen zu ermöglichen.
- *Spannung und Widerstand*: Die Gruppe experimentiert mit verschiedenen Spannungszuständen des Seils, von locker bis straff, und reflektiert die emotionalen und körperlichen Reaktionen darauf.

Auch die tanztherapeutische *Arbeit mit kurzen Seilen* stellt – insbesondere in der Einzeltherapie – eine vielseitige und wirkungsvolle Methode dar, um mit Kindern und Jugendlichen Beziehungsmuster, Körpergrenzen und das kinästhetische Bewusstsein erlebbar zu machen. Seile fungieren dabei nicht nur als physische Materialien, sondern auch als symbolische Werkzeuge, die kreative, nonverbale Ausdrucksmöglichkeiten eröffnen. Ihre Anwendung erlaubt einen spielerischen Zugang zu tiefgreifenden emotionalen und sozialen Themen.

- *Seile als Beziehungsspiegel*: Kurze Seile können als symbolische Partnerin oder Stellvertreter für zwischenmenschliche Beziehungen verwendet werden. Im gemeinsamen Spiel, Ziehen, Loslassen, Halten oder Verwickeln entstehen spontane Bewegungsdialoge, die Rückschlüsse auf das individuelle Beziehungsverhalten zulassen. Die Art und Weise, wie Kinder und Jugendliche mit dem Seil interagieren – ob sie es festhalten, dominieren, ignorieren oder verlieren – spiegelt häufig unbewusste Muster im zwischenmenschlichen Kontakt wider. Darüber hinaus können kurze Seile in dyadischen Settings verwendet werden, um verschiedene Beziehungskonstellationen sichtbar und erlebbar zu machen. So wird etwa die Distanzregulation im Kontakt mit anderen Klientinnen unmittelbar erfahrbar, was insbesondere bei Schwierigkeiten in der sozialen Interaktion diagnostisch und therapeutisch bedeutsam sein kann.

- *Förderung von Körper- und Raumwahrnehmung*: Ein zentrales Ziel in der Arbeit mit Seilen ist die bewusste Wahrnehmung der eigenen Körpergrenzen und die Differenzierung zwischen dem Selbst und dem Außen. Durch das Umlegen oder Ziehen von Seilen um den Körper, das Definieren von „eigenem Raum" oder das Navigieren durch imaginäre Grenzen im Raum, wird die somatische Selbstwahrnehmung geschärft. Insbesondere Kinder und Jugendliche mit unsicherem Körperschema oder Wahrnehmungsverarbeitungsstörungen profitieren von der taktil-kinästhetischen Qualität der Seile. Seile dienen hier nicht nur als strukturelles Hilfsmittel, sondern als Medium zur Entwicklung von Ich-Grenzen, was in der tanztherapeutischen Arbeit von hoher Relevanz ist. Das Seil wird zur physischen Manifestation der Grenze, die verändert, verhandelt oder verteidigt werden kann.
- *Entwicklung sozialer Kompetenzen*: Die Interaktion mit Seilen fördert gezielt soziale Fähigkeiten wie Kooperationsbereitschaft, Kommunikation, Impulskontrolle und Perspektivübernahme. Bei gemeinsamen Aufgaben – etwa das Balancieren auf Seilen am Boden, das Verbinden zweier Klientinnen durch ein Seil oder das Gestalten einer gemeinsamen Choreografie mit Seilen – werden dialogische Prozesse angeregt und die Fähigkeit zur Abstimmung mit anderen entwickelt. Besonders wirksam zeigen sich hierbei strukturierte Improvisationen, in denen Kinder oder Jugendliche durch das Medium Seil unterschiedliche Rollen in einem sozialen Gefüge erproben können: Führende, Folgende, Grenzen Setzende oder Verbindende. Dies unterstützt die Entwicklung eines flexiblen Rollenverständnisses und stärkt die sozialen Ressourcen.
- *Förderung kinästhetischen Bewusstseins*: Die Arbeit mit Seilen bringt ein erhöhtes Maß an Bewegungsbewusstheit mit sich. Kinder und Jugendliche nehmen ihre Bewegungen im Raum differenzierter wahr, erleben Widerstand, Elastizität, Gewicht und Dynamik. Das Seil wirkt dabei wie ein „Bewegungspartner</Emphasis>, der Feedback gibt und zum dialogischen Tanz einlädt. Diese Interaktionen fördern das kinästhetische Empfinden – ein wesentliches Element in der Entwicklung von Körperintelligenz (Shapiro, 1999).

So können Seile in der tanztherapeutischen Arbeit auf vielfältige Art und Weise für die Bewusstmachung von Beziehungsmustern und die Förderung sozialer Kompetenz genutzt werden und sind ein wertvolles Instrument, um Gruppenprozesse sichtbar zu machen. Ihre spielerische Natur erlaubt kreative und flexible Ausdrucksformen, die tiefere psychodynamische Prozesse anregen können.

6.3.6 Masken in Bewegung: Verbergen und Sichtbarwerden

Masken, ursprünglich vor allem als Ausdrucksmittel im performativen Kontext bekannt, finden auch in der kreativen Tanztherapie mit Kindern und Jugendlichen eine vielschichtige und durchaus therapeutisch wertvolle Anwendung. Abseits ihres bühnenwirksamen Potenzials – etwa im Rahmen tanztheatralischer Abschlussaufführungen in Folge eines Tanztherapieprojekts (s. Abschn. 6.4) – eröffnen Masken auch im geschützten Raum des therapeutischen Prozesses neue Ausdrucksmöglichkeiten. Indem sie das Gesicht bedecken und somit einen wesentlichen Teil nonverbaler Kommunikation ausblenden, verschieben sie den Fokus weg vom Sichtbaren hin zum Erlebbaren: Die Körperbewegung, die Haltung und der tänzerische Ausdruck rücken stärker in den Vordergrund (Abb. 6.4).

Kinder und Jugendliche können dadurch manchmal leichter in andere Rollen oder innere Anteile schlüpfen, ohne sich direkt exponiert zu fühlen. Die Maske wirkt dabei nicht selten als Katalysator für imaginative Prozesse und fördert den spielerischen Zugang zu bislang unzugänglichen Emotionen oder Persönlichkeitsaspekten.

Nicht alle Kinder und Jugendlichen reagieren jedoch gleich auf das Tragen einer Maske – so kann das Maskenerleben ambivalent oder sogar aversiv sein, etwa durch ein Gefühl von Einschränkung, Atemnot oder Kontrollverlust. In solchen Fällen ist auf den Einsatz natürlich zu verzichten. Es ist darüber hinaus wichtig, eine Gruppe schon gut zu kennen, bevor Masken als kreatives Medium eingebracht werden.

Abb. 6.4 Die Maske als projektives Medium: Sie verbirgt und zeigt zugleich, schützt und öffnet – ein kreativer Widerspruch, der innerhalb gruppentherapeutischer Prozesse produktiv nutzbar gemacht werden kann. Die abgebildete Szene wurden von Kindern nachgestellt und zeigt keine echten Klientinnen oder deren Diagnosen

Gleichzeitig erleben andere Heranwachsende die Maske als entlastend, da sie sich für einen Moment der ständigen sozialen Beobachtung entziehen können. Das Verbergen des Gesichtsausdrucks stiftet hier ein reizvolles Gefühl von Anonymität und eröffnet neue spielerische Handlungsräume.

Gut geeignet sind etwa neutrale, weiße Masken, die das gesamte Gesicht bedecken. Diese können von den Teilnehmenden individuell gestaltet werden – ein kreativer Akt, in dem sich persönliche Themen symbolisch abbilden lassen. Auf diese Weise entstehen nicht nur individuelle Ausdrucksmasken, sondern auch Ausgangspunkte für tänzerische Improvisationen und choreografische Entwicklungen.

6.3.7 Schwungtuch: Gemeinsam durch Fantasiewelten tauchen

Praxisbeispiel. Eine Gruppe 6-jähriger Kinder mit ADHS bewegt ein überdimensionales blaues Tuch wellenartig durch den Raum. Die Kinder verstecken sich darunter, tanzen abwechselnd darüber – und erschaffen so gemeinsam eine Fantasiewelt und eigene Rollen.

Ein riesiges Tuch (oder Schwungtuch) ist ein vielseitiges, kreatives Medium, das ebenfalls in der tanztherapeutischen Arbeit mit Kindern und Jugendlichen Anwendung finden kann. Sein Einsatz ermöglicht es, gruppendynamische Prozesse und nonverbale Interaktion zu fördern, kreative Ausdrucksformen zu stimulieren und psychophysische Entwicklungen zu unterstützen.

Das Schwungtuch eignet sich besonders für Kinder im Vorschul- und Grundschulalter, kann jedoch auch mit älteren Jugendlichen eingesetzt werden. Es fördert die Zusammenarbeit in der Gruppe, stärkt das Gemeinschaftsgefühl und unterstützt die Entwicklung sozialer Kompetenzen. Besonders in Gruppen, in denen sich die Klientinnen noch nicht gut kennen oder schüchtern sind, dient das Schwungtuch oft als Eisbrecher und erleichtert den Einstieg in gemeinsame Aktivitäten. Durch die gemeinsame Handhabung des Tuchs entsteht ein unmittelbares Gefühl der Verbundenheit und Kooperation.

Die Verwendung eines großen, gemeinsamen Tuchs unterscheidet sich wesentlich von der Arbeit mit individuellen Tüchern. Das gemeinsame Bewegen und Führen des Tuches erfordert *kollektives Handeln.* Die Klientinnen müssen ihre Bewegungen aufeinander abstimmen, um das Tuch in Bewegung zu setzen und zu halten. Dies kann nicht nur die Teamarbeit, sondern auch Kommunikation und Einfühlungsvermögen innerhalb der Gruppe fördern.

Das Schwungtuch dient als Katalysator für kreative Prozesse. Durch verschiedene Spiele und Übungen können Fantasie und Imagination der Kinder und Jugendlichen angeregt werden. Beispielsweise können sich die kleinen Klientinnen vorstellen, das Tuch sei ein Meer. Sie können sich selbst in Meeresbewohnerinnen verwandeln, die unter dem Tuch hindurchtauchen (Tuch loslassen und darauf verlassen, dass die anderen Kinder

Abb. 6.5 Kreatives Gruppenerleben: Bei fantasievollen Spielen mit einem XXL-Tuch werden die Vorstellungskraft und Kreativität von Kindern und Jugendlichen auf spielerische Weise gefördert. Die abgebildete Szene wurden von Kindern nachgestellt und zeigt keine echten Klientinnen oder deren Diagnosen

es halten) und an einer neuen Stelle wieder auftauchen (neu einordnen und andere Perspektiven entdecken) (Abb. 6.5). Rollenspiele dieser Art fördern nicht nur Spielfreude und Kreativität, sondern auch die körperliche Beweglichkeit und Koordination. Auf psychophysischer Ebene kann dies zu einer verbesserten Körperwahrnehmung, gesteigertem Selbstbewusstsein und einem positiven Erleben der eigenen Fähigkeiten führen.

Der Einsatz des Schwungtuchs in der Arbeit mit traumatisierten Kindern und Jugendlichen erfordert besondere Sensibilität. Diese Zielgruppe zeigt oft wenig Geduld, Anpassungsfähigkeit oder Fähigkeit zur Struktur. Dennoch kann das Schwungtuch, wenn es strukturiert und behutsam eingesetzt wird, positive Effekte erzielen. Entscheidend dabei ist es, klare Rahmenbedingungen zu schaffen und die Klientinnen behutsam an die Aufgaben heranzuführen. Durch die repetitive und rhythmische Bewegung des Tuchs können beruhigende Effekte erzielt werden, die zur Stabilisierung beitragen können. Zudem ermöglicht das gemeinsame Spiel den Aufbau von Vertrauen innerhalb der Gruppe.

Um *Chaos* zu vermeiden und eine sichere Umgebung zu gewährleisten, ist eine klare Strukturierung essenziell. Rituale zu Beginn und am Ende der tanztherapeutischen Einheit, klare Anweisungen und ein vorhersehbarer Ablauf können den Kindern und Jugendlichen Sicherheit geben.

Kreative Spiele mit dem Tuch fördern also nicht nur die motorischen Fähigkeiten, sondern auch Aufmerksamkeit, Reaktionsfähigkeit und Vertrauen in die Gruppe. Durch imaginative Spiele, wie das Erschaffen von Wasserwelten, können die Kinder und Jugendlichen dabei außerdem in fantasievolle Rollen schlüpfen. Solche Rollenspiele können anschließend auch ohne Tuch weitergeführt und vertieft werden, wodurch der kreative Prozess kontinuierlich angeregt wird.

6.3.8 Bälle und Luftballons: Spiel mit kreativen Grenzen

Praxisbeispiel. Eine Gruppe von Kindern spielt mit Bällen ein bewegtes Namensspiel, bei dem jede den Ball zu einer bestimmten Reihenfolge weitergibt, sich aber gleichzeitig durch den Raum bewegt.

Auch die Verwendung von Bällen und Luftballons in der Tanztherapie kann die motorische, emotionale und soziale Entwicklung von Klientinnen unterstützen. Während Bälle insbesondere die motorische Kontrolle, Koordination und Interaktion fördern, bieten Luftballons aufgrund ihrer Leichtigkeit eine spielerische Dimension.

Dennoch ist der kreative Bewegungsspielraum mit kleinen Bällen und Luftballons begrenzt und sie sind aus diesem Grund nur bedingt für die Tanztherapie geeignet. Vielmehr dienen sie oft eher zur Gestaltung eines Übergangs oder als Einstiegsmedium, bevor andere Ausdrucksformen in der Tanztherapie eingeführt werden.

Bälle und Luftballons können grundsätzlich sowohl mit Kindern als auch mit Jugendlichen eingesetzt werden. Während Kinder oft spielerisch mit ihnen umgehen, können sie bei Jugendlichen als Mittel zur Interaktion, Bewegungsexploration und Gruppenbildung dienen.

Kleine bis mittelgroße Bälle

Kleinere Bälle können etwa zur Körperarbeit genutzt werden, indem sie über den gesamten Körper gerollt werden. Diese Technik unterstützt die Eigenwahrnehmung und das Körperschema und kann helfen, Berührungsängste abzubauen. Gerade für sensorisch hypersensible Kinder und Jugendliche kann dies eine behutsame Annäherung an taktile Reize bedeuten.

Zusätzlich dienen Bälle häufig der Kontaktförderung durch interaktive Übungen, etwa bewegte Namensspiele.

Da insbesondere Kinder häufig den Impuls haben, Bälle zu werfen oder sich gegenseitig abzuschießen, ist es essenziell, klare Regeln aufzustellen. Generell sollten nur weichere Stoffbälle eingesetzt werden, die weniger zur Aggression anregen. Der bewusste Einsatz von tanztherapeutischen Übungen zur Impulskontrolle kann zudem dazu beitragen, Spannungen abzubauen.

Der Einsatz von Gymnastikbällen

Gymnastikbälle hingegen bieten in der tanztherapeutischen Arbeit ein vielseitiges und wirkungsvolles Medium zur Förderung von Kontakt, Interaktion und kreativer Bewegung.

Durch ihre Größe und Präsenz wirken sie im Raum wie ein zentrales Kommunikationsobjekt, das die Aufmerksamkeit bündelt und den Bewegungsfokus erleichtert. In einer Gruppensituation, etwa im Kreis positioniert, kann der Ball als gemeinsamer Bezugspunkt dienen und zum Impulsgeber für fantasievolle Bewegung werden. Kinder und Jugendliche können ihn verwandeln – etwa in eine goldene Kugel, eine Wahrsagekugel, eine Weltkugel oder eine magische Seifenblase – und dadurch imaginative Spiel- und Bewegungswelten erschließen (Abb. 6.6). Dieser spielerische Zugang erleichtert insbesondere schüchternen oder bewegungsunsicheren Kindern und Jugendlichen den Einstieg in die Gruppenbewegung. Anders als kleine Bälle, die häufig mit Wurf- und Wettkampfspielen assoziiert sind, regen große Bälle nicht zum Abschießen an, sondern fördern eine kreative, wertfreie und gestalterische Auseinandersetzung mit dem eigenen Körper, dem Raum und der Gruppe. Sie eröffnen dadurch niedrigschwellige Möglichkeiten zur nonverbalen Kontaktaufnahme und zum gemeinsamen Erleben, was sie zu einem geeigneten Hilfsmittel in der tanztherapeutischen Arbeit mit jungen Menschen macht.

Auch im Einzelsetting bietet der Gymnastikball verschiedene Anwendungsmöglichkeiten. Er kann als beweglicher Untergrund zur Förderung der Körperwahrnehmung und der vestibulären Stimulation dienen, als imaginärer Bewegungspartner in dialogischer Interaktion, oder als stützendes Objekt, an das sich die Klientinnen physisch anlehnen oder über das sie sich rollen können. Diese Möglichkeiten eröffnen gezielte Ansätze zur Regulation des Muskeltonus, zur Aktivierung oder Beruhigung des Nervensystems sowie zur Förderung von Selbstwirksamkeit und emotionaler Sicherheit. Der Ball kann dabei sowohl als Verlängerung der therapeutischen Beziehung fungieren – etwa im gemeinsamen Rollen oder rhythmischen Schwingen – als auch als Mittel zur Selbstexploration, in dem er Widerstand, Halt oder Bewegungsimpulse gibt. Insgesamt ist der Einsatz von

Abb. 6.6
Spielerisch-interaktives Medium: Gymnastikbälle sind in der Tanztherapie vielseitige Begleiter, die Kontakt, Interaktion, Spiel und kreative Bewegung fördern. Die abgebildete Szene wurden von Kindern nachgestellt und zeigt keine echten Klientinnen oder deren Diagnosen

großen Gymnastikbällen ein integrativer Bestandteil tanztherapeutischer Methodik, der körperorientierte, kreative und beziehungsdynamische Prozesse gleichermaßen unterstützt.

Mit Luftballons tanzen

Luftballons regen durch ihr leichtes Gewicht und ihre Qualität zu langsamen, schwebenden und spielerischen Bewegungen an. Sie können dazu beitragen, den Raum zu explorieren und ein Gefühl für Dynamik, Leichtigkeit und Bewegungsfluss zu entwickeln. Aufgrund ihrer besonderen Eigenschaften eignen sie sich zur Schulung von Achtsamkeit, Feinmotorik und Atem-Bewegungs-Synchronisation – insbesondere in der Arbeit mit stressbelasteten Kindern und Jugendlichen. Das rhythmische Anstoßen eines Ballons zur Musik kann dabei nicht nur die Körperkoordination fördern, sondern auch zu spielerischer Interaktion einladen und soziale Prozesse anstoßen.

Gleichzeitig erfordert der Einsatz von Luftballons eine differenzierte Einschätzung der Zielgruppe. Insbesondere bei traumatisierten Klientinnen kann das plötzliche Zerplatzen eines Ballons starke Angstreaktionen auslösen. Während manche genau diese Reizsetzung als anregend oder befreiend erleben, kann sie für andere überwältigend sein. Eine individuelle Beobachtung und sorgfältige therapeutische Haltung sind hier entscheidend.

Trotz der vielfältigen Möglichkeiten ist der tanztherapeutische Einsatz von Luftballons insgesamt eher begrenzt – nicht zuletzt durch die reduzierte Bewegungsvielfalt und das spielerisch-leichte Setting, das wenig Tiefe erlaubt. Dennoch eröffnet das Medium auch Raum für weiterführende kreative Prozesse. So kann im Anschluss an eine Bewegungssequenz mit Luftballons eine gestalterische Vertiefung stattfinden, beispielsweise durch das Malen eines Bildes, das die gemachten körperlichen und emotionalen Erfahrungen visualisiert.

Diese bildnerische Reflexion kann eine Brücke schlagen zwischen Bewegung und innerem Erleben: Was wurde durch den Tanz ausgedrückt? Hat das Spiel mit dem Luftballon Freude bereitet oder Frustration ausgelöst? Sind Themen wie Langeweile, Unzulänglichkeit, Wut, Angst oder Ausgrenzung aufgetaucht? Besonders bei Jugendlichen kann der Versuch, sich leicht und frei zu bewegen, auch Widerstand, Anspannung oder Gefühle von Scheitern hervorrufen – all dies sind wertvolle Hinweise für die weitere therapeutische Arbeit.

Eine interessante weiterführende Möglichkeit bietet auch die Einladung an die Kinder und Jugendlichen, sich selbst in einen Luftballon zu „verwandeln" und dessen Bewegungsqualitäten bewusst im eigenen Körper zu erforschen. Wie verändert sich dabei das Körpergefühl? Welche inneren Bilder oder Emotionen tauchen auf? Die bewusste körperliche Auseinandersetzung mit diesen Qualitäten kann zu intensiven emotionalen Reaktionen führen – und im darauffolgenden kreativen Gestalten (z. B. durch Malen) sichtbar und greifbar gemacht werden (Abb. 6.7).

Durch die Bewegung mit dem Luftballon und anschließend „als Luftballon" begab sich das Mädchen auf eine innere Reise, in der zahlreiche bedeutsame Themen auftauchten, die in der weiteren tanztherapeutischen Arbeit aufgegriffen und vertieft werden konnten.

Abb. 6.7 **Luftballon der Emotionen**: Die Klientin, die dieses Bild nach ihrer tänzerischen Reise als „Luftballon" malte, beschrieb sich selbst als vielseitig und sensibel. Während des Tanzens erlebte sie jedoch eine emotionale Achterbahnfahrt: Auf anfängliche Freude folgte plötzlich Wut, gefolgt von Angst. Danach stellte sich eine Phase des Loslassens und spielerischen Kontakts mit der Therapeutin ein – bis sie schließlich wieder zum „einsamen Ballon" wurde und Gefühle von Ausgrenzung auftraten

Auch hier gilt daher wieder: In der Verbindung von Bewegung, Reflexion und Gestaltung liegt das Potenzial, individuelle Themen nicht nur körperlich zu erleben, sondern auch bewusst zu machen und in den Alltag zu übertragen. Und auch die Arbeit mit Luftballons kann so – trotz ihrer scheinbaren Einfachheit – zum Ausgangspunkt tiefgreifender Prozesse werden.

6.3.9 Stofftiere: „Beruhige den Tiger in dir"

Praxisbeispiel. Ein Kind integriert sein Lieblingsstofftier in eine Tanzgeschichte, in der es eine mutige Heldin ist, die mit dem Stofftier als Gefährte Herausforderungen meistert.

Die Tanztherapie nutzt eine Vielzahl kreativer Medien, um emotionale Prozesse zu unterstützen. Stofftiere und andere Übergangsobjekte nehmen dabei eine gesonderte Rolle ein, da sie eine Mischung aus psychodynamischen Aspekten und kreativen Ausdrucksformen darstellen. Besonders bei traumatisierten Klientinnen sind Stofftiere oft bis ins Jugendalter vorhanden und können gezielt in die tanztherapeutische Arbeit integriert werden. Als

Übergangsobjekte geben sie Sicherheit und ermöglichen eine spielerische Exploration der eigenen Emotionen und Geschichten (Winnicott, 2005).

Der Begriff *„Übergangsobjekt"* wurde von Winnicott (Winnicott, 2005) geprägt und beschreibt ein Objekt, das einem Kind als emotionale Brücke zwischen innerer und äußerer Welt dient. Es hilft, Trennungen zu bewältigen, Sicherheit zu finden und emotionale Regulation zu entwickeln. Typische Übergangsobjekte sind Stofftiere, Decken, Mullwindeln oder andere vertraute Gegenstände, die Trost spenden und eine stabile Bezugsperson symbolisieren (Brisch, 2021).

Übergangsobjekte unterstützen die Entwicklung von Resilienz, indem sie emotionale Sicherheit schaffen und eine Brücke zwischen erlebtem Trauma und der Bewältigung durch symbolische Prozesse bieten (Perry & Szalavitz, 2008). Laut Levine (1997) ist es für traumatisierte Kinder essenziell, unvollständige Überlebensreaktionen durch symbolische und körperliche Ausdrucksformen zu vervollständigen, wozu Übergangsobjekte eine wertvolle Hilfe darstellen. So helfen Stofftiere Kindern dabei, emotionale Sicherheit und Selbstregulation zu entwickeln, zwischenmenschliche Beziehungen zu üben und Kreativität und Selbstwirksamkeit zu erleben (Abb. 6.8).

Abb. 6.8 Mit Tieren tanzen: Stofftiere bereichern die Tanztherapie, indem sie Rollenspiele, Bewegungsimprovisationen und die kreative Entwicklung von Figuren anregen. Die abgebildete Szene wurden von Kindern nachgestellt und zeigt keine echten Klientinnen oder deren Diagnosen

Die Integration von Übergangsobjekten in die Tanztherapie kann vielseitig gestaltet werden und reicht von Rollenspielen über Bewegungsimprovisationen bis hin zur Figurenentwicklung. *Mögliche Methoden* sind:

- *Rollenspiele und Bewegungsimprovisationen*: Übergangsobjekte können dabei als Projektionsfläche für innere Konflikte und unbewusste Themen dienen. In der tanztherapeutischen Praxis werden sie etwa als Begleiter des Kindes in Bewegungssequenzen integriert. Oft stehen sie in improvisierten Dialogen außerdem für bestimmte Bezugspersonen oder innere Anteile. Stofftiere können von den Kindern auch aktiv in Bewegung gebracht werden (z. B. als verlängerte Arme oder bewegte Marionetten). Kinder neigen oft dazu, ihre Ängste, Wünsche oder Aggressionen auf das Stofftier zu übertragen. Diese Übertragungsprozesse ermöglichen der Tanztherapeutin, unbewusste Bedürfnisse zu erkennen und gezielt therapeutisch zu bearbeiten.
- *Stofftiere als Identifikationsfiguren*: Einige Kinder fühlen sich mit ihrem Stofftier so stark verbunden, dass sie sich mit ihm identifizieren oder es als lebendig wahrnehmen. Sie schlüpfen in seine Rolle und bewegen sich so, wie sie annehmen, dass das Stofftier es tun würde. Diese spielerische Herangehensweise erlaubt es, alternative Identitäten zu erkunden und das Selbstbild zu erweitern.

Übergangsobjekte in Gruppen- und Einzeltherapie

Sowohl in der Einzel- als auch in der Gruppentherapie können Übergangsobjekte eine verbindende und stabilisierende Funktion übernehmen:

- In der Einzeltherapie können sie als Vertrauensobjekt dienen und helfen, eine therapeutische Beziehung aufzubauen.
- In der Gruppe können sie Interaktionen anregen, indem Kinder ihre Stofftiere einander vorstellen oder gemeinsame Szenen entwickeln.

Winnicott (2005) betonte, dass durch den spielerischen Umgang mit Übergangsobjekten emotionale Heilung stattfinden kann. Vor allem die Interaktion mit einem Stofftier erlaubt es Kindern, schmerzliche Erfahrungen zu verarbeiten und alternative Handlungsweisen zu erproben.

6.3.10 Ressourcenkarten und Gefühlskarten: Spielerische Selbstexploration

Bildmaterialien wie Ressourcenkarten, Gefühlskarten oder fantasievollen Gestaltungssets sind für die tanztherapeutische Praxis mit Kindern und Jugendlichen hervorragend geeignet. Der Einsatz solcher Materialien dient der nonverbalen Kommunikation, der emotionalen Selbstexploration sowie der Förderung von Selbstwirksamkeit und Ausdrucksfähigkeit. Gerade für junge Menschen, denen es mitunter schwerfällt, Gefühle verbal auszudrücken, bieten Karten eine kreative Brücke zwischen Innenwelt und äußerem Ausdruck.

In der tanztherapeutischen Arbeit fungieren Bildkarten in erster Linie als projektive Medien, die emotionale Zustände sichtbar und begreifbar machen. Sie regen zur Kreativität und Reflexion an und unterstützen die verbale und körperliche Ausdrucksfähigkeit. Durch das Sichtbarmachen innerer Bilder entsteht ein Zugang zu Emotionen, Bedürfnissen und Ressourcen, der sowohl diagnostisch als auch therapeutisch nutzbar ist. Visuelle Stimuli sprechen insbesondere das implizite, bildhaft-leibliche Gedächtnis an und fördern ein tieferes körperliches Erleben. Der Prozess des „sich Bewegens mit einem Bild" aktiviert die Imagination, unterstützt die emotionale Regulation und fördert die Integration von Erfahrungen.

Gefühlskarten

Insbesondere bei Kindern eignet sich der Einsatz von Gefühlskarten sehr gut. Diese zeigen Charaktere oder Figuren, deren Mimik und Körpersprache spezifische Emotionen ausdrücken – z. B. Freude, Wut, Angst, Traurigkeit oder Scham. Doch auch mit Jugendlichen (und sogar Erwachsenen) lassen sich Gefühlskarten in der Tanztherapie nutzen. In einem Beispiel aus der Praxis wählen Jugendliche aus einer Sammlung von Fischkarten jene aus, die ihre aktuelle Stimmung widerspiegelt. Die gewählte Karte wird zum Ausgangspunkt einer Bewegungseinheit, in der das entsprechende Gefühl verkörpert, erforscht und eventuell transformiert wird.

Diese Arbeit bietet Kindern und Jugendlichen nicht nur eine Möglichkeit zur Selbstwahrnehmung, sondern auch zur Selbstwirksamkeit: Sie lernen, Gefühle zu benennen, zuzulassen und in Bewegung zu bringen. In der Auseinandersetzung mit der Karte entstehen neue Ausdrucksmöglichkeiten, und über das kreative Spiel können belastende Gefühle externalisiert und verarbeitet werden.

Ressourcenkarten

Ressourcenkarten sind visuelle Darstellungen von Orten, Szenen oder symbolischen Bildern, die positive Assoziationen wecken und spezifisch ausgewählt wurden, um ein Wohlgefühl hervorzurufen. Sie sind ab etwa 10 Jahren bzw. verstärkt für die Arbeit mit Jugendlichen geeignet.

In der Praxis wählen die Klientinnen eine Karte, die eine besonders positive Resonanz im Körper hervorruft (Body-Marker) und werden eingeladen, die Auswahl zu reflektieren: Was gefällt dir an der Karte? Was sagt diese Karte über dich aus? Welche Qualität möchtest du daraus mitnehmen? Anschließend werden die mit der Karte verbundenen Qualitäten tänzerisch umgesetzt. Auch eignet sich ein Assoziationskreis in der Kleingruppe, in der die anderen Gruppenmitglieder zu jedem Bild intuitiv assoziieren (positiv und wertschätzend). Anschließend werden z. B. drei Worte aus diesem Austausch in

Bewegung übertragen, während die Worte von einer Partnerin wiederholt vorgelesen werden und damit in den Tanz einfließen.

Diese Technik stärkt die Imagination und fördert die Fähigkeit, sich mit inneren Ressourcen zu verbinden – ein wichtiger Bestandteil in der Förderung von Resilienz und Selbstregulation (van der Kolk, 2015).

Gefühlsmonster

Eine besonders spielerische und kreative Form der Kartenarbeit ist die Arbeit mit „Monsterkarten", bei denen Kinder oder Jugendliche aus einzelnen Monsterteilen (z. B. verschiedenen Augen, Füßen, Schwänzen, Hörnern, Ausdrücken, Requisiten) ein eigenes „Gefühlsmonster" zusammenstellen. Die Wahl und Kombination der Teile reflektiert oft unbewusst emotionale Zustände oder Themen, mit denen junge Klientinnen aktuell beschäftigt sind. Ein Monster mit einem traurigen Gesicht und gefesselten Armen, aber sechs kräftigen Beinen kann etwa Ausdruck von innerer Ambivalenz sein: einerseits Stärke und Bewegungsdrang, andererseits ein Gefühl von Gebundenheit oder Ohnmacht. In der tanztherapeutischen Arbeit wird das Monster nicht nur gebaut, sondern auch belebt – etwa indem die Klientin sich „in das Monster verwandelt" und mit dessen Eigenschaften tanzt. So wird auf spielerische Weise Rollenarbeit angeregt, die dem Kind hilft, innere Anteile zu externalisieren und zu integrieren.

Archetypische Bildkarten und Märchentarot

Für ältere Kinder und Jugendliche eignet sich auch der Einsatz von Bildkarten mit symbolischem, archetypischem Gehalt – z. B. Märchentarotkarten. Diese greifen bekannte Motive auf, die tief im kollektiven Unbewussten verankert sind und daher besonders starke emotionale Resonanz auslösen. In der tanztherapeutischen Umsetzung können diese Karten als Impuls für eine Bewegungsgeschichte dienen, in der die Jugendlichen zentrale Themen wie Wandlung, Angst, Mut oder Neubeginn leiblich erfahrbar machen.

Der Einsatz von Karten in der Tanztherapie mit Kindern und Jugendlichen bietet also ein reichhaltiges Repertoire an Möglichkeiten zur Selbstwahrnehmung, Emotionsregulation und Ressourcenaktivierung. Durch die Verbindung von Bild, Emotion und Bewegung entsteht ein ganzheitlicher therapeutischer Raum, in dem Wachstum und Integration ermöglicht werden. Kartenmaterial kann sowohl diagnostisch als auch interventionell genutzt werden und stellt ein besonders kindgerechtes, kreatives Werkzeug dar, das den Zugang zur Innenwelt erleichtert und die Bewegungsarbeit bereichert.

6.3.11 Intermediale Tanztherapie: Malen – Schreiben – Tonarbeit in Bewegung

Praxisbeispiel. Ein 9-jähriger Junge malt große Kreise in verschiedenen Farben auf ein Blatt Papier. Anschließend übersetzt er diese Form in eine Bewegung, indem er sich drehend durch den Raum bewegt und Spiralen mit seinen Armen in die Luft zeichnet. In dieser Übersetzung von Bild in Bewegung entstehen neue Ausdrucksmöglichkeiten, die sowohl emotional als auch körperlich verankert sind.

Die Verbindung von Tanz und anderen künstlerischen Ausdrucksformen – insbesondere dem bildnerischen Gestalten, dem Schreiben oder auch dem Arbeiten mit Ton – ist ein zentraler Bestandteil intermedialer tanztherapeutischer Ansätze. Sie eröffnet Kindern und Jugendlichen einen Zugang zu ihren Emotionen, inneren Bildern und körperlichen Empfindungen und fördert gleichzeitig kreative Ausdrucksfähigkeit, Selbstwirksamkeit und Integration. Der multimodale Zugang ermöglicht ein flexibles Eintauchen in verschiedene Ausdruckskanäle, wodurch Kinder und Jugendliche individuell passende Wege finden können, ihre Innenwelt nach außen zu bringen. Bewegung kann dabei dem bildnerischen Gestalten vorausgehen oder ihm folgen. Beide Prozesse – Bewegung und bildliche Gestaltung – stehen in einem dialogischen Wechselverhältnis, in dem sie sich gegenseitig inspirieren und vertiefen (Levy, 1992). Diese Form der Arbeit aktiviert unterschiedliche Sinne – visuell, kinästhetisch, taktil – und ermöglicht so einen ganzheitlichen Zugang zu Erfahrungen.

Die folgenden Methoden stellen exemplarische Zugänge dar, die sich in der Praxis bewährt haben und flexibel an das Alter, die Bedürfnisse und Themen der Klientinnen angepasst werden können.

Name gestalten und bewegen

Eine kreative Methode zur Identitätsarbeit mit Kindern und Jugendlichen ist etwa das kreative Schreiben des eigenen Namens. Die Buchstaben werden dabei in individueller Weise auf Papier gestaltet – schlicht oder bunt, eckig oder rund, wild oder geordnet. Die Gestaltungsweise selbst gibt oft schon Hinweise auf die innere Verfasstheit der Person.

In Partnerarbeit oder Gruppen können Namen „getanzt“ werden: Jeder Buchstabe wird in eine Bewegung übersetzt, die anderen imitieren oder reagieren darauf. Diese Form der personenzentrierten Bewegung fördert die Selbstwahrnehmung und stärkt das Selbstbild.

Vom Bild zur Bewegung und umgekehrt

Die Verbindung von Tanz, Bewegung und bildnerischem Gestalten eröffnet im tanztherapeutischen Setting mit Kindern und Jugendlichen vielfältige kreative Zugänge zu inneren Prozessen. Der Wechsel zwischen Bewegung und bildnerischem Ausdruck – vom gemalten Bild zur Bewegung oder umgekehrt – ermöglicht es, Themen spielerisch und ressourcenorientiert zu erforschen. Diese intermediale Arbeitsweise regt sowohl die Imagination als auch die Körperwahrnehmung an und unterstützt dabei, emotionale Inhalte sichtbar und erlebbar zu machen.

Dabei steht nicht die künstlerische Perfektion im Vordergrund, sondern vielmehr die Fragen: Was zeigt sich im Bild? Was berührt mich daran? Welcher Aspekt lädt mich zur Bewegung ein?

Ein gemaltes Bild kann Impulsgeber für freie, improvisierte Bewegung sein – ebenso können durch Bewegung entstandene innere Bilder anschließend gestalterisch umgesetzt werden. Auf diese Weise entsteht ein lebendiger Dialog zwischen innerem Erleben, äußerem Ausdruck und Selbstreflexion. Die Kombination aus ruhigen und bewegten Phasen schafft zudem eine förderliche Balance zwischen Aktivierung und Integration.

Ein Kind malt einen Löwen (Abb. 6.9). Doch dieser Löwe sieht nicht stark oder furchteinflößend aus – im Gegenteil: Er wirkt traurig. Seine Wangen sind schwarz gefärbt, im Gesicht sind Kratzer zu erkennen. Das Tier scheint verletzt, innerlich wie äußerlich. Dieses Bild kann ein bedeutender Einstieg in einen therapeutischen Prozess sein, denn es birgt symbolische Ausdrucksmöglichkeiten und bietet eine Projektionsfläche für innere Empfindungen, die dem Kind möglicherweise (noch) nicht bewusst oder sprachlich zugänglich sind.

Die Tanztherapeutin nähert sich dem Bild behutsam und mit wertschätzender Neugier. Sie stellt dem Kind kindgerechte, fantasievolle Fragen, ohne zu interpretieren oder zu werten: „Wer ist der Löwe?“, „Wie fühlt er sich gerade?“, „Ist er vielleicht nicht allein?“ oder auch: „Bist du irgendwo auf dem Bild zu sehen?“ Die Antworten bleiben offen – das Kind kann antworten, muss es aber nicht. Die Fragen dienen vielmehr dazu, Assoziationen zu wecken und eine Verbindung zur inneren Erlebniswelt aufzubauen. Manchmal entsteht die eigentliche Erkenntnis erst während der Bewegung oder in einem späteren Moment.

Nach dem Malen kann das Kind eingeladen werden, den Löwen in Bewegung zu bringen: Wie bewegt sich ein trauriger Löwe? Ist er langsam, schwer, vorsichtig? Oder wütend, erschöpft, ängstlich? Vielleicht tauchen dabei neue Elemente auf – etwa andere Tiere, Orte oder Handlungen – die bisher nicht im Bild sichtbar waren. Die Bewegung

Abb. 6.9 „Der traurige Löwe“: Beispiel für kreative Bild- und Bewegungsarbeit in der Tanztherapie

dient hier als nonverbales Ausdrucksmittel und kann sowohl entlastend als auch klärend wirken. Oft beginnen Kinder während oder nach der körperlichen Auseinandersetzung plötzlich zu erzählen – über den Löwen, seine Geschichte, oder auch über sich selbst. Was zunächst nur gezeichnet wurde, kann sich in der Bewegung entfalten, benannt und emotional verarbeitet werden.

Die Tanztherapeutin sollte dabei stets eine Balance halten: Einerseits einen spielerischen, lustvollen Zugang fördern, der Vertrauen und Freude weckt; andererseits dem Kind zutrauen, sich in seinem Erleben auch ernsthaft zu reflektieren.

Kindern mehr zutrauen. Kinder verstehen oft mehr, als sie auf den ersten Blick ausdrücken können – vieles reift innerlich nach.

Indem sie merken, dass ihre inneren Bilder ernst genommen werden, entwickeln sie ein Gefühl von Selbstwirksamkeit. Sie erleben: Meine Geschichte ist wichtig. Ich darf sie auf meine Weise erzählen – mit Farben, mit Bewegungen, mit meinem Körper.

Gerade in solchen kreativen Prozessen entsteht häufig die tiefere Verbindung zwischen Kind und Therapeutin – jenseits von Worten. Die Bewegungsarbeit mit inneren Bildern wie diesem traurigen Löwen ermöglicht nicht nur Ausdruck, sondern auch Verwandlung: Vielleicht wird der Löwe im nächsten Tanz mutiger, findet Freunde, beginnt zu heilen. Vielleicht bleibt er auch noch eine Weile traurig – beides ist in der Therapie erlaubt.

Möglicher Ablauf der Bewegungsarbeit zum Bild „Der traurige Löwe“:

1. *Einstieg – Gesprächsimpulse zum Bild*:
   (Kindgerecht, offen und spielerisch formulieren – alle Fragen sind optional)
   - Wer ist dieser Löwe?
   - Wie fühlt er sich gerade?
   - Was ist ihm passiert? Warum hat er Kratzer im Gesicht?
   - Ist der Löwe allein oder ist noch jemand bei ihm (vielleicht unsichtbar)?
   - Wenn du magst: Bist du selbst vielleicht auch irgendwo im Bild – oder bist du der Löwe?
   - Welche Farbe gefällt dem Löwen? Was würde ihn ein bisschen trösten?
2. *Übergang zur Bewegung – kreative Impulse*:
   - Werde selbst zum Löwen: Wie bewegt sich ein trauriger Löwe? Wie schnell oder langsam ist er? Wie sieht seine Mähne aus, wenn er sich bewegt?
   - Spiele mit Körperhaltungen: Wie fühlt es sich an, aufrecht und stark wie ein Löwe zu stehen – und wie fühlt sich der Körper, wenn der Löwe sich klein und traurig macht?
   - Bewegungsgeschichte gestalten: Erzählt gemeinsam die Geschichte des Löwen in Bewegung. Wo kommt er her? Was hat er erlebt? Was braucht er jetzt?

- Kontaktaufnahme mit anderen: Wie bewegt sich der Löwe, wenn er einen Freund trifft? Wie zeigt er, dass er sich freut oder dass er Nähe braucht?

3. *Abschluss – Integration und Nachspüren*
   - Welche Bewegung war heute am stärksten oder wichtigsten für dich?
   - Was möchtest du dem Löwen noch sagen oder schenken?
   - Wenn du magst: Male oder gestalte etwas, das dem Löwen guttut.

Geschichten in Bewegung

Kinderbücher, Märchen oder Kurzgeschichten bieten einen reichhaltigen Fundus für tanztherapeutisches Arbeiten. Durch die Kombination aus Vorlesen und Bewegen wird das Gehörte unmittelbar in Körpererleben übersetzt. Das kann durch spontane Bewegungsimpulse geschehen, durch geführte Bewegungssequenzen oder durch Rollenspielelemente.

Die narrative Struktur einer Geschichte hilft Kindern, sich emotional zu orientieren: Figuren können identifiziert, Konflikte erlebt und Lösungen tänzerisch gefunden werden. Besonders wirkungsvoll ist es, wenn Kinder anschließend die Geschichte verändern oder ergänzen – etwa durch ein anderes Ende, durch das Einfügen eigener Figuren oder durch die Darstellung individueller Bedürfnisse innerhalb der Geschichte. Dabei kommen zentrale Themen wie Sicherheit, Zugehörigkeit, Mut oder Veränderung zum Ausdruck, die therapeutisch weiterbearbeitet werden können.

Diese Form der Arbeit eröffnet nicht nur Räume für tiefere Verarbeitung, sondern schafft auch Spiel, Freude, Kontakt und gemeinsame Bewegungserlebnisse in der Gruppe. Geschichten eignen sich besonders gut für den Einstieg in Bewegungseinheiten – vor allem bei Kindern, denen es anfangs schwerfällt, von sich aus in Bewegung zu kommen.

Körperbild malen

Gerade für Jugendliche mit negativer Körperwahrnehmung ist die Methode des Körperbild-Malens bedeutsam. Dabei wird der Körper einer Person auf einem großen Papier in Lebensgröße nachgezeichnet und dann individuell ausgestaltet.

In der Reflexion geht es anschließend darum, welche Körperteile hervorgehoben oder ausgelassen wurden, welche Bereiche farbig oder vielleicht blass sind, oder wo sich etwa Kraft oder Verletzlichkeit zeigt. In der Folge kann mit bestimmten Körperzonen in Bewegung gegangen werden, etwa mit den betonten oder den ausgelassenen Bereichen. Die tänzerische Auseinandersetzung mit dem eigenen Körperbild ermöglicht eine emotionale Annäherung, Integration und – im besten Fall – Transformation.

Kreatives Schreiben und Haikus in Bewegung

Das Schreiben von Texten – insbesondere poetischer Texte – ist ein weiteres intermediales Mittel, das Kinder und Jugendliche auf einer symbolischen Ebene mit ihrer Gefühlswelt verbindet. Haikus, die durch ihre Kürze, Form und Naturverbundenheit besonders zugänglich sind, bieten sich hier besonders an. So können etwa mehrere Haikus (auf großem Papier) im Raum ausgelegt und die Klientinnen dazu eingeladen werden, durch den Raum zu gehen und dabei immer wieder einzelne Worte in Bewegung zu übersetzen. In weiterer

Folge können Haikus auch selbst verfasst – und anschließend bewegt – werden, oder es können Haiku-Performances kreiert werden, bei denen die Gruppe selbstverfasste oder fremde Haikus zu einer künstlerischen Form vertanzt. Dies regt die kreative Bewegungsarbeit an und bietet Raum für Reflexionen und therapeutische Weiterarbeit. So unterstützt die Arbeit mit Texten symbolisches Denken, Sprachsensibilität und kreative Transformation von Emotionen. Die Arbeit mit Haikus und anderen Texten ist immens vielseitig und kann tanztherapeutisch mit unterschiedlichsten Zielgruppen – sobald Kinder schreiben und lesen können – aufgegriffen werden. Auch die tänzerische Improvisation mit einzelnen Worten eignet sich gut für die therapeutische Arbeit.

Tonarbeit als verkörperte Gestaltung

Die Arbeit mit Ton – besonders als blindes, taktiles Erlebnis – fördert die Selbstwahrnehmung und die Emotionalisierung innerer Themen. So bietet sie Kindern und Jugendlichen einen archaisch-kreativen Zugang zum eigenen Ausdruck. Der weiche, formbare Werkstoff spricht tiefere Schichten des Fühlens und Spürens an und kann helfen, diffuse Emotionen zu externalisieren.

Jugendliche, die mit geschlossenen Augen Figuren oder Formen aus Ton gestalten, bringen dabei unbewusst emotionale Inhalte zum Vorschein. Nach dem Gestaltungsprozess wird das Objekt betrachtet, interpretiert und in Bewegung umgesetzt. Dabei können auch begleitende Worte oder Sätze entstehen, die wiederum die Bewegungsqualität prägen. Die Kombination aus taktiler, sprachlicher und kinästhetischer Erfahrung ermöglicht einen tiefgehenden therapeutischen Prozess.

6.3.12 Die Arbeit mit Sand: Neue Welten bewegen

Die Arbeit mit Sand bietet in der therapeutischen Praxis eine tiefgehende Möglichkeit, innere Konflikte, emotionale Belastungen und bisher unbewusste Themen auf eine kreative und nonverbale Weise zu bearbeiten. Durch das physische Gestalten von Szenen und Symbolen entstehen im Sand Ausdrucksräume, die Kindern und Jugendlichen helfen, sich selbst besser zu verstehen – jenseits von Sprache. Die ursprünglich von der Jung´schen Analytikerin Dora Kalff entwickelte Sandspieltherapie stellt ein wirksames Medium dar, um das Unbewusste sichtbar und gestaltbar zu machen (Kalff, 2022).

Der Sandkasten wird dabei zu einem „Raum für die Seele", in dem mit Miniaturfiguren, Symbolen, Tieren und anderen Objekten innere Bilder zum Vorschein kommen dürfen. Dieser Raum dient als ein Spiegel des Unbewussten, in dem auch komplexe und oft schwer fassbare innere Prozesse visualisiert werden können (Kalff, 2022). Das Sandspiel bildet damit ein symbolisches Erfahrungsfeld, das direkt mit dem Körper und innerem Erleben verknüpft ist (Lenz & Fleck, 2021).

Symbolische Welten im Sand – Spiegel innerer Prozesse

Im explorativen Sandspiel gestalten Kinder und Jugendliche Szenarien, die tief verwurzelte Themen wie Angst, Sehnsucht, Wut oder Schutzbedürfnis ausdrücken. Diese symbolischen Welten, sei es ein Dorf in Trümmern, eine Insel der Freiheit oder ein übermächtiger Gegner, fungieren als Spiegel unbewusster Dynamiken (Lenz & Fleck, 2021). Die Therapeutin begleitet diesen Prozess behutsam, bietet Halt und betrachtet gemeinsam mit dem Kind das Dargestellte.

Ein zentrales Anliegen der Methode ist es, das spontane Gestalten im Sand achtsam zu begleiten und einer Verkörperung des Prozesses Raum zu bieten. Die reflektierende Haltung der Therapeutin ermöglicht dabei eine bewusste Auseinandersetzung mit den symbolisch dargestellten Inhalten (Lenz & Fleck, 2021).

In der analytischen Therapie nach C. G. Jung stellt Sand ein Medium dar, das sowohl die „unbewusste" als auch die „bewusste" Welt miteinander verbinden kann. Die Darstellung von Szenen im Sand ermöglicht den Klientinnen, ihre inneren Bilder und Vorstellungen darzustellen, ohne sich ausschließlich auf sprachliche Ausdrucksmöglichkeiten verlassen zu müssen (Jung & Jung, 2001).

Ein eindrucksvolles Beispiel zeigt das *Sandbild einer Klientin*, die ihre aktuelle Familiensituation dargestellt hat (Abb. 6.10): Sie selbst platzierte sich als kleine, traurige Figur in einer hinteren Ecke, umgeben von Skeletten – eingesperrt und isoliert. Im Zentrum der Sandfläche stand ein Schmetterling, als Symbol für Glück, Leichtigkeit und Sehnsucht. Doch dieser wurde von Schlangen bedroht – ein deutliches Bild für die empfundenen Angriffe auf das eigene Glück oder das Gefühl, dass positive Aspekte im Leben immer wieder zerstört oder überschattet werden. Eine kräftige, stabil wirkende Figur stand in der gegenüberliegenden Ecke – symbolisch für eine wichtige Bezugsperson, die ihr Sicherheit und Halt gab, jedoch räumlich weit entfernt von der eigenen Figur platziert wurde.

Tanztherapeutische Integration: Vom Bild zur Bewegung

In der Tanztherapie kann das Sandbild Ausgangspunkt für eine körperlich-emotionale Verarbeitung werden. Während im Sand eine symbolische Darstellung erfolgt, bietet die Bewegung die Chance zur Integration: Das Bild bekommt eine Dynamik, wird erlebt, durchlebt und im besten Fall transformiert. Kinder und Jugendliche profitieren davon, ihre inneren Themen auch körperlich bearbeiten zu dürfen.

Gerade weil die Arbeit mit symbolischen Bildern – sei es im Sand oder im Tanz – tief liegende Themen an die Oberfläche bringen kann, ist therapeutische Verantwortung essenziell. Wie Lenz und Fleck (2021) betonen, braucht das explorative Sandspiel einen klar gehaltenen Raum, der Sicherheit bietet und emotional auffängt. Oberste Priorität hat dabei das Prinzip der „Zumutbarkeit": Nicht jedes innere Thema strebt danach aufgelöst zu werden – manches darf auch nur angedeutet oder im symbolischen Raum belassen werden.

Das vorsichtige Navigieren dieser Themen ist daher entscheidend, um retraumatisierende Erfahrungen zu vermeiden und einen heilsamen Raum zu schaffen.

Abb. 6.10 Das Sandbild als kreativer Ausgangspunkt: Dieses ausdrucksstarke Sandbild verdeutlicht die emotionalen Konflikte, inneren Spannungsfelder und auch die vorhandenen Ressourcen einer Klientin. Das Bild bietet zahlreiche Anknüpfungspunkte für therapeutische Fragen und weiterführende tänzerische Prozesse

Sensibler Umgang. Es ist entscheidend, dass die Themen, die im therapeutischen Prozess auftauchen, auch aufgegriffen und bearbeitet werden. Ein bloßes Konfrontieren mit Gefühlen oder ein nicht fachkundiger Umgang mit Symbolen ohne weiterführende Bearbeitung ist nicht zielführend und kann mehr Schaden anrichten, als heilsam zu wirken.

Die beschriebenen Methoden entfalten ihre Wirkung am stärksten im *Einzelsetting*. Die Themen, die im Sand auftauchen, sind oft hochindividuell und sensibel – und brauchen Raum und Zeit, um angemessen bearbeitet zu werden. In Gruppen kann es schwer sein, diese Tiefe zu erreichen, ohne dass sich emotionale Prozesse überlagern oder unzureichend aufgefangen werden.

Die Übertragung des Sandbilds in die Bewegung erfordert daher eine feinfühlige Begleitung: Die Therapeutin erspürt achtsam, welche Bewegung möglicherweise mit einem Symbol verbunden werden kann – und ob die Klientin dafür bereit ist. Die Methode lebt davon, dass das Innere sich durch Symbol und Bewegung neu organisieren darf – auf ganz eigene Weise.

In der diesem Bild (Abb. 6.10) folgenden tanztherapeutischen Arbeit wurde insbesondere die Figur aus dem Sandbild, die für die eigene Person stand, in Bewegung gebracht – das Symbol der Traurigkeit, Enge und Isolation erhielt durch den körperlichen Ausdruck eine neue Dimension.

Die Klientin konnte sich spielerisch aus der Enge herausbewegen, neue Positionen im Raum ausprobieren und erste Impulse von Selbstwirksamkeit und innerer Stärke körperlich erleben. Elemente von Fantasie, Kraft und Leichtigkeit – inspiriert durch den Schmetterling, die spielerische Runde mit dem Geschenk und die starken Figuren rechts oben – wurden in die Bewegungsarbeit integriert. So entstand ein Übergang von der symbolischen Darstellung im Sand hin zu einem kreativen, körperlich erlebbaren Ressourcenprozess – ein zentraler Baustein in der Verbindung zwischen Sandspiel und Tanztherapie.

6.3.13 Symbole und Figuren: Kleine Wesen ganz groß

Die Arbeit mit Symbolen und Figuren stellt in der Tanztherapie eine kreative und ausdrucksstarke Möglichkeit dar, innere Prozesse sichtbar zu machen. Auch für Kinder und Jugendliche bieten Figuren und Symbole einen nonverbalen Zugang zu emotionalen Themen. Kleine Figuren wie Playmobil®, Schleich®-Tiere oder andere symbolische Objekte, dienen als spielerische Brücke zwischen der inneren und äußeren Welt und ermöglichen es den Klientinnen, über diese Objekte mit sich selbst und der Umwelt in Kontakt zu treten.

Symbole spielen in vielen therapeutischen Ansätzen eine zentrale Rolle, vor allem auch in der Jung'schen Psychologie, die die Bedeutung von Archetypen und Symbolen im Unbewussten betont. Nach C.G. Jung ist das Symbol ein Schlüssel, der den Zugang zu den tiefen Schichten des Unbewussten ermöglicht und dabei hilft, innere Konflikte zu bearbeiten und zu integrieren. Symbole können Gefühle und Vorstellungen in eine greifbare Form übersetzen, die es den Klientinnen erleichtert, sich selbst besser zu verstehen und Veränderungen in ihrem Leben zu initiieren (Jung & Jung, 2001). Die Symbolarbeit nach C.G. Jung zielt darauf ab, unbewusste Inhalte in das Bewusstsein zu bringen. So war das Symbol für Jung ein Träger von Bedeutung, der jenseits der rationalen Ebene funktioniert und Zugang zu tieferen psychischen Prozessen bietet. In der Jung'schen Psychotherapie werden Symbole auch oft in Form von Bildern, Metaphern und Archetypen genutzt, um der Klientin zu helfen, sich selbst zu erkennen und zu integrieren (Jung & Jung, 2001).

Die Verwendung von Figuren und Symbolen in der Tanztherapie folgt diesem Jung´schen Konzept und kann auf verschiedene Weise in Bewegung übersetzt werden. Für Kinder und Jugendliche bieten Symbole eine wertvolle Möglichkeit, emotionale Zustände oder unbewusste Prozesse in eine visuelle und spielerische Form zu bringen (Abb. 6.11).

Praxisbeispiel. Ein 13-jähriges Mädchen wählt ein Tier, das sie als „wild und ungezähmt" beschreibt, und erklärt, dass es ihre derzeitige Gefühlswelt widerspiegelt. Die Figur wird daraufhin in Bewegung umgesetzt, und das Mädchen tanzt, indem sie sich wild und unkontrolliert durch den Raum bewegt, was eine körperliche Ausdrucksform für die innere Unruhe

Abb. 6.11 Symbolfiguren als Zugang zur Gefühlswelt: Kinder und Jugendliche nutzen Symbole meist spielerisch – ohne bewusste Reflexion, aber mit viel Ausdruck. Gerade darin liegt ihr tanztherapeutisches Potenzial: Sie eröffnen emotionale Zugänge und inspirieren kreative Bewegungen

und das Bedürfnis nach Freiheit darstellt. In der anschließenden Reflexion spricht sie darüber, wie sich die Bewegung anfühlte und welche Themen dabei hochkamen.

Für Kinder ist die Arbeit mit Symbolen meist weniger auf tiefe Reflexion ausgerichtet. Sie interagieren mit den Figuren in einer eher spielerischen Weise, ohne viel darüber nachzudenken, was die Auswahl der Figur über ihre inneren Welten aussagt. Dennoch kann diese kreative Herangehensweise ebenfalls ein wertvolles therapeutisches Werkzeug sein, da sie den Zugang zur eigenen Gefühlswelt öffnet und kreative Impulse für die weitere Bewegungsarbeit bietet.

Auch in Gruppensettings können die Symbolfiguren als Einstieg in einen kreativen Prozess dienen. Hierbei können die Klientinnen Rollen übernehmen, die durch ihre gewählten Figuren repräsentiert werden, und die Interaktionen zwischen den Figuren tänzerisch umsetzen. Diese Form der symbolischen Kommunikation fördert den Austausch und die Zusammenarbeit in der Gruppe und kann neue Perspektiven auf persönliche und gruppendynamische Themen eröffnen.

6.3.14 Wenn Träume tanzen: Kreativer Ausdruck des Unbewussten

Auf ähnliche Weise stellt die Arbeit mit Träumen in der Tanztherapie eine tiefgehende Möglichkeit dar, unbewusste Prozesse zu erforschen. Träume sind eine wichtige Quelle für das Verständnis von Konflikten, Wünschen, Ängsten und verdrängten Gefühlen, und enthalten oft symbolische Bilder, die der Klientin helfen können, sich selbst besser zu verstehen und in ihrer Entwicklung voranzukommen. Bei Kindern und Jugendlichen sind sie oft ganz besonders bildhaft, emotional und symbolreich. Damit stellen sie in der tanztherapeutischen Arbeit ein wertvolles Fenster zur inneren Welt dar.

So können Träume in der Tanztherapie auf verschiedene Weise in Bewegung übersetzt werden und als kreative Inspirationsquelle dienen, was den therapeutischen Prozess vertieft und eine alternative Ausdrucksform für komplexe emotionale Inhalte bietet. Innere Zustände und Konflikte können dadurch in eine kreative körperliche Form gebracht werden. Sie bieten außerdem die Möglichkeit, unbewusste Themen über kreative Medien zugänglich und bearbeitbar zu machen, ohne dass das Kind diese vollständig verstehen oder sprachlich erklären muss.

Besonders bei Jugendlichen ist es spannend, Träume in Bewegung zu übersetzen, da sie zu einer Zeit der Selbstfindung und Identitätsentwicklung häufig von inneren Konflikten und ungelösten Themen geprägt sind. Die Arbeit mit Träumen ermöglicht es den Jugendlichen, sich mit diesen Themen auf eine kreative Weise auseinanderzusetzen, was oft zu neuen Einsichten und Lösungen führt.

Aber auch bei Kindern ist die Arbeit mit Träumen möglich. Dabei ist es jedoch wichtig, die Träume in eine Sprache zu übersetzen, die für die Kinder verständlich ist. Dies kann etwa durch Malen, Zeichnen oder symbolische Darstellungen geschehen. Der kreative Akt, den Traum zu visualisieren und ihn anschließend in Bewegung zu übersetzen, hilft den Kindern, ihre inneren Welten zu strukturieren und zu begreifen.

Praxisbeispiel. Ein sechsjähriges Mädchen berichtet von einem Traum, in dem sie unter einem Regenbogen steht, während Sternschnuppen vom Nachthimmel fallen (Abb. 6.12). Sie beschreibt den Traum als schön und besonders, lächelt beim Erzählen – und merkt gleichzeitig an, dass „etwas auch unheimlich" gewesen sei, ohne benennen zu können, was genau. Hier wird deutlich: Der Traum enthält sowohl positive als auch ambivalente Elemente – eine typische Qualität kindlicher Traumwelten, die sich nicht eindeutig in gut oder schlecht einordnen lassen.

Wie kann mit diesem Traum (Abb. 6.12) tanztherapeutisch gearbeitet werden?
Die Tanztherapeutin könnte damit beginnen, das Mädchen ein Bild des Traumes gestalten zu lassen. Das Malen hilft, einzelne Elemente – etwa den Regenbogen, die Sternschnuppen, das nächtliche Setting – sichtbar zu machen. Dabei entsteht ein gemeinsamer Bezugspunkt, der sowohl zur Betrachtung als auch zur späteren Bewegungseinladung dient. Die Therapeutin sollte dabei darauf achten, Fragen offen, altersangemessen und assoziativ zu stellen, z. B.: „Was passiert da oben am Himmel?", „Wie fühlt sich das an, unter dem Regenbogen zu stehen?", „Was würdest du tun, wenn du eine Sternschnuppe berühren könntest?"

Ziel ist es, keine Deutung vorzugeben, sondern das Kind in seinen inneren Bildern ernst zu nehmen und es spielerisch zu ermutigen, diese weiterzuentwickeln.

Abb. 6.12 **Der verbildlichte Traum**: Beispiel für den gezeichneten Traum einer jungen Klientin

In der anschließenden Bewegungsarbeit wird der Traumkörper „zum Leben erweckt“: Das Kind darf Bewegungen für die Sternschnuppen finden, den Regenbogen durchschreiten oder sich selbst als tanzendes Element der Szene erleben. Wichtig ist dabei, dass die Therapeutin sowohl Halt als auch Freiheit bietet – also klare, sichere Rahmenbedingungen schafft, aber auch spontane Ausdrucksformen zulässt. Gerade das Nicht-Benennbare – das Unheimliche im Traum – darf im Körper einen Platz finden, z. B. als eine fremde Bewegung, einen ungewöhnlichen Rhythmus oder einen Wechsel der Energie im Tanz.

Dabei beobachtet die Tanztherapeutin das Kind genau, etwa: Welche Bewegungsqualitäten zeigen sich? Welche zeitlichen und räumlichen Elemente werden sichtbar? Welchen Ausdruck hat das Kind während der Bewegung? Durch diese kreative Weiterarbeit wird ein gemaltes Bild zur Ausgangsbasis für eine lebendige, körperliche Auseinandersetzung mit inneren Themen und Bedeutungen.

Das Besondere an der Arbeit mit Träumen in der Tanztherapie liegt in der Verbindung von inneren Bildern mit körperlichem Ausdruck: Was im Traum erlebt wurde, kann tänzerisch wiedererlebt, neugestaltet oder verändert werden. Für Kinder und Jugendliche bietet diese Form des Ausdrucks einen natürlichen Zugang zur Verarbeitung emotionaler Themen – ohne sie intellektuell überfordern zu müssen. Die Tanztherapie schafft damit einen geschützten Raum, in dem Unaussprechliches tänzerisch befragt und bewegt werden darf – und in dem junge Menschen sich selbst in ihrer inneren Erlebniswelt besser spüren, verstehen und stärken können.

Dabei erfordert die Auseinandersetzung mit Träumen aber in jedem Fall eine behutsame Herangehensweise. Die Klientinnen müssen in der Lage sein, ihre Träume in einem sicheren und unterstützenden Rahmen zu verarbeiten. So sollte darauf geachtet werden, dass traumatische oder belastende Inhalte nicht zu einer emotionalen Überforderung führen. Die therapeutische Begleitung muss darauf ausgerichtet sein, den Traum in eine für die Klientin hilfreiche und heilsame (positive) Bewegung zu übersetzen, die sowohl den emotionalen Ausdruck als auch die Verarbeitung der inneren Konflikte ermöglicht.

6.3.15 Vielfalt der kreativen tanztherapeutischen Arbeit

Die in diesem Kapitel beschriebenen Methoden stellen lediglich eine Auswahl möglicher intermedialer Herangehensweisen dar. Die Vielfalt kreativer Medien in der Tanztherapie ist nahezu unbegrenzt. Materialien wie Farben, Ton, Text, Geschichten oder Naturmaterialien lassen sich in unzähligen Variationen mit tanztherapeutischer Arbeit verbinden. Die kreativen Prozesse fördern spielerische Kommunikation, stärken die Beziehungsarbeit und wirken verbindend – sowohl in der Beziehung zur Therapeutin als auch innerhalb der Gruppe. Insbesondere für Kinder und Jugendliche, die sich in belastenden Lebensphasen befinden oder Schwierigkeiten im verbalen Ausdruck haben, sind intermediale Ansätze ein wertvoller Zugang.

Sie regen das Imaginative, das Sinnliche und das Körperliche gleichermaßen an und sind daher ein unersetzlicher Bestandteil tanztherapeutischer Praxis mit jungen Menschen.

6.4 Besonderheit: Kreative Bühnenpräsentation

Obwohl in der Tanztherapie grundsätzlich der Prozess im Vordergrund steht, kann die Umsetzung einer kreativen Bühnenpräsentation am Ende eines Projekts einen besonderen therapeutischen Mehrwert bieten. Ein tanztherapeutisches Projekt mit einer Gruppe von Kindern oder Jugendlichen bietet nicht nur die Möglichkeit, kreative Ausdruckskraft zu fördern, sondern auch das Selbstbewusstsein der Klientinnen zu stärken. So kann eine Bühnenpräsentation den jungen Menschen eine einzigartige Gelegenheit bieten, ihre eigenen Entwicklungsprozesse sichtbar zu machen und eine Form von Anerkennung und Wertschätzung zu erfahren, die für viele ein tiefgehendes Erlebnis darstellt.

6.4.1 Tanztheater als Erweiterung der Tanztherapie

Die Idee, ein Tanztheaterstück am Ende eines tanztherapeutischen Prozesses zu entwickeln, erweitert den kreativen Horizont der Klientinnen und fordert sie heraus, sich nicht nur individuell, sondern auch im Gruppenkontext zu präsentieren. Die therapeutische Arbeit bleibt dabei prozessorientiert, und die Entstehung eines Bühnenstücks stellt eine künstlerische Weiterführung dieses Prozesses dar.

Präsentation der Entwicklung. Es geht nicht um ein perfektes Ergebnis, sondern um die Darstellung der Entwicklung, der Themen und Emotionen, die während der tanztherapeutischen Arbeit aufgearbeitet wurden.

Für viele Kinder und Jugendliche ist die kreative Bühnenpräsentation eine einmalige Gelegenheit, sich selbst in ihrer ganzen Vielfalt zu präsentieren und in einem sicheren Rahmen Anerkennung zu erfahren. Der kreative Prozess der Bühnenarbeit kann darüber hinaus das Selbstwertgefühl stärken und das Gefühl der Selbstwirksamkeit fördern.

Der Prozess beginnt in der Regel mit einer Reflexion der therapeutischen Themen, die während des tanztherapeutischen Projekts bearbeitet wurden. Die Klientinnen können ihre eigenen Bewegungen, die sie im Verlauf des Projekts entwickelt haben, miteinander kombinieren und in einer strukturierten Form auf der Bühne präsentieren. Diese Form der Präsentation ist nicht auf Perfektion ausgelegt, sondern auf Authentizität und die Darstellung der eigenen Erfahrungen und Entwicklungen.

In der praktischen Umsetzung können unterschiedliche Elemente zusammengeführt werden: individuelle Bewegungen und Tanzsequenzen, die während des therapeutischen Prozesses entstanden sind, werden kombiniert und erweitert. So entstehen Szenen, die sowohl persönliche als auch kollektive Themen der Gruppe widerspiegeln. Dabei kann es hilfreich sein, bestimmte thematische Schwerpunkte oder Metaphern zu nutzen, die die Erfahrungen der Klientinnen widerspiegeln, wie etwa eine symbolische Darstellung von „Wachstum", „Transformation" oder „Freiheit".

Die Rolle der Tanztherapeutin in der Bühnenarbeit

Für die Tanztherapeutin ist es wichtig, dass die Arbeit mit der Gruppe nicht in eine leistungsorientierte Richtung geht. Es darf nicht um ein perfektes Bühnenstück gehen, sondern vielmehr um den kreativen Prozess, der durch das Stück zum Ausdruck kommt. Die Therapeutin sollte darauf achten, dass die Klientinnen in ihrer künstlerischen Freiheit unterstützt werden und dass die Präsentation als ein gemeinschaftliches Erlebnis verstanden wird, bei dem der Fokus auf der Zusammenarbeit und dem Prozess liegt, nicht auf dem Ergebnis.

Es ist auch von entscheidender Bedeutung, dass die Therapeutin die Klientinnen auf die Bühnenpräsentation vorbereitet, indem sie ihnen sowohl die künstlerische als auch die emotionale Bedeutung des Auftritts vermittelt. Ein solches Event kann für viele Kinder und Jugendliche sehr emotional sein, und es ist bedeutsam, dass sie sich dabei sicher und unterstützt fühlen. Dies kann durch Proben, gezielte Gespräche und Reflexionen vor dem Auftritt geschehen.

Die kreative Bühnenpräsentation stellt einen außergewöhnlichen Abschluss eines tanztherapeutischen Projekts dar und kann den Klientinnen eine wertvolle Gelegenheit bieten, ihre persönlichen und kreativen Entwicklungen zu zeigen. Ihnen wird damit eine Plattform gegeben, sich auf eine einzigartige Weise auszudrücken. Während der Prozess der

Tanztherapie im Vordergrund steht, kann die kreative Bühnenarbeit eine kraftvolle Möglichkeit bieten, die Erfahrungen und Themen der Klientinnen zu würdigen und sichtbare Erfolge zu feiern.

Ein vertiefender Einblick in die konkrete Umsetzung einer Bühnenpräsentation im Rahmen eines tanztherapeutischen Projekts mit Kindern findet sich im nachfolgenden Kap. 6. Dort wird ein durchgeführtes Gruppenprojekt ausführlich beschrieben, in dem über mehrere Monate hinweg mit einer Kindergruppe tanztherapeutisch gearbeitet und zum Abschluss eine kreative Bühnenpräsentation erarbeitet wurde. Das Kapitel versteht sich als praktischer Erfahrungsbericht und bietet Leserinnen unter anderem einen realitätsnahen Einblick in die kreative und therapeutische Bühnenarbeit mit Kindern – als wertvolle Ergänzung und Vertiefung des hier dargestellten theoretischen Verständnisses.

6.5 Besonderheit: Tanzen mit Pferden

Ein alternatives körper-, beziehungs- und bewegungsorientiertes Therapieformat, das die sanfte Kraft der Pferde mit der Ausdruckskraft des Tanzes verbindet, ist die EquiDanceTherapy. Im Mittelpunkt dabei steht die Beziehung zwischen Mensch, Pferd und Bewegung. Durch tänzerische Interventionen im Raum mit und um das Therapiepferd entsteht ein nonverbaler, authentischer Dialog – eine heilende Choreografie von Resonanz, Achtsamkeit und Selbstausdruck. Die Therapieform verbindet Elemente der Tanztherapie mit pferdegestützter Therapie. Dabei geht es nicht um Reiten, sondern um die nonverbale Kommunikation mit dem Pferd durch Bewegung, Berührung und Tanz.

Ein zentrales Bedürfnis aller Menschen ist Kontakt – zu sich selbst, zu anderen und zur Welt. Viele traumatisierte Kinder und Jugendliche haben jedoch Schwierigkeiten mit zwischenmenschlicher Beziehung und dem Erleben von Nähe. Tiere können diesen ersten Brückenschlag oft erleichtern. Als nicht wertende, präsente Lebewesen reagieren Pferde intuitiv auf emotionale Zustände und helfen, Vertrauen und Verbindung neu zu erleben. Die Kombination mit Tanz ermöglicht dabei einen spielerischen Zugang zu den eigenen Emotionen, ohne sprachlichen Druck oder direkte Konfrontation mit dem Trauma. In der Kombination dieser beiden Ansätze entsteht eine wirkungsvolle Methode, die den Zugang zu sich selbst erleichtert und auf sanfte Weise Heilung fördert.

6.5.1 Tanztherapie im Spiegel des Pferdes

Die Kombination aus Tanztherapie und pferdegestützter Therapie ist ein spannender Zugang zur körperorientierten Arbeit mit Kindern und Jugendlichen. In diesem Ansatz wird das Pferd nicht als „Hilfsmittel", sondern als sensibles, resonantes Gegenüber verstanden. Die tierische Präsenz, gepaart mit kreativen Bewegungselementen, schafft einen sicheren Raum für nonverbalen Ausdruck, emotionale Regulation und den Aufbau eines stabilen Selbstbildes.

Neben der freien Tanzimprovisation kommen auch kreative Medien zum Einsatz: Tücher, Bilder (Malen nach der Begegnung mit dem Pferd) oder Gymnastikbälle. Auch Inszenierungen, Bewegungsgestaltungen oder Rituale mit dem Pferd sind möglich.

Hintergrund und Rahmenbedingungen

Tanztherapie arbeitet mit Bewegung als Ausdruck innerer Zustände und nutzt kreative Gestaltung zur Stärkung von Selbstwahrnehmung und Beziehungsfähigkeit. Pferdegestützte Therapie wirkt über die nonverbale, körperlich-emotionale Kommunikation und bietet unmittelbare, ehrliche Resonanz (Gehrke et al., 2011). Die Verbindung beider Ansätze ermöglicht ein Erleben von Ko-Regulation, Selbstwirksamkeit und kreativer Beziehungsgestaltung.

Das therapeutische Setting findet vorzugsweise auf einem geschützten Platz statt. Idealerweise mit leichter Bekleidung, um taktile Reize zu ermöglichen. Es wird auf Musik, Materialien (Tücher, Seile, Naturobjekte) und kreative Impulsgebung zur Bewegungsförderung zurückgegriffen. Sicherheit, tierethische Standards und die klare Rollenverteilung zwischen Therapeutin, Kind und Therapiepferd sind zentrale Bestandteile.

Die Rolle des Pferdes

Das Pferd wirkt als Spiegel emotionaler Zustände, Resonanzpartner und Co-Therapeut. Durch seine unmittelbare Rückmeldung (z. B. durch Annäherung, Abwenden, Mitgehen) fühlt sich das Kind gesehen, angenommen oder herausgefordert.

Pferde fördern Achtsamkeit, Klarheit und präsente Kommunikation (Gehrke et al., 2011). Sie sind aufgrund ihrer sozialen Eigenschaften besonders geeignet für therapeutische Prozesse. Als Fluchttiere sind sie hochsensibel gegenüber nonverbalen Signalen und Veränderungen in der Körpersprache. Ihr Nervensystem reagiert direkt auf die emotionale und körperliche Verfassung ihres Gegenübers, was sie zu authentischen und unmittelbaren Spiegeln macht. Sie sind in der Lage, unbewusste Spannungen, Aufregung oder Rückzug zu erkennen und mit Nähe oder Distanz zu reagieren – ohne zu bewerten oder zu analysieren.

Die Interaktion mit Pferden kann darüber hinaus nachweislich das Oxytocin-Level erhöhen, was mit einer Zunahme an Vertrauen, Sicherheit und Entspannungsfähigkeit einhergeht (Beetz et al., 2012). Auch wurde beobachtet, dass der Kontakt mit Pferden das autonome Nervensystem beeinflusst, insbesondere im Hinblick auf die Herzratenvariabilität – ein Marker für emotionale Regulation und Resilienz (Gehrke et al., 2011).

Pferde agieren dabei nicht nur als Spiegel, sondern auch als Co-Regulatoren: Sie fördern einen Zustand von Präsenz im Hier-und-Jetzt und helfen insbesondere traumatisierten Kindern und Jugendlichen, zwischen Dysregulation und Sicherheit zu unterscheiden und neue Bindungserfahrungen zu machen (Gerhards-Sommer, 2023).

Die Präsenz der Tiere eröffnet ein Beziehungsfeld, das durch Unmittelbarkeit, Achtsamkeit und Authentizität geprägt ist. Pferde nehmen feine Veränderungen in Körpersprache, Muskeltonus, Atemrhythmus und Stimmung wahr und reagieren sensibel darauf – durch Nähe, Abstand, Bewegung oder Stille (Gerhards-Sommer, 2023). Ihre Fähigkeit zur Spiegelung emotionaler Zustände wird häufig als „Biofeedback in Bewegung" beschrieben (Gehrke et al., 2011). Anders als viele Menschen reagieren sie nicht bewertend, sondern unmittelbar auf das Verhalten ihres Gegenübers – ein Faktor, der in der Arbeit mit Kindern und Jugendlichen therapeutisch wertvoll ist.

Methoden und tanztherapeutische Interventionen

Die besondere Rolle des Pferdes als nichtsprachlicher Resonanzkörper ermöglicht KlientinnenKlientinnin, emotionale Zustände auszudrücken, wahrzunehmen und im sicheren Kontakt zu regulieren – ein zentraler Wirkfaktor in der traumasensiblen Arbeit.

Das Pferd kann auf vielfältige Weise in die tanztherapeutische Arbeit einbezogen werden:

- *Bewegungsspiegelung*: Ein Kind oder eine Jugendliche tanzt in der Nähe des Pferdes, das auf Bewegungen reagiert – oder umgekehrt.
- *Gemeinsame Raumgestaltung*: Die Interaktion mit dem Pferd wird bewusst choreografiert (Annäherung, Rückzug, Kreisbewegungen).
- *Achtsamkeitsübungen:* Atmen mit dem Pferd, Lauschen auf Geräusche, Fühlen des Herzschlags.
- *Symbolarbeit und Gestaltung innerer Bilder* (z. B. „Mein sicherer Ort") in Bewegung mit Pferdepräsenz. Das Pferd wird in innere Bilder oder Rollenspiele einbezogen.
- *Regulation und Erdung*: Berührung, Anlehnen, Kontakt mit dem warmen Körper des Pferdes wirken beruhigend und stabilisierend.
- *Bewegungsdialoge*: Wechsel zwischen Beobachtung, Imitation und freier Gestaltung.
- *Kontaktaufnahme und Impulsimprovisation* durch Raumverhalten, Blick, Atem und das Pferd als Impulsgeber.

Die EquiDanceTherapy verbindet so die heilende Kraft von Tanz und Pferden auf eine einzigartige Weise und fördert vielfältige therapeutische Prozesse. Sie unterstützt das Körperbewusstsein und den Ausdruck, indem Tanz das Gefühl für den eigenen Körper stärkt und Emotionen in einer nichtverbalen Form über Bewegung ausgedrückt werden.

Zudem ermöglicht die Therapie eine tiefe emotionale Verarbeitung, da Pferde in ihrer Präsenz authentisch das innere Erleben des Menschen widerspiegeln. Diese Spiegelung hilft dabei, unbewusste emotionale Muster sichtbar zu machen und diese in einem sicheren Rahmen zu bearbeiten. Das Pferd agiert dabei nicht nur als Spiegel, sondern als Mitgestalter des Prozesses, der durch seine unvoreingenommene, direkte Reaktion eine ehrliche und wertfreie Resonanz bietet.

Ein weiterer wichtiger Aspekt ist der Aufbau von Vertrauen und Kontakt. Der Umgang mit dem Pferd schafft eine sichere und respektvolle Umgebung, die es ermöglicht,

Vertrauen neu zu erfahren und aufzubauen. Pferde sind als hochsoziale Tiere besonders geeignet, Menschen zu helfen, sich wieder in zwischenmenschliche Beziehungen einzufühlen.

Durch die kreative Interaktion mit dem Pferd und die Möglichkeit, Bewegungen bewusst zu gestalten, erleben Kinder und Jugendliche ein starkes Gefühl der Selbstwirksamkeit. Sie lernen, die Kontrolle über ihre eigenen Bewegungen zu übernehmen und erleben, wie sie aktiv auf ihre Umwelt und das Pferd einwirken können.

Die ruhige, gleichmäßige Präsenz des Pferdes und das rhythmische Bewegen im Tanz wirken darüber hinaus beruhigend und regulierend auf das autonome Nervensystem, was zur Entspannung und zu einer besseren Affektregulation führen kann.

Insgesamt ist Tanztherapie mit Pferden weit mehr als die Summe ihrer Teile. Sie bietet einen Raum, in dem sich Klientinnen im sicheren Gegenüber des Pferdes selbst begegnen können. Es ist eine Einladung, sich auf eine ganzheitliche, kreative und heilende Weise auszudrücken und zu erfahren – sowohl körperlich als auch emotional.

Fallbeispiel: Monas Tanztherapie-Reise

Der Weg zu Vertrauen und Freude.

Lisa beobachtet Mona, wie sie am Rand des Reitplatzes steht. Ihre kleinen Finger klammern sich an die Kanten ihrer Jackentaschen, ihr Blick huscht über den Sandboden, ohne sich zu heben. Vor ihr, nur wenige Schritte entfernt, steht Samira – eine sanfte, dunkelbraune Stute mit großen, klugen Augen. Doch für Mona ist sie riesig. Mächtig. Einschüchternd. Lisa sieht, wie sich Monas Brust unter der Anspannung nur flach hebt und senkt.

„Möchtest du sie begrüßen?“ fragt Lisa sanft. Mona schüttelt kaum merklich den Kopf. Ihre Lippen sind fest zusammengepresst.

Lisa lächelt. „Du kannst auch einfach nur schauen. Samira wartet auf dich. Sie hat Zeit.“

Samira senkt den Kopf, schnuppert an der Luft und bläst leise aus. Mona zuckt zusammen. Ihr Körper sagt: Flucht. Doch ihre Füße bleiben wie angewurzelt stehen. Lisa nimmt die Bewegung auf, spiegelt Monas Haltung – leicht gebeugte Schultern, die Arme eng am Körper. „Darf ich mich neben dich setzen?“

Mona nickt zaghaft. Lisa hockt sich neben sie, atmet tief durch. Einatmung. Ausatmung. Langsam, hörbar. Mona spürt die ruhige Präsenz neben sich. Nach einigen Momenten hebt sie vorsichtig den Kopf und schaut zu Lisa. Lisa lächelt. Eine sanfte Einladung.

„Weißt du, Samira liebt Musik,“ sagt Lisa und streicht über den Boden. „Und sie bewegt sich gerne, so wie du.“

Mona beißt sich auf die Unterlippe. „Ich kann tanzen." Ihre Stimme ist kaum hörbar. Lisa nickt. „Ich weiß. Möchtest du es Samira zeigen?"

Zögernd streckt Mona ihre Arme aus, ganz klein, fast unmerklich. Sie erinnert sich an die Bewegungen, die sie liebt, doch ihre Muskeln sind noch steif vor Angst – obwohl sie Pferde eigentlich liebt. Samira bleibt ruhig. Sie blinzelt. Mona wagt einen Schritt, dann noch einen. Lisa erhebt sich langsam, ahmt Monas Bewegungen nach – ein sanftes Wiegen von einer Seite zur anderen, als würde der Wind sie tragen. Mona folgt der Bewegung, ihr Körper entspannt sich einen Hauch. Samira hebt interessiert den Kopf, neigt ihn zur Seite, als wolle sie sagen: Ich sehe dich.

Und in diesem Moment geschieht es – Mona atmet tiefer ein. Ihre Schultern senken sich. Ihre Arme öffnen sich ein wenig mehr. Der erste Tanz beginnt.

Als Lisa Musik einschaltet, hebt Mona erstmals ihre Arme und dreht sich sanft zur Seite. Ein Fuß gleitet über den Sand. Samira hebt den Kopf, lauscht der Musik. Und dann setzt auch sie eine Hufspitze leicht nach vorne. Ein kleiner, feiner Schritt. Mona hält inne, blinzelt überrascht, schaut Lisa an.

„Sie tanzt mit mir," sagt Mona und lacht. Zum ersten Mal.

Ein echtes, warmes Lachen, das ihre Augen zum Strahlen bringt. Sie dreht sich noch einmal, diesmal bewusster. Und Samira folgt. Ein Spiel beginnt. Eine Verbindung wächst.

In der nächsten Sitzung bringt Lisa ein großes, leichtes Tuch mit. „Schau, das ist wie Flügel," sagt sie. Mona hält das Tuch an einer Seite, Lisa an der anderen. Sie lassen es sanft über Samiras Rücken gleiten. Mona erschrickt zuerst, doch als Samira ruhig bleibt, wird sie mutiger. Lisa beginnt sich mit dem Tuch zu drehen, Mona folgt. Das Tuch schwebt in der Luft, verbindet sie mit dem Pferd, als würden sie gemeinsam fliegen. Mona lacht erneut. Und tanzt nun mutiger um Samira herum. Vorsichtig, aber voller Neugier. Sie streckt ihre Arme aus, bewegt sich in fließenden Kreisen. Samira beobachtet sie, folgt ihren Schritten mit den Augen. Lisa ermutigt Mona: „Versuch mal, dich zu drehen, während Samira stehen bleibt." Mona zögert, dann dreht sie sich langsam. Samira senkt sanft den Kopf, als würde sie sich mitdrehen. Die Bewegungen fließen ineinander.

Das Vertrauen zwischen Mädchen und Pferd wächst mit jeder Sitzung. Lisa spiegelt Monas Bewegungen, gibt ihr Halt. „Dein Körper weiß, wie er sich ausdrücken möchte."

Schließlich kommt der Moment des Führens und Folgens. „Tanz vor, und schau, ob Samira nachkommt," schlägt Lisa vor. Mona beginnt, sanfte Schritte zu setzen, dreht sich leicht, öffnet die Arme. Samira folgt – erst vorsichtig, dann mutiger. Mona bleibt stehen, dreht sich noch einmal, und Samira hält inne, als würde sie genau verstehen, was Mona ausdrücken will. Dann folgt sie ihr. Schritt für Schritt.

Mit jedem Mal wird Mona sicherer. Sie beginnt, Samira zu berühren – erst nur mit den Fingerspitzen, dann mit der flachen Hand. Sie spürt die Wärme, das Leben unter dem Fell. Sie spürt, dass Samira sie mag. Ohne Worte. Ohne Bedingungen. Einfach so, wie sie ist.

Die Sozialpädagoginnen bemerken es in Monas Alltag. Sie spricht mehr, lacht mehr. Ihre Schultern sind nicht mehr so hochgezogen. Ihre Schritte sind sicherer. Und Lisa sieht es in ihren Bewegungen – die Freiheit, die Mona sich selbst schenkt.

Als Mona eines Tages Samira in den Arm nimmt und ihr ins Ohr flüstert: „Danke, dass du mich siehst", weiß Lisa, dass sie angekommen ist.◄

Literatur

Beaty, R. E., Benedek, M., Silvia, P. J., & Schacter, D. L. (2016). Creative cognition and brain network dynamics. *Trends in Cognitive Sciences, 20*(2).

Beetz, A., Uvnäs-Moberg, K., Julius, H., & Kotrschal, K. (2012). Psychosocial and psychophysiological effects of human–animal interactions: The possible role of oxytocin. *Frontiers in Psychology, 3*, 234.

Brisch, K. H. (2021). *Bindungsstörungen: Von der Bindungstheorie zur Therapie.* Klett-Cotta; 18. Druckaufl. 2021 Edition (2. April 2009).

Flaherty, A. W. (2005). Frontotemporal and dopaminergic control of idea generation and creative drive. *The Journal of Comparative Neurology, 493*(1).

Gehrke, E. K., Baldwin, A., & Schiltz, P. M. (2011). Heart rate variability, horses and humans: Mirror effect? *Explore: The Journal of Science and Healing, 7*(6).

Gerhards-Sommer, B. (2023). *Verhaltenstherapeutische Methoden in der Pferdegestützten Therapie.* Schattauer.

Halprin, A. (1995). *Moving Toward Life: Five Decades of Transformational Dance.* Wesleyan University Press; Illustrated edition.

Jung, L. & Jung, C. G. (2001). *Traum und Traumdeutung* (16. Aufl.). dtv Verlagsgesellschaft mbH & Co. KG.

Kalff, D. M. (2022). *Sandspiel: Seine therapeutische Wirkung auf die Psyche* (6 Aufl.). Ernst Reinhardt Verlag.

Lenz, T., & Fleck, I. (2021). *Exploratives Sandspiel: Eine kreative Methode zur Förderung der kindlichen Selbstregulation.* Waxmann-Verlag.

Levine, P. A. (1997). *Waking the Tiger: Healing Trauma.* North Atlantic Books.

Levy, F. J. (1992). *Dance movement therapy: A healing art.* American Alliance for Health, Physical Education, Recreation and Dance.

Perry, B. D., & Szalavitz, M. (2011). *The polyvagal theory: Neurophysiological foundations of emotions, attachment, communication, and self-regulation.* Norton.

Porges, S. W. (2011). *Der Junge, der wie ein Hund gehalten wurde: Was traumatisierte Kinder uns über Leid, Liebe und Heilung lehren können.* Beltz.

Ross, J. & Schechner, R. (2007). *Anna Halprin: Experience as Dance.* University of California Press.

Runco, M. A., & Acar, S. (2012). Divergent thinking as an indicator of creative potential. *Creativity Research Journal, 24*(1).

Sawyer, R. K. (2012). *Explaining creativity: The science of human innovation* (2nd ed.). Oxford University Press.
Shapiro, S. B. (1999). *Pedagogy and the politics of the body: A critical praxis.* Routledge.
van der Kolk, B. A. (2015). *The Body Keeps the Score: Brain, Mind, and Body in the Healing of Trauma.* Penguin LLC US.
Winnicott, D. W. (2005). *Playing and Reality* (2nd ed). Routledge.

Tanztherapie in Institutionen 7

Praxiserfahrungen in sozialpädagogischen und klinischen Einrichtungen

7.1 Einleitung

Dieses Kapitel zeigt die spezifischen Herausforderungen und Chancen der tanztherapeutischen Arbeit mit Kindern und Jugendlichen in institutionellem Kontext wie sozialpädagogischen Einrichtungen oder Kliniken.

7.1.1 Die Rolle der Tanztherapie im institutionellen Setting

Die Tanztherapie im sozialpädagogischen Setting (z. B. Kinderdörfer oder betreute Wohngruppen) oder in klinischen Einrichtungen (z. B. Abteilung für Psychosomatik oder Kinder- und Jugendpsychiatrie) bietet sowohl bedeutende Chancen als auch spezifische Herausforderungen. In diesen Kontexten arbeiten Therapeutinnen meist mit Kindern und Jugendlichen, die (schwerwiegende) traumatische Erfahrungen gemacht haben und mit psychischen Belastungen wie Aggression, Bindungsschwierigkeiten und emotionaler Instabilität kämpfen. Die tanztherapeutische Arbeit erfordert daher ein hohes Maß an Sensibilität, Flexibilität und Fachkompetenz.

7.1.2 Herausforderungen

Die tanztherapeutische Arbeit in sozialpädagogischen und klinischen Einrichtungen unterliegt vielfältigen Herausforderungen und strukturellen Begrenzungen, die sowohl die Wirksamkeit als auch die Umsetzbarkeit therapeutischer Prozesse beeinflussen können.

Viele Kinder in institutionellen Einrichtungen zeigen aufgrund ihrer Erfahrungen Symptome wie *emotionale Überflutung, Rückzug oder aggressive Verhaltensweisen.* In den

T. Fritsch, *Tanztherapie mit Kindern und Jugendlichen*,
https://doi.org/10.1007/978-3-662-71836-0_7

Therapieeinheiten können daher gehäuft Konflikte, Widerstand oder Vermeidung auftreten. Es ist wichtig, diesen Prozessen mit Geduld und Verständnis zu begegnen und den Kindern und Jugendlichen alternative Ausdrucksmöglichkeiten anzubieten.

In Gruppen kommt es außerdem häufig zu Machtspielen, Konkurrenz oder Ausgrenzung. Tanztherapeutinnen müssen diese Dynamiken erkennen, moderieren und in konstruktive Bahnen lenken, um ein sicheres und unterstützendes Umfeld zu schaffen. Teamspiele und strukturierte Übungen können helfen, das Gruppengefüge zu stabilisieren.

Ein zentrales Problemfeld ist darüber hinaus die *Freiwilligkeit der Teilnahme* an der Tanztherapie, insbesondere im klinischen Kontext. Zwar ist die freiwillige Teilnahme aus therapeutischer Perspektive grundsätzlich empfehlenswert, um eine selbstbestimmte und tragfähige Beziehungsgestaltung zu ermöglichen. In der Praxis führt sie jedoch häufig zu Vermeidungsverhalten seitens der Kinder und Jugendlichen. Dieses zeigt sich etwa in Form von somatischen Beschwerden („Ich habe Kopfschmerzen", „Ich bin zu müde"), offenem Widerstand oder sogar aggressiven Verhaltensweisen gegenüber der Therapeutin oder der Gruppe. Diese Vermeidungsstrategien sind häufig Ausdruck tiefer innerer Abwehrmechanismen gegenüber Beziehung, Ausdruck oder Nähe – und damit auch ein Spiegel der Traumatisierungen, die viele der Kinder und Jugendlichen mitbringen.

Zugleich wird diese Dynamik oft nicht ausreichend vom pädagogischen oder klinischen Personal mitgetragen oder verstanden. In vielen Einrichtungen fehlt es an *interdisziplinärer Kommunikation*, struktureller Abstimmung oder auch am grundsätzlichen Verständnis über die Arbeitsweise und Bedeutung kreativer Therapieverfahren wie der Tanztherapie. So kommt es häufig zu Doppelbuchungen mit anderen Angeboten, einer mangelnden Vorbereitung der Kinder und Jugendlichen auf die Therapie oder zu einem fehlenden therapeutischen Rahmen – was die Wirkung der tanztherapeutischen Einheit erheblich beeinträchtigt.

Ein weiteres häufiges Phänomen in Kliniken ist die *ausgeprägte Lethargie* und Erschöpfung der jungen Patientinnen. Leider wird körperbezogene Arbeit in vielen Kliniken auf klassische Physiotherapie reduziert, während kreative und emotionale Ausdrucksformen wie Tanztherapie im interdisziplinären Diskurs oft nur wenig Berücksichtigung finden. Hier fehlt es nicht nur an Wissen, sondern auch an Strukturen, die kreative Therapien als gleichwertige Bestandteile der Behandlung anerkennen.

Fehlende Aktiv-Angebote. Aufgrund mangelnder Tagesstruktur, übermäßiger Wartezeiten und fehlender aktiver Angebote entsteht oft ein Zustand psychischer und physischer Inaktivität. In diesem Kontext wird Bewegung als zusätzliche Belastung erlebt – obwohl sie in Wirklichkeit ein zentraler Baustein psychischer Gesundung ist.

Räumliche Herausforderungen stellen ein weiteres gravierendes Hindernis dar. Viele Institutionen verfügen über keine geeigneten Räume für Tanztherapie. Häufig werden Übergangsräume zugewiesen, durch die regelmäßig Personen hindurchgehen, oder Räume, die mit Material überfüllt sind und kaum freie Bewegung erlauben. In anderen Fällen sind Räume zwar prinzipiell geeignet, werden aber von hausinternen Angeboten blockiert oder für andere Zwecke priorisiert. Die mangelnde räumliche Infrastruktur wirkt sich nicht nur auf die Qualität der therapeutischen Arbeit aus, sondern vermittelt auch ein Bild von geringer Wertschätzung der Methode – was sich auf die Wahrnehmung der Kinder und Jugendlichen ebenso überträgt wie auf das institutionelle Standing der Tanztherapeutin.

Diese strukturellen Begrenzungen verdeutlichen, dass Tanztherapie nicht losgelöst vom institutionellen Gesamtrahmen betrachtet werden kann. Nur wenn Einrichtungen ein *ganzheitliches Verständnis* für die Wirkungskraft kreativer, bewegter und beziehungsorientierter Therapien entwickeln, kann ihr Potenzial auch tatsächlich ausgeschöpft werden. Es bedarf eines sensiblen und kompetenten Schnittstellenmanagements, in dem Therapeutinnen, Pädagoginnen, Medizinerinnen und Psychologinnen gemeinsam an einem therapeutischen Prozess arbeiten – und diesen durch tragfähige Rahmenbedingungen stützen.

7.1.3 Praktische Implikationen

Die Arbeit mit hochbelasteten, traumatisierten Kindern erfordert nicht nur ein hohes Maß an psychodynamischem Verständnis, sondern auch methodische Flexibilität, kreative Anpassungsfähigkeit und institutionelle Unterstützung. Tanztherapeutinnen, die mit dieser Zielgruppe arbeiten, müssen sich kontinuierlich auf dysregulierte Beziehungsmuster, unvorhersehbare Verläufe und intensive Affekte einstellen – ohne dabei ihre eigene innere Stabilität zu verlieren.

Die folgenden praktischen Implikationen lassen sich aus den Erfahrungen ableiten und können als *Handlungsorientierung* dienen:

1. *Beziehung vor Methode*: Der therapeutische Aufbau von Vertrauen und Sicherheit ist die Grundlage jeder Intervention. Ohne tragfähige Beziehung können Methoden, Strukturangebote oder kreative Impulse nicht greifen. Beziehungsgestaltung bedeutet dabei nicht Nachgiebigkeit, sondern klare, liebevolle Präsenz.
2. *Klare, konsistente Rahmenbedingungen*: Kinder oder Jugendliche mit unsicheren oder desorganisierten Bindungsmustern benötigen äußere Struktur, um innerlich Halt zu finden. Rituale, klare Zeitstrukturen, ein wiederkehrender Ablauf sowie Regeln, die gemeinsam mit den Klientinnen erarbeitet und konsequent gehalten werden, bilden eine Art „Container" (Bion, 1962), der Affekte auffängt und Orientierung ermöglicht.

3. *Affektregulation durch Bewegung ermöglichen*: Tanz- und Ausdruckstherapie eröffnet niedrigschwellige Möglichkeiten, intensive Affekte wie Wut, Angst oder Ohnmacht körperlich auszudrücken, ohne diese destruktiv ausagieren zu müssen. Therapeutinnen können dabei kreative Medien nutzen (z. B. Tücher, Decken), um symbolische Ausdrucksformen zu fördern. Dabei ist es wichtig, dass die Therapieeinheiten spielerisch gestaltet werden, die den Kindern und Jugendlichen Freude an der Bewegung vermitteln.
4. *Flexibilität statt Perfektion*: Ein zu rigides Festhalten an therapeutischen Zielen kann die Kinder und Jugendlichen überfordern und zu Rückzug oder Widerstand führen. Stattdessen ist ein feines Gespür für die Tagesverfassung der Gruppe und einzelner Klientinnen entscheidend. Manchmal bedeutet therapeutische Qualität, Angebote loszulassen und einfach nur im Kontakt zu bleiben.
5. *Verhalten von der Person trennen*: Besonders bei Kindern und Jugendlichen mit traumatischen Vorerfahrungen ist es zentral, destruktives Verhalten nicht persönlich zu nehmen, sondern als Ausdruck innerer Not zu begreifen. Die konsequente Trennung zwischen Verhalten und Person ermöglicht eine bedingungslose positive Zuwendung und fördert das Erleben von Selbstwirksamkeit und Annahme.
6. *Raum für kindliche Selbstbestimmung*: Auch innerhalb strukturierter Settings sollten Klientinnen die Möglichkeit haben, Entscheidungen zu treffen, Ideen einzubringen und eigene Rollen zu finden. Selbstbestimmung wirkt identitätsstärkend und unterstützt die Integration neuer Beziehungserfahrungen.
7. *Reflexion und Selbstfürsorge der Therapeutin*: Die therapeutische Arbeit mit hochbelasteten Gruppen kann emotional fordernd und kräftezehrend sein. Regelmäßige Supervision, kollegiale Fallbesprechungen und ein reflektierter Umgang mit den eigenen Grenzen sind unverzichtbar. Die Fähigkeit zur Selbstregulation der Therapeutin ist ein zentrales Modell für die Kinder und Jugendlichen.
8. *Interdisziplinäre Kooperation stärken*: Tanztherapie sollte in sozialpädagogischen und klinischen Kontexten nicht als „Zusatzangebot" verstanden werden, sondern als integrativer Bestandteil ganzheitlicher Entwicklungs- und Heilungsprozesse. Dazu bedarf es Aufklärung, Fachkommunikation und struktureller Einbindung in bestehende Systeme.

Tanztherapie im institutionellen Kontext ist kein lineares Verfahren, sondern ein dynamischer Prozess, der von Präsenz, Flexibilität, Klarheit und Beziehung lebt. Nur wenn therapeutisches Handeln individuell angepasst, gleichzeitig aber professionell fundiert und strukturell eingebettet ist, kann langfristige Veränderung und emotionale Integration stattfinden.

7.2 Praxisbeispiel: Tanztherapeutisches Projekt in einem Kinderdorf – zwischen Chaos und Beziehung

Ein besonders herausforderndes Beispiel aus der Praxis veranschaulicht eindrücklich die komplexen Dynamiken tanztherapeutischer Arbeit mit hochbelasteten, traumatisierten Kindern in einem sozialpädagogischen Setting.

Über einen Zeitraum von neun Monaten habe ich in einem Kinderdorf ein tanztherapeutisches Projekt mit acht Kindern im Alter von sechs bis zehn Jahren initiiert. Alle Kinder hatten schwerwiegende traumatische Erfahrungen wie Missbrauch, Vernachlässigung oder Gewalt erlebt. Die Kinder waren emotional instabil, zeigten Bindungsstörungen, starke Aggressionen und auffälliges Sozialverhalten. Meine tanztherapeutischen Interventionen waren zunächst als stabilisierendes und ausdrucksförderndes Gruppenangebot konzipiert.

Im Zentrum stand jedoch nicht nur die Förderung sozial-emotionaler Kompetenzen durch Bewegung, sondern auch die kreative Selbstwirksamkeit im Rahmen einer abschließenden Bühnenpräsentation. Das Projekt spiegelt auf eindrückliche Weise wider, wie Tanztherapie – getragen von Struktur, Beziehung und künstlerischem Ausdruck – auch bei einer Gruppe mit hochbelasteten Kindern wirksam sein kann, wenn sie mit Geduld, Konsequenz und Flexibilität umgesetzt wird.

In diesem Praxisbeispiel wird aufgezeigt, worauf bei so einem Projekt besonders zu achten ist, beispielsweise:

- wie eine kindgerechte Struktur entwickelt werden kann,
- wie Überforderung vermieden wird,
- wie Kinder in ihrer Individualität gestärkt und gleichzeitig in ein Gruppenerlebnis eingebunden werden können,
- und wie der Umgang mit emotionalen Reaktionen und möglichen Abbrüchen gestaltet werden kann.

Ebenso wird deutlich gemacht, welche therapeutischen Potenziale eine abschließende Bühnen-Präsentation birgt, aber auch, wo die Grenzen liegen und warum eine intensive, vorbereitende und nachbereitende Begleitung durch die Tanztherapeutin unerlässlich ist.

7.2.1 Erste Phase: Desorganisation und Eskalation

Die ersten Einheiten waren geprägt von enormen Herausforderungen. Die Gruppe verhielt sich stark desorganisiert. Die Kinder zeigten wenig bis keine Bereitschaft, sich auf meine Angebote einzulassen. Tanztherapeutische Impulse wurden ignoriert, boykottiert oder sogar in aggressive Handlungen umgewandelt. Kreative Materialien wie Bälle, Gefühlskarten oder Tücher wurden zerstört oder als Wurfgeschosse verwendet.

Das freie Spiel im Raum war der einzige Zustand, in dem sich die Kinder in eine Art Flow-Zustand begaben – jedoch ohne jegliche (therapeutische) Struktur. Die Kinder forderten ihre Lieblingsmusik, bewegten sich frei und wild, doch alle Versuche, diese Impulse zu rahmen, aufzunehmen oder zu begleiten, scheiterten zunächst.

Verbale und physische Aggression dominierten: obszöne Ausdrücke, körperliche Übergriffe, Ausgrenzung untereinander. Kein Kind konnte zuhören, Regeln einhalten oder sich auf einen gemeinsamen Prozess einlassen. Die Gruppe spiegelte ein tiefes Bedürfnis nach Kontrolle, Macht, Aufmerksamkeit – und vor allem nach Sicherheit.

Psychodynamische Betrachtung

Das Verhalten der Kinder lässt sich entwicklungspsychologisch in frühkindliche Phasen zurückverorten – insbesondere in die anale Phase, gekennzeichnet durch Kontrolle, Destruktion, Trotz und Grenztestung. Die Regression diente hier als Schutzmechanismus gegenüber einer als bedrohlich erlebten Welt.

Die Überforderung mit Nähe und Beziehung wurde mit Widerstand, Aggression oder Rückzug beantwortet. Der Gruppenraum wurde zum Schauplatz unbewusster Konflikte, in dem die Kinder ihre Erfahrungen von Ohnmacht, Missbrauch, Entwertung und Isolation reinszenierten.

Spezifische Herausforderungen

Die erste Phase war damit von starker emotionaler Belastung geprägt. Mein Versuch, über Empathie, Freundlichkeit und Verständnis eine Beziehung aufzubauen, wurde nicht angenommen, sondern unterlaufen. Auch das Setzen von Grenzen – etwa durch gemeinsam gestaltete Plakate mit Regeln – scheiterte: Die Plakate wurden beschmiert, die Inhalte lächerlich gemacht. Der Versuch, durch Rituale wie Tier-Platzdecken und einen großen Gong Struktur und Sammlung zu schaffen, wurde ignoriert oder aktiv sabotiert. Selbst der Gong wurde entwendet und missbraucht.

Die Gruppensituation war durchgehend von starker Unruhe, impulsivem Verhalten und permanenten Eskalationen geprägt. Viele Kinder zeigten deutliche Widerstände gegen das therapeutische Setting: Einige verweigerten die Teilnahme vollständig oder saßen distanziert und abwertend am Rand. Andere mischten sich nur sporadisch mit provokativen, teils aggressiven Kommentaren ein. Versuche, mit der Gruppe in einen tänzerischen oder spielerischen Prozess zu gehen, scheiterten regelmäßig an gegenseitigen Störungen, körperlichen Grenzüberschreitungen und mangelnder Frustrationstoleranz.

Besonders auffällig war die extrem *geringe Affektregulationsfähigkeit* vieler Kinder: Schon geringfügige Anlässe – ein unbeabsichtigter Schritt auf den Fuß, ein irritierender Blick, ein momentanes Gefühl von Ausgrenzung – führten zu explosionsartigen emotionalen Reaktionen. Tränen, Wutanfälle oder völliger Rückzug aus der Situation waren an der Tagesordnung. Die Kinder unterstützten sich kaum untereinander; im Gegenteil, die Interaktionen waren häufig von Konkurrenz, Feindseligkeit und gegenseitiger Abwertung geprägt.

Alle Kinder befanden sich augenscheinlich in einem Zustand latenter emotionaler Überflutung. Themen wie Verlassenheitsängste, Bindungsverlust oder das Gefühl, „niemanden auf der Welt zu haben", brachen scheinbar unvermittelt auf. Gleichzeitig konnten die Kinder diese Emotionen nur schwer benennen oder integrieren – was sich in regressivem oder destruktivem Verhalten äußerte.

Kreative Impulse – sei es durch Musik, Bewegungsangebote oder fantasievolle Spielideen – wurden nur selten und wenn, dann nur für sehr kurze Zeit aufgenommen. Konzentrationsfähigkeit und Aufmerksamkeitsspanne waren stark eingeschränkt. Selbst bei Momenten von Mitmachbereitschaft ließ die Fokussierung oft bereits nach wenigen Minuten wieder nach.

Als Tanztherapeutin wurde ich in dieser Anfangsphase nicht als Beziehungspartnerin wahrgenommen, sondern vielfach funktionalisiert: als „Musikanschalterin", „Raumöffnerin" oder schlicht als Staffage. Meine Versuche, in Kontakt zu treten, wurden überhört, ignoriert oder gezielt abgewehrt. Die Kinder schienen innerlich nicht erreichbar – was als Folge multipler früher Beziehungstraumatisierungen und tiefgreifender Bindungsstörungen zu interpretieren ist.

Insgesamt spiegelte diese Phase das hohe Maß an innerer Unsicherheit, Desorganisation und Bindungslosigkeit wider das die Lebensrealität vieler der beteiligten Kinder prägte. Erst durch mein konsequentes Dranbleiben, meine Präsenz trotz Zurückweisung sowie die klare und liebevoll gesetzte Begrenzung destruktiven Verhaltens konnte ich allmählich einen therapeutischen Zugang zur Gruppe herstellen.

Umgang mit Eskalation, Regression und Destruktion

Ein Wendepunkt in meiner Selbstregulation war das bewusste „Loslassen" von Erwartungen: Ich entschied mich, „nichts mehr zu wollen" – weder Kontrolle noch therapeutische Fortschritte zu erzwingen. Diese Haltung führte zu einer leichten Entspannung. Der Leistungsdruck wich einer kontemplativen Präsenz, was in manchen Momenten eine Atmosphäre des Respekts und der vorsichtigen Annäherung ermöglichte.

Dieses „nichts mehr erreichen wollen" war in Wahrheit ein *wichtiger traumapädagogischer Lernmoment*: Die Haltung des absichtslosen, präsenten Daseins ist oft effektiver als strukturierende Kontrolle, insbesondere in einer Phase, in der keine stabile Beziehung existiert (Levine & Autenrieth, 2016).

Statt durchgeplanter Einheiten schaffte ich niedrigschwellige, prozessorientierte Settings. Kreative Rituale, Mitbestimmung, Spielräume zur Improvisation und Bewegungsfreiheit halfen, erste zarte Brücken zur Regulation und Beziehung zu bauen.

Beziehung vor Struktur. In hochbelasteten Gruppen mit traumatisierten Kindern oder Jugendlichen muss die Beziehungsarbeit *vor* der Etablierung von Struktur stehen. Eine übermäßige Steuerung kann als Bedrohung erlebt werden und Widerstand provozieren. Erst durch wiederholte, konsistente Präsenz und Regulation der Therapeutin entsteht ein sicherer Rahmen (Hüther & Nitsch, 2008).

7.2.2 Zweite Phase: Beziehung und Grenzen

Nach der intensiven ersten Phase, die durch Chaos, destruktives Verhalten und eine weitgehende Beziehungslosigkeit geprägt war, stellte sich ein allmählicher Wandel im gruppendynamischen Geschehen ein. Ein entscheidender Faktor war dabei nicht nur mein beharrlicher Beziehungsaufbau, sondern das klare Setzen von Grenzen – liebevoll, aber konsequent.

Die Wende. In dieser Phase wurde deutlich: Sicherheit braucht Struktur, Struktur braucht Beziehung.

Konsequenz als stabilisierender Impuls

Zwei Kinder, deren Verhalten die Gruppe kontinuierlich massiv destabilisierte, wurden nach eingehender therapeutischer Reflexion und Rücksprache mit dem pädagogischen Team nach zwei Monaten aus dem Projekt entlassen. Diese Entscheidung habe ich mit Bedacht und im Wissen um ihre Tragweite getroffen. Die Maßnahme führte jedoch zu einer spürbaren Veränderung der Gruppendynamik: Die verbleibenden sechs Kinder konnten sich im nun stabileren Feld besser orientieren, erste Vertrauenserfahrungen machen und sich auf den therapeutischen Prozess einlassen.

Ich kommunizierte in klarer, aber wertschätzender Weise, dass das Ziel der Einheiten nicht das Aushalten von Chaos, sondern der Aufbau von Respekt, Freude, Beziehung und kreativer Ausdruckskraft sei. Diese Haltung wurde nicht durch autoritäre Kontrolle, sondern durch authentische Präsenz und emotionale Kongruenz getragen – ein zentrales Moment für Kinder mit desorganisierter oder unsicherer Bindungserfahrung (Bowlby, 1980).

Die Entstehung therapeutischer Bindung

Mit zunehmender Konstanz, wiederholter Beziehungserfahrung und dem Abbau von Überforderungsreizen entstand eine erste Form von Bindung zwischen mir und den Kindern. Diese äußerte sich in kleinen, aber bedeutsamen Momenten: Die Kinder begannen, sich auf die Einheiten zu freuen, lehnten sich körperlich an, umarmten mich spontan oder offenbarten persönliche Gedanken. Auch ehemals destruktives Verhalten wandelte sich zunehmend in Kontaktangebote.

Aus Sicht der *Bindungstheorie* lässt sich dieses Verhalten als Ausdruck wachsender innerer Sicherheit interpretieren. Dies entsprach der Funktion einer „sicheren Basis“ (safe haven), wie sie in der Bindungstheorie zentral beschrieben wird (Ainsworth et al., 1978).

Sichere Basis. Die Kinder testeten immer wieder, ob ich „bleibe“ – trotz Provokationen und Rückfällen – und damit eine sichere, emotional verfügbare Beziehungspartnerin bin.

Der Aufbau einer tragfähigen therapeutischen Beziehung erwies sich im Verlauf des Projekts als zentrales Element für jede Form von Veränderung. Ich machte kontinuierlich Beziehungsangebote, ohne dabei aufdringlich oder überfordernd zu wirken. Diese Balance – zwischen Nähe und Abstand, zwischen Angebot und Akzeptanz des Rückzugs – bildete die Grundlage für erste zarte Bindungserfahrungen in einem bislang beziehungslosen Feld.

Ein wesentlicher Bestandteil dieser Beziehungsarbeit waren gezielte, kindgerecht gestaltete *tanztherapeutische Angebote*, wie etwa kreative Tanzspiele (z. B. „Stop-and-Go“), Skulpturentänze oder bewegte Rollenspiele, in denen die Kinder spielerisch ihre Impulse ausdrücken, Rollen wechseln und Affekte externalisieren konnten. Diese Methoden integrierten nicht nur Bewegung, Spiel und Ausdruck, sondern ermöglichten auch symbolisches Probehandeln, das eine wichtige Brücke zwischen innerer Welt und äußerer Realität schlug.

Ich begegnete destruktivem Verhalten nicht mit Sanktionen oder rigiden Regeln, sondern mit Verständnis, Halt und begrenzender Fürsorge. Auch wurde mir immer deutlicher bewusst, dass viele der aggressiven, verweigernden oder ausgrenzenden Verhaltensmuster der Kinder Ausdruck früher Beziehungserfahrungen waren, in denen Sicherheit und Akzeptanz meist fehlten. Gleichzeitig kommunizierte ich deutlich, dass ich Gewalt und Grenzverletzungen nicht toleriere – Verhalten und Person wurden konsequent voneinander getrennt.

Verhalten von Person trennen. Dies stellt eine zentrale Intervention im Sinne der Ich-Differenzierung dar: *„Du bist okay – aber dein Verhalten war nicht in Ordnung."*

Außerdem versuchte ich, jedes Kind dort abzuholen, wo es stand. Ich akzeptierte Pausen, Ausbrüche und Ausstiege ohne Wertung, blieb jedoch präsent und interessiert. Diese Haltung entsprach der Grundhaltung des *Containments*[1] im psychodynamischen Sinne (Bion, 1962): Ich stellte mich damit als emotional stabiler Bezugsrahmen zur Verfügung, der Affekte aufnimmt, transformiert und im Sinne der Kinder verstehbar zurückspiegelt.

Zugleich bestärkte und lobte ich aktive Beteiligung, Kreativität und individuelle Ideen. Die Kinder wurden dazu ermutigt, ihre eigenen Bewegungsimpulse einzubringen, Vorschläge zu machen oder neue Spielregeln zu entwickeln. In meiner positiven Reaktion auf ihre Beiträge erlebten sie ein Gesehenwerden, das nicht an Bedingungen geknüpft war.

Dabei zeigte sich, wie vielfältig die Ausdruckswege der Kinder waren:

- Ein Kind suchte Kontakt über Provokation – ein Muster, das es vermutlich als einziges Mittel gelernt hatte, um in Beziehung zu treten.
- Andere Kinder weinten, zogen sich zurück oder lagen regungslos auf dem Boden.
- Wieder andere agierten über Clownspiel oder bewusste Gegenarbeit.

In manchen Einheiten kamen alle Kinder voller Energie, Freude und Bewegungsdrang. In anderen Einheiten saßen Kinder bereits bei Ankunft weinerlich, wütend, passiv oder offen widerständig am Rand. Ich nahm diese Schwankungen nicht als Rückschritte, sondern als Teil des Prozesses. Dabei lud ich aussteigende Kinder sanft ein, wieder teilzunehmen, verpflichtete sie jedoch nicht – ein Vorgehen, das Autonomie, Selbstwirksamkeit und Vertrauen stärken sollte.

Die anderen Kinder, die sich bewegten, Ideen entwickelten oder mit mir interagierten, wurden bestärkt und als Modellverhalten für andere sichtbar gemacht, ohne Konkurrenz oder Druck zu erzeugen. Allmählich entwickelte sich schließlich eine konsistente Gruppenstruktur, in der individuelle Unterschiede respektiert und zugleich gemeinschaftliche Prozesse gefördert wurden.

Über die Wochen entstanden so nicht nur eine Beziehung zur Gruppe als Ganzes, sondern auch differenzierte, individuelle Bindungen zu jedem einzelnen Kind. Ich nahm wahr, wie jedes Kind auf unterschiedliche Weise mit mir in Kontakt trat – körperlich, emotional oder symbolisch. Dieser differenzierte Zugang zur Beziehung ermöglichte es,

[1] Der Begriff Containment wurde vom Psychoanalytiker Wilfred Bion (1962) im Rahmen seiner theoretischen Arbeiten zur frühen Mutter-Kind-Interaktion und zur Affektregulation eingeführt. Im therapeutischen Kontext meint Containment die Fähigkeit der Therapeutin, die emotionalen Zustände des Gegenübers aufzunehmen, auszuhalten, zu verarbeiten und in veränderter Form zurückzugeben (Bion, 1962).

dass die Kinder Vertrauen in eine stabile Bezugsperson entwickeln konnten, die auch in stürmischen Zeiten nicht wankte.

Gruppendynamische Veränderungen

Auch innerhalb der Gruppe entwickelten sich erste Formen von Empathie und Kooperation. Kinder, die zuvor verbal oder körperlich angegriffen hatten, begannen, andere zu trösten oder ihnen Raum zu geben. Das aggressive Potenzial, das zuvor das Gruppenfeld dominiert hatte, wurde zunehmend durch differenziertere Ausdrucksformen ersetzt. Es entstanden erste gemeinsame Spiele, gegenseitige Hilfestellungen und sogar erste Formen nonverbaler Synchronisation – ein Schlüsselphänomen in der Tanztherapie, das als Indikator für entstehende Resonanzprozesse gilt (Payne, 2017).

Die Transformation war dabei jedoch nicht linear – vielmehr handelte es sich um ein zirkuläres, dynamisches Geschehen, das durch Rückfälle, Spannungen und wiederkehrende Konflikte geprägt war. Aggressive Ausbrüche, Streitereien oder Ausgrenzungen verschwanden nicht völlig – sie wurden jedoch anders verarbeitet. Während in der Anfangszeit der geringste Konflikt genügte, um einzelne Kinder zu einem vollständigen Ausstieg zu bewegen – etwa durch Verlassen des Raums, körperliche Eskalation oder vollständige Verweigerung –, zeigte sich im weiteren Verlauf eine gesteigerte Toleranz gegenüber Frustration und Konflikt.

Ich konnte nun zunehmend intervenieren, deeskalieren oder das Setting adaptieren, um Spannungen aufzufangen. Manchmal genügte es, eine Übung kurz zu unterbrechen, eine Pause einzulegen oder die Aktivität zu verändern – beispielsweise durch das spontane Wechseln in ein Bewegungsritual, eine beruhigende Musik oder das Angebot von kreativen Materialien. Die Kinder lernten allmählich, dass ein Konflikt nicht zwingend zu Abbruch oder Beziehungskollaps führen muss, sondern ausgehalten, reguliert und aufgelöst werden kann. Dies stellt eine wichtige emotionale Nachreifung dar, insbesondere im Kontext frühkindlich traumatisierter Persönlichkeitsanteile (Hüther, 2011).

Ein besonders komplexes Thema innerhalb der Gruppendynamik blieb das Phänomen der *sozialen Ausgrenzung*. Über die gesamte Projektzeit hinweg war erkennbar, dass einzelne Kinder wiederholt die „Omega-Rolle" einnahmen – also die Position am unteren Ende der sozialen Hierarchie. Diese Kinder wurden häufiger abgelehnt, von Gruppenprozessen ausgeschlossen oder explizit abgewertet. Sätze wie „Ich tanze nicht mit dem!" oder „Nur wenn ich mit ihr tanzen darf, sonst mache ich gar nichts" waren symptomatisch für das anhaltende Bedürfnis nach Kontrolle, Bindungsregulation und Gruppenzugehörigkeit.

Diese Muster erschwerten nicht nur die gemeinsame Gruppenarbeit, sondern behinderten immer wieder auch die Entwicklung des geplanten kreativen Abschlussstücks, das im letzten Drittel des Projekts in den Fokus rückte. Ich war gefordert, kontinuierlich vermittelnd und haltgebend einzugreifen, ohne jedoch in rigide Strukturen oder Zwangsverhalten zu verfallen. Stattdessen versuchte ich, differenzierte Formen des Miteinanders zu fördern – etwa durch Kleingruppenarbeit, nonverbale Improvisationen oder symbolische Rollenspiele. Die Ausgrenzungsdynamiken wurden dabei nicht nur regulativ bearbeitet, sondern auch therapeutisch aufgegriffen und reflektiert, z. B. in angeleiteten Bewegungsdialogen, Statusspielen oder Improvisationen zu den Themen „drinnen/draußen", „allein/mit anderen" oder „sichtbar/unsichtbar".

Ein zentrales Element war hierbei die Wertschätzung individueller Ausdrucksformen, gepaart mit klaren gruppenbezogenen Erwartungen an Respekt, Beteiligung und Rücksichtnahme. Es gelang mir zunehmend, positive Verhaltensmodelle innerhalb der Gruppe sichtbar zu machen, ohne einzelne Kinder zu überfordern oder zu beschämen. Dadurch entstand eine Kultur des Lernens durch Vorbild – ein wichtiger Schritt in Richtung emotionaler und sozialer Integration.

Die Veränderungen innerhalb der Gruppendynamik können im Sinne von Entwicklungsschritten in Richtung *sozialer Kohärenz* interpretiert werden. Anfangs dominierten Flucht, Regression und Destruktion – mit fortschreitender Beziehung entstand ein Raum für Kommunikation, Differenzierung und Beziehungsgestaltung.

Die wiederkehrenden Konflikte versuchte ich dabei nicht als Scheitern zu bewerten, sondern als Teil eines integrativen Gruppenprozesses, in dem die Kinder lernten, neue Handlungsmuster zu erproben und alte Beziehungsskripte infrage zu stellen.

Von der Destruktion zur kreativen Gestaltung

Ein eindrücklicher Teil dieser zweiten Phase war die Wandlung des Bewegungsverhaltens: Aus ungerichtetem, chaotischem „Herumrennen" entstanden erste Bewegungssequenzen. Die Kinder begannen, ihre Impulse in verlangsamten Kämpfen, symbolischen Gesten oder tanztheatralischen Szenen zu externalisieren. Die Bewegung wurde zum Container für Affekt, der vorher unreguliert explodierte.

Besonders deutlich wurde dieser Wandel in der spielerischen Nutzung kreativer Medien, die von mir nun gezielt eingebracht wurden. Materialien wie Tücher, Stofftiere oder weiche Decken wurden in dieser Phase nicht mehr primär zur Provokation oder Zerstörung verwendet, sondern als Ausdrucksmittel innerer Prozesse genutzt. Tücher verwandelten sich etwa in fliegende Wesen, Schleier, Umhänge oder Energiewellen – und halfen den Kindern dabei, komplexe emotionale Zustände wie Wut, Trauer oder Freude nonverbal zu externalisieren und zu transformieren. Sie boten den Kindern eine Brücke zwischen Innen- und Außenwelt, zwischen Imagination und Körperausdruck.

Insbesondere das *Medium Decke* erwies sich in der Arbeit im Kinderdorf als hochwirksam: Die Kinder entdeckten vielfältige Möglichkeiten, damit in Kontakt zu treten – sowohl mit sich selbst als auch mit anderen. Sie nutzten die Decken als Verstecke, als Höhlen, als schützende Hüllen oder als Bühnenbilder für Rollenspiele. Es entstanden kooperative Szenen, in denen Kinder gemeinsam mit der Decke Figuren kreierten, sich gegenseitig einwickelten, trugen oder darin tanzen ließen. Diese Interaktionen förderten nicht nur den kreativen Ausdruck, sondern auch Zuwendung, Achtsamkeit, Vertrauen und Empathie im Gruppenkontext.

Im Sinne der symbolischen Kommunikation wurden die Materialien zu Trägern innerer Zustände. In einem Setting, in dem viele Kinder noch erhebliche Schwierigkeiten mit sprachlicher Ausdrucksfähigkeit und Emotionsregulation hatten, bot diese Form des Spielens mit symbolischem Material eine besonders heilsame Möglichkeit der Selbstwirksamkeit.

Auch die Integration von *kindgerechten Rollenspielen* in die tanztherapeutische Arbeit wurde nun zunehmend möglich – und immer wieder selbst von den Kindern initiiert. Rollen wie „Kriegerin", „verletztes Tier", „Superheldin" oder „unsichtbares Kind" spiegelten oft tiefere psychodynamische Themen wie Verletzlichkeit, Macht, Schutzbedürfnis oder Rebellion wider – und ermöglichten zugleich spielerische Re-Inszenierungen früher Beziehungserfahrungen in einem geschützten, korrigierenden Raum.

Besonders bemerkenswert war, dass sich durch diese Öffnung zur Gestaltung auch Gruppenprozesse veränderten: Es entstanden immer wieder kollektive Bewegungssequenzen – kleine Tänze oder szenische Improvisationen – die zeitweise sogar ohne Ausgrenzung funktionierten. Für kurze Momente war die ganze Gruppe in Bewegung, miteinander verbunden durch einen gemeinsamen kreativen Ausdruck. Diese Erfahrung von temporärer Kohärenz, Zugehörigkeit und gegenseitiger Anerkennung stellte eine bedeutende Ressource im therapeutischen Prozess dar.

In dieser Form der kreativen therapeutischen Arbeit entwickelte sich auch das Bühnenstück, in dem die Kinder zentrale Themen ihres Erlebens verarbeiteten: Licht und Dunkelheit, Wut und Trost, Alleinsein und Zusammenhalt. Dieser künstlerische Ausdruck fungierte als transformatives Medium – sowohl intrapsychisch als auch interaktiv. Die Inszenierung wurde zur symbolischen Selbstbehauptung und öffnete einen Raum für Sinnstiftung.

Struktur und Spiel – Ein Kompromissmodell

Eine wichtige Strukturierung in dieser Phase war außerdem die Etablierung eines neuen Stunden-Rahmens, der den Bedürfnissen der Kinder nach Kontrolle, Freiheit und Sicherheit gleichermaßen gerecht wurde:

1. *Freies Spiel* (15 min): Ein bewusst offener Raum zu Beginn, in dem die Kinder mit selbst gewählter Musik tanzen, spielen oder ruhen konnten. Diese Phase diente der Selbstregulation, aber auch der diagnostischen Beobachtung durch die Tanztherapeutin.
2. *Tanztherapeutische Phase* (45 bis 60 min): Hier wurden Impulse gesetzt, Bewegungsangebote gemacht, emotionale Themen aufgegriffen und kreative Gruppenprozesse moderiert. Der therapeutische Gehalt konnte in dieser Phase erstmals wirksam werden.
3. *Abschlussphase* (15 min): Wieder mit Elementen der Selbststeuerung, um die Integration des Erlebten zu ermöglichen und den Übergang in den Alltag sanft zu gestalten.

Dieses Modell war ein kompromissorientierter Spagat zwischen Halt und Freiheit – eine Kombination, die sich in der Arbeit mit frühtraumatisierten Kindern bewährt.

Es ermöglichte den Kindern, sich mit mehr Offenheit und Stabilität auf die therapeutische Arbeit einzulassen.

Psychodynamische Einordnung dieser Phase

Aus einer psychodynamischen Perspektive kann diese Phase als Entwicklung eines „transitionalen Raums" im Sinne von Winnicott (2005) verstanden werden – einem Zwischenraum, in dem Realität und Fantasie, Ich und Du, Innen- und Außenwelt fließend miteinander agieren dürfen. In diesem Raum wurde Beziehung erstmals als nicht-bedrohlich, sondern nährend und haltgebend erlebt. Der frühkindliche Wunsch nach Verschmelzung wurde durch die Präsenz der Tanztherapeutin ebenso beantwortet wie das Bedürfnis nach Autonomie – ein Balanceakt, der entscheidend für die Nachreifung des Selbst war.

Zudem ermöglichte die wiederholte, verlässliche Beziehungserfahrung eine beginnende Reorganisation der inneren Arbeitsmodelle (Bowlby, 1980). Wo zuvor Misstrauen, Kontrollzwang oder aggressive Abwehrmechanismen dominierten, traten erste Formen von Kooperationsbereitschaft, Selbstöffnung und Empathie hervor. Die zuvor chaotische Desorganisation wich einem Prozess der affektiven Differenzierung und der beginnenden Ich-Strukturierung.

Die Fähigkeit, kreative Medien nicht destruktiv, sondern konstruktiv und ausdrucksfördernd zu nutzen, war ein zentraler Indikator für den therapeutischen Fortschritt. Sie signalisierte eine wachsende Ich-Stärke, Impulskontrolle und eine zunehmende Fähigkeit zur Symbolbildung. Materialien wie Decken und Tücher übernehmen dabei die Funktion eines transitionalen Objekts im Sinne Winnicotts (2005) – sie wirken beruhigend, strukturierend und stellen einen „Dritten" zwischen Kind und Therapeutin dar, über den Beziehung gestaltet werden kann.

7.2.3 Bühnenstück: Abschlusspräsentation und kreative Transformation

Die Entwicklung des Bühnenstücks im Rahmen des Kinderdorf-Projekts stellte sowohl für die Kinder als auch für mich eine enorme Herausforderung dar. Trotz jahrelanger Erfahrung in der Konzeption und Begleitung von Tanztheaterproduktionen mit Kindern und Jugendlichen war dieses Projekt für mich eine der schwierigsten und grenzwertigsten Erfahrungen meiner bisherigen Laufbahn. Die Umsetzung eines künstlerischen Abschlusses schien über weite Strecken hinweg nicht realisierbar – zu groß waren die Schwankungen in der Gruppendynamik, zu instabil das Verhalten der Kinder, zu gering die Konzentrationsfähigkeit.

Obwohl sich über die Monate hinweg ein tanztherapeutischer Prozess mit positiven Entwicklungen abzeichnete, war das kreative Arbeiten in Richtung eines Bühnenstücks immer wieder von *Rückschlägen* durchzogen: Szenen wurden vergessen, zuvor besprochene Inhalte abgelehnt, Rollen mehrfach umverteilt. Immer wieder kam es zu Konflikten darüber, wer mit wem zusammenarbeiten wollte oder nicht. Ideen der Kinder wurden verworfen, neue Ideen nicht durchgetragen, Vorschläge von mir wenig bis gar nicht aufgegriffen. Ein kohärenter dramaturgischer Bogen ließ sich kaum aufrechterhalten. Tänzerische Inhalte traten in den Hintergrund, häufig war nicht einmal ein kurzes choreografisches Element stabil reproduzierbar.

Phasenweise stand ich kurz davor, das Bühnenstück vollständig abzusagen. Ich empfand die mangelnde Umsetzbarkeit nicht nur als konzeptionelle Grenze, sondern auch als persönliche Krise. Trotz intensiver Bemühung sah ich mich mit einer Gruppe konfrontiert, die weder die notwendige Stabilität noch das Interesse aufzubringen schien, ein gemeinsames Ziel in Form einer öffentlichen Präsentation zu verfolgen. Bis fünf Wochen vor dem geplanten Termin war unklar, ob das Projekt überhaupt zur Aufführung gelangen würde.

An einem entscheidenden Punkt im Prozess setzte ich jedoch eine klare Grenze – nicht im Sinne eines Rückzugs, sondern im Sinne einer transparenten, bindungsorientierten Haltung. Ich kommunizierte offen, dass ein Verzicht auf das Bühnenstück kein Scheitern bedeuten würde. Im Gegenteil: Die verbleibenden Einheiten könnten genutzt werden, um sich gänzlich auf den inneren Gruppenprozess zu konzentrieren – ohne Leistungsdruck, ohne öffentliche Präsentation, mit mehr Leichtigkeit. Gleichzeitig formulierte ich deutlich, dass ein Bestehen auf der Aufführung auch ein Mehr an Verantwortung, Verbindlichkeit und Konzentration bedeuten würde.

Überraschend einigte sich die Gruppe auf Letzteres. Die Kinder – die zu Beginn des Projekts die Idee einer öffentlichen Präsentation noch fast geschlossen abgelehnt hatten – zeigten nun ein starkes Bedürfnis, gesehen zu werden. Sie versprachen, sich stärker zu konzentrieren und in den letzten Einheiten strukturierter mitzuarbeiten. Diese Wendung markierte einen entscheidenden Entwicklungsschritt: Der Wunsch nach Sichtbarkeit und Selbstwirksamkeit überwog erstmals die destruktiven Impulse. So beschloss ich, dem Bühnenstück eine neue Chance zu geben.

In den letzten fünf Einheiten entstand schließlich ein etwa 25-minütiges Tanztheaterstück mit dem Titel *„Lichterkinder"*. Die Szenen wurden gemeinsam erarbeitet und orientierten sich an zentralen inneren Themen der Kinder: Einsamkeit, Mut, Wut, Fantasie, Hoffnung und Zusammenhalt. Obwohl tänzerische Perfektion nicht im Vordergrund stand, gelang es den Kindern, mit authentischen Bewegungsbildern ihre Geschichte zu erzählen. Tücher, Decken, Masken und andere kreative Medien wurden integriert – sie dienten als Symbole innerer Zustände, als Verwandlungsobjekte oder als Brücke zur Gruppe.

Die *Präsentation* fand in einem öffentlichen Rahmen statt, zu dem neben Betreuungspersonen und Eltern auch externe Gäste eingeladen waren. Viele Kinder übertrafen sich dabei selbst. Ein zurückhaltendes Mädchen tanzte ein bewegendes Solo. Ein Junge, der zuvor durch massive Aggressionen aufgefallen war, zeigte in einem humorvoll-sanften

Abb. 7.1 **Ein Moment voller Stolz**: Die Kinder verbeugen sich glücklich vor dem Publikum. Die abgebildete Szene wurden von Kindern nachgestellt und zeigt keine echten Klientinnen oder deren Diagnosen

Duo neue Seiten von sich. Die Bühne wurde nicht zum Ort der Überforderung, sondern zum Raum für Ausdruck, Sichtbarkeit und Stolz (Abb. 7.1).

Die anschließende Reflexionsrunde war zutiefst berührend. Die Kinder beschrieben sich selbst als „mutig", „stark", „besonders" oder „wichtig". Viele waren sichtlich stolz auf ihre Leistung – ein Gefühl, das ihnen im Alltag oft versagt geblieben war. Die Präsentation wurde somit zum emotionalen Meilenstein: Kinder, die zu Beginn kaum zehn Minuten ruhig sitzen konnten, standen nun selbstbewusst auf einer Bühne, hielten Rollen durch, nahmen Raum ein und ließen sich sehen.

Für mich als Tanztherapeutin war dieser Moment ebenfalls ein bedeutender Wendepunkt. Ich habe gelernt, meine eigenen Erwartungen zu relativieren und den therapeutischen Wert nicht an äußeren Kriterien wie Bühnenreife oder choreografischer Präzision zu messen. Es ging nicht um Perfektion – es ging um Selbstwirksamkeit, um Gesehen-Werden, um Verbindung. Der Applaus war nicht die Bestätigung einer perfekten Darbietung, sondern der Anerkennung eines intensiven, oft schmerzhaften, aber tief heilsamen Wegs.

Die Entscheidung, dem Bühnenprojekt noch einmal Vertrauen zu schenken, erwies sich im Rückblick als richtig. Für viele Kinder war dieser Moment ein Schritt in ein neues Selbstbild: Nicht mehr „auffällig", „schwierig" oder „verhaltensgestört", sondern „mutig", „kreativ" und „ein Teil von etwas".

Die Erfahrungen aus dem Kinderdorf-Projekt bestätigen eindrucksvoll, dass kreative Bühnenpräsentationen in der Tanztherapie mit Kindern nicht nur möglich, sondern unter bestimmten Bedingungen auch sehr heilsam sein können – wenn sie gut vorbereitet, prozessorientiert durchgeführt und achtsam begleitet werden; dass Tanztherapeutinnen dafür aber auch ein hohes Maß an Flexibilität, Kreativität, künstlerisches Knowhow und therapeutisches Gespür benötigen.

Die Inszenierung soll dabei kein Ziel sein, sondern Mittel zum Zweck: ein Weg, um Ressourcen sichtbar und erlebbar zu machen. Die strahlenden Gesichter der Kinder beim Applaus bleiben unvergessen und machen deutlich, welches Potenzial in der Verbindung von Therapie, Kreativität und Gemeinschaft liegt.

7.2.4 Reflexion und fachliche Einordnung

Die tanztherapeutische Arbeit mit schwer belasteten, traumatisierten Kindern im Kinderdorf hat gezeigt, dass *Konsequenz und Präsenz* keine Gegensätze sind, sondern sich vielmehr gegenseitig bedingen. Gerade bei Kindern mit desorganisierten oder unsicheren Bindungsmustern wirkt eine klare, zugleich empathische und liebevolle Autorität nicht als Bedrohung, sondern als stabilisierendes Gegenüber. In der therapeutischen Beziehung wird auf diese Weise eine sichere Basis geschaffen, auf die sich Kinder mit ihren widersprüchlichen inneren Zuständen allmählich einlassen können.

Eine zentrale Erkenntnis ist, dass *Beziehung immer vor Methode geht.* Wird zu früh auf Struktur oder therapeutische Inhalte gedrängt, ohne dass eine tragfähige Beziehung gewachsen ist, besteht die Gefahr von Überforderung. Der *Anspruch* an das therapeutische Setting muss daher radikal reduziert werden – nicht aus Resignation, sondern als Ausdruck professioneller Achtsamkeit. Die Kinder dort abzuholen, wo sie stehen, bedeutet oft, den eigenen Anspruch an „sichtbare Ergebnisse" oder kontrollierbare Prozesse zurückzustellen und sich stattdessen auf die feinen, zunächst kaum sichtbaren Entwicklungsschritte einzulassen.

Kreativität erweist sich dabei oft als Schlüssel zur Transformation. Die Möglichkeit, Gefühle, Impulse und innere Konflikte nicht zu unterdrücken, sondern in kreative, symbolische Ausdrucksformen zu lenken, eröffnet Kindern neue Handlungs- und Beziehungsmöglichkeiten. Rollenspiele, Tanzszenen, das Nutzen von Decken, Tüchern oder anderen Materialien bieten nonverbale Räume, in denen sich die Kinder zeigen können – oft auf eine Weise, die ihnen verbal nicht möglich wäre.

Zugleich wurde in dem Projekt deutlich, dass jede therapeutische Beziehung individuell gestaltet werden muss. Jedes Kind brachte eine eigene Geschichte, eigene Schutzstrategien, Bedürfnisse und Ausdrucksformen mit. Ich musste für jedes Kind einen eigenen Weg in den Kontakt finden – sei es über Provokation, Rückzug, Spiel, Aggression oder Tränen. Die Fähigkeit, Verhalten von der Person zu trennen, war dabei von grundlegender Bedeutung: So erfuhren die Kinder, dass sie als Mensch angenommen wurden – auch wenn ihr Verhalten herausfordernd war.

Als besonders tragfähig erwies sich im weiteren Verlauf ein *balancierter Umgang zwischen Struktur und Flexibilität*. Eine klar kommunizierte und konsequent umgesetzte Struktur – etwa im Aufbau der Stunden oder in der Reaktion auf Grenzüberschreitungen – wirkte als stabiler „Container". Gleichzeitig wurde Raum geschaffen für Autonomie, Selbstbestimmung und kreative Mitgestaltung. Diese Kombination ermöglichte den Kindern, sich zunehmend sicherer in der Gruppe zu bewegen, Verantwortung für sich und andere zu übernehmen und neue Beziehungs- und Ausdruckserfahrungen zu internalisieren.

Die Bühne als therapeutisches Ziel erwies sich nicht als Druckmittel, sondern als Ressource – als Aussicht auf ein „gesehen werden" in einem positiv besetzten Kontext. Die freiwillige Teilnahme, kombiniert mit künstlerischer Freiheit, eröffnete neue Selbstbilder.

Was als fast aussichtsloses Projekt begann, wurde zu einem lebendigen Beispiel für die Kraft von Beziehung, Kreativität und klarer Struktur.

Tanztherapie im Kinderdorf ist kein leichter Weg – aber ein zutiefst wirksamer. Die Kinder konnten sich selbst anders erfahren: als Teil einer Gruppe, als kreative Menschen, als Mitgestalter. Die Bühne wurde zu einem Ort der Heilung – nicht, weil alles perfekt war, sondern weil alles echt war.

So kann rückblickend festgehalten werden: Inmitten von Chaos, Widerstand und aggressivem Verhalten eröffnete die Tanztherapie über Beziehung, Kreativität und Containment einen Weg zur Entwicklung – sowohl individuell als auch im gruppendynamischen Prozess. Sie wurde zum Erfahrungsraum für Kontakt, Sicherheit und symbolische Bearbeitung traumatischer Inhalte – und damit zu einem Ort des Wachsens, trotz widriger Startbedingungen.

Literatur

Ainsworth, M. D. S., Blehar, M. C., Waters, E., & Wall, S. (1978). *Patterns of Attachment: A Psychological Study of the Strange Situation*. Lawrence Erlbaum Associates.

Bion, W. R. (1962). *Learning from Experience*. Heinemann.

Bowlby, J. (1980). *Attachment and loss: Loss sadness and depression* (Vol. 3). Basic.

Hüther, G. (2011). *Was wir sind und was wir sein könnten: Ein neurobiologischer Mutmacher* (12. Aufl.). S. Fischer.

Hüther, G., & Nitsch, C. (2008). *Wie aus Kindern glückliche Erwachsene werden* (4. Aufl.). Graefe und Unzer Verlag.

Levine, P. A. & Autenrieth, S. (2016). *Trauma und Gedächtnis: Die Spuren unserer Erinnerung in Körper und Geist – Wie wir traumatische Erfahrungen verstehen und verarbeiten* (4. Aufl.). Kösel-Verlag.

Payne, H. (2017). *Essentials of Dance Movement Psychotherapy: International Perspectives on Theory, Research and Practice*. Routledge.
Winnicott, D. W. (2005). *Playing and Reality* (2nd ed.). Routledge.

Nachwort

Vernetzung, Sichtbarkeit und interprofessionelle Kooperationen

Die tanztherapeutische Arbeit mit Kindern und Jugendlichen zeigt, welches Potenzial in körperorientierten, kreativen Ansätzen steckt. Umso dringlicher wird die Notwendigkeit, dieses Wissen nicht nur innerhalb des eigenen Fachbereichs zu kultivieren, sondern auch aktiv nach außen zu tragen. Tanztherapie darf kein Nischenangebot bleiben – sie muss als gleichwertiger Bestandteil eines multiprofessionellen therapeutischen Gesamtkonzepts verstanden und verankert werden.

In vielen Kliniken, sozialpädagogischen Einrichtungen und psychosozialen Versorgungssystemen fehlt es noch immer an einem grundlegenden Verständnis für die Wirkweise und Relevanz tanztherapeutischer Arbeit. Häufig werden körper- und bewegungsbasierte Verfahren lediglich unter physiotherapeutischen Aspekten betrachtet oder als „ergänzend“ deklariert – nicht aber als eigenständige therapeutische Methode mit tiefenpsychologisch fundierter, entwicklungspsychologischer und neurobiologischer Verankerung.

Es braucht eine stärkere Sichtbarkeit. Tanztherapeutinnen sind gefordert, sich über die Praxis hinaus zu vernetzen, sichtbar zu werden und ihr Fachwissen aktiv in Diskurse einzubringen. Dies erfordert Mut zur Präsenz in der Öffentlichkeit, aber auch strategische Kommunikation und Kooperation mit angrenzenden Berufsgruppen – etwa Psychotherapeutinnen, Kunst- und Musiktherapeutinnen, Ärztinnen, Sozialarbeiterinnen und Pädagoginnen. Die Zusammenarbeit mit Kliniken, Tageskliniken, Rehabilitationszentren, Jugendhilfeeinrichtungen oder therapeutischen Praxen ist essenziell. Nur durch ein interdisziplinäres Miteinander kann die Tanztherapie als relevanter Teil einer ganzheitlichen therapeutischen Versorgung etabliert werden.

Vernetzung bedeutet hier mehr als bloßen Austausch – sie meint *aktive Kooperation*:

T. Fritsch, *Tanztherapie mit Kindern und Jugendlichen*,
https://doi.org/10.1007/978-3-662-71836-0

- Teilnahme an Tagungen und Fachkonferenzen, um die Relevanz tanztherapeutischer Ansätze im interdisziplinären Feld aufzuzeigen.
- Halten von Vorträgen und Workshops, die fundiert über Methodik, Zielgruppen und Wirkungsweisen informieren.
- Publikationen in Fachzeitschriften, Büchern oder Online-Plattformen, um die wissenschaftliche Fundierung und Praxisrelevanz sichtbar zu machen.
- Öffentlichkeitsarbeit und Medienpräsenz, um auch nicht-fachliche Kreise – Eltern, Lehrpersonen, Entscheidungsträgerinnen – zu erreichen.
- Kooperationsgespräche mit Praxen, Kliniken, Institutionen und das Entwickeln gemeinsamer Konzepte.
- Informationsmaterialien, digitale Präsenz und niederschwellige Angebote, die zur Sichtbarkeit in der Region beitragen.

Gerade im Bereich der Kinder- und Jugendhilfe besteht ein hoher Bedarf an kreativtherapeutischen Methoden – und gleichzeitig ein eklatanter Mangel an Wissen darüber, was Tanztherapie leisten kann. Viele Institutionen denken nicht über klassische Gesprächspsychotherapie hinaus. Dabei liegt in der nonverbalen, körperzentrierten Herangehensweise der Tanztherapie eine große Chance – besonders für Kinder und Jugendliche, die sprachlich schwer zugänglich sind oder aufgrund belastender Erfahrungen wenig Vertrauen in verbale Settings haben.

Tanztherapeutinnen tragen hier auch eine *Verantwortung*, die eigene Profession in ihrer Tiefe und Wirksamkeit zu vertreten. Dies bedeutet nicht nur, im geschützten Rahmen gute Arbeit zu leisten, sondern auch, diese nach außen zu tragen. Netzwerkarbeit ist kein Luxus, sondern eine Notwendigkeit – sowohl zur Absicherung der eigenen beruflichen Existenz als auch zur nachhaltigen Verankerung der Tanztherapie im psychosozialen Versorgungsnetz.

Auch Kooperationen unter Kolleginnen – etwa mit Kunsttherapie, Musiktherapie oder Psychotherapie – können wertvolle Synergien erzeugen. Gemeinsame Angebote, wechselseitige Fallverweise oder das Entwickeln interdisziplinärer Gruppenformate stärken nicht nur die Versorgungssituation von Klientinnen, sondern auch die berufliche Positionierung aller Beteiligten.

Die Botschaft ist klar: Nur wenn Menschen wissen, dass es uns gibt, was wir tun und welchen Unterschied Tanztherapie machen kann, werden sie beginnen, uns einzubeziehen, mit uns zu arbeiten – und letztlich auch die strukturellen Rahmenbedingungen schaffen, die es braucht, damit Tanztherapie als gleichwertiges und anerkanntes Angebot in der psychosozialen Versorgung wahrgenommen wird.

Für eine bewegte Zukunft braucht es Bewegung auf vielen Ebenen: in der Praxis, im Austausch, in der Öffentlichkeit und im Miteinander. Lassen Sie uns gemeinsam dafür einstehen, dass Kindern und Jugendlichen ganzheitlich, kreativ und wirksam geholfen werden kann – mit allem, was Tanztherapie zu bieten hat.

Anhang: Ausbildung

Das Zentrum für Ausdruckstanz und Tanztherapie bietet seit mehr als zwanzig Jahren in Österreich eine qualifizierte *viereinhalbjährige Ausbildung in Tanz- und Ausdruckstherapie* an, die vom Berufsverband für Tanz- und Ausdrucktherapie in Österreich (BTA) anerkannt ist und den Richtlinien des Europäischen Dachverbandes (EADMT) entspricht.
Die berufsbegleitende Ausbildung vermittelt fundierte Kenntnisse zur professionellen Anwendung tanztherapeutischer Methoden. Sie kombiniert theoretisches Wissen mit intensiver Selbsterfahrung und praktischer Umsetzung, um Menschen in kreativen und therapeutischen Prozessen zu begleiten.

Aufbau und Inhalte der Ausbildung

Die Ausbildung richtet sich an Personen in pädagogischen, künstlerischen, sozialen oder therapeutischen Berufsfeldern, die tanztherapeutische Methoden in ihre Arbeit integrieren möchten oder sich ein neues Berufsfeld erschließen möchten.

1. *Grundstufe: Tanz- und Ausdruckspädagogik* (1 Jahr)
Tanz- und Ausdruckspädagogik orientiert sich an den Grundlagen der Tanz- und Ausdruckstherapie und stellt eine erlebnisorientierte, kreative und ganzheitliche Form des Lernens dar.

Der berufsbegleitende und praxisorientierte Lehrgang soll die Teilnehmenden dazu befähigen:

- Bewegung und Spiel als kreative Lernform im jeweiligen Berufsfeld einzusetzen.
- Bewegungsorientierte Gruppenprozesse einleiten und begleiten zu können.
- Tanzpädagogische Projekte eigenständig planen und leiten zu können.

Dieser in sich geschlossene Lehrgang dient auch der persönlichen Orientierung vor der Aufbaustufe. In einem zeitlich überschaubaren Rahmen kann festgestellt werden,

T. Fritsch, *Tanztherapie mit Kindern und Jugendlichen*,
https://doi.org/10.1007/978-3-662-71836-0

ob die Ausbildung zur Tanztherapeutin den individuellen Vorstellungen und Eignungen entspricht.

2. *Aufbaustufe: Tanz- und Ausdruckstherapie* (3,5 Jahre)
Die Aufbaustufe in Tanz– und Ausdruckstherapie wird in Form von Workshops, Trainings und Intensivwochen abgehalten. Zu den Unterrichtsstunden kommen Eigentherapie, Tanztraining, Peergrouptreffen und Supervision hinzu.

Die Teilnehmenden lernen, tanztherapeutische Vorgehensweisen und tanztherapeutische Techniken in und außerhalb des Berufsfeldes zu integrieren und anzuwenden. Nach und nach sollen sie auf der Basis der individuellen Fähigkeiten und Vorlieben ihren persönlichen Stil tanztherapeutischer Arbeit finden und entwickeln.

Die theoretischen und methodischen Grundlagen, sowie die für die Tanztherapie relevanten Theorien aus Psychologie und Psychotherapie, werden in die Seminare eingebaut und durch eigenständiges Literaturstudium vertieft.

In der zweiten Hälfte der Ausbildung geht es zunehmend um die praktische Umsetzung. Die Teilnehmenden werden eigenständig kreative und tanztherapeutische Prozesse anleiten, begleiten und reflektieren.

Inhalte der Aufbaustufe:
Ausbildungsseminare in Form von:

- 14 Wochenendworkshops,
- sechs dreitägigen Trainings,
- zwei Intensivwochen,
- zwei Diplomandenseminaren.

Darin enthalten:

- Bewegungsanalyse (Laban und Kestenberg)
- Tanztherapeutische Methoden (Authentic Movement, Chace, Kreativer Prozess, Medien)
- Körperarbeit, Anatomie, Arbeit mit Gefühlen
- Praxisbezogene Arbeit (Interventionstechniken, Gesprächsführung, Gruppendynamik)
- Psychologie (Entwicklungspsychologie, Analytische Psychologie, Psychopathologie)
- Lehrtherapie
- Tanztraining
- Praktikum (inkl. Vor- und Nachbereitung, Protokollerstellung, Hospitationen)
- Supervision
- Abschluss (Verfassen einer Diplomarbeit, Abschlusskolloquium und Präsentation).

Informationen und Kontakt: www.tanztherapie.at